10 hours WORD STORM

수능직격 영단어 10시간

10 hours WORD STORM
수능직격 영단어
10시간

1판 1쇄 인쇄 | 2015년 8월 25일
1판 1쇄 발행 | 2015년 8월 30일

지은이 | 백기선
펴낸이 | 윤옥임
펴낸곳 | 브라운힐

서울시 마포구 신수동 219번지
대표전화 (02)713-6523, 팩스 (02)3272-9702
등록 제 10-2428호

ISBN 978-89-90324-90-0 03740
값 11,000원

어휘 폭풍을 기대하며,

순간적으로 집중하고, 최대한 빨리 독파하라!

10 hours WORD STORM

수능직격 영단어 10시간

백기선 지음

Vocabulary in anticipation of the storm

어휘 폭풍을 기대하며

나는 종로학원 선생이다.
대학에서 영문학을 하고, 오로지 학원에서 대입영어 가르친 지 15년여.

조금 감이 생겼다.
수능영어 생리를 안다.
무엇을 어떻게 해야 하는지 안다.

단어 공부만 해도 그렇다.
시간은 없고 외울 단어는 많다.
다행인 것은 수험생 누구나 마찬가지라는 점이다.

단어 하나하나는 그 자체로 산 것이 아니다.
어항 밖에 내던져진 금붕어다.
단어는 문장, 문맥 안에서 비로소 숨을 쉬고 생명을 얻는다.
죽은 단어는 외워지지도 않거니와 어렵사리 외워도 별 소용이 없다.
독해나 작문에도 도움이 되지 않는다.
금방 다시 까먹기 일쑤다.

그래서 살아있는 단어를 익혀야 한다.
그래서 이렇게 주문한다.

1. **문장이나 구절 속에서 의미를 익혀라.**
2. **X-레이를 찍듯 이미지를 머리에 함께 새겨라.**
3. **뜻보다는 단어의 느낌과 뉘앙스에 주목하라.**
4. **순간적으로 집중하고, 최대한 빨리 독파하라.**
5. **그리고 반복하라.**

단어 하나 익히는데 오랜 시간을 들일 이유가 없다.
30초면 족하다.
하루 1-2시간 집중하고, 전체 독파에 10시간을 넘기지 마라.
최대한 빨리 보고, 최대한 자주 보라.

모든 공부가 그렇듯 학습속도가 곧 실력이다.
잦은 반복이 길이고 진리다.

2002년 8월
저자

구성과 학습방법

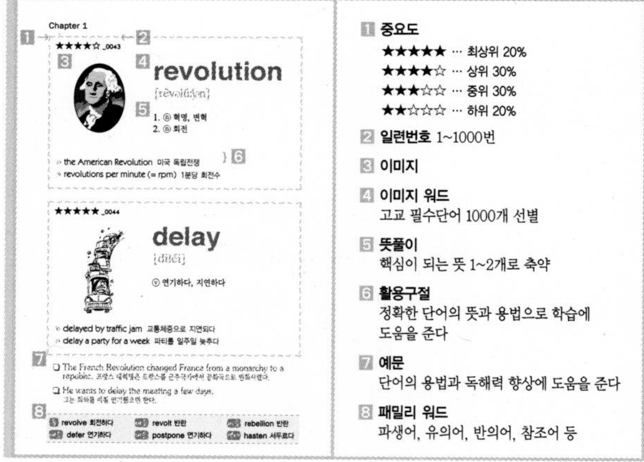

1 **중요도**
★★★★★ … 최상위 20%
★★★★☆ … 상위 30%
★★★☆☆ … 중위 30%
★★☆☆☆ … 하위 20%

2 **일련번호** 1~1000번

3 **이미지**

4 **이미지 워드**
고교 필수단어 1000개 선별

5 **뜻풀이**
핵심이 되는 뜻 1~2개로 축약

6 **활용구절**
정확한 단어의 뜻과 용법으로 학습에 도움을 준다

7 **예문**
단어의 용법과 독해력 향상에 도움을 준다

8 **패밀리 워드**
파생어, 유의어, 반의어, 참조어 등

이 책은 10 chapter, 총 4,000개의 고교필수 단어를 다루고 있다.

chapter별 단어 400개 (이미지 워드 100개 + 패밀리 워드 300개)

각 단어는 이미지 1개와 키워드 구실을 하는 짧은 구절 2개가 딸려있다.

각 chapter 뒤에는 간단한 review test가 제공된다.

index에는 4,000 단어 중 중복 700개를 제외한 약 3,300 단어를 실었다.

별표는 수능 빈출도를 중심으로 중요도, 난이도를 종합하여 최상위 20%, 상위 30%, 중위 30%, 하위 20% 4등급으로 분류하였다.

학습방법

1. 이 책은 초스피드 학습을 권장한다.
2. 이 책은 1시간에 1개 chapter씩 학습하도록 계획되었다.
3. 처음에는 상자 안에 있는 2개의 이미지 단어를 집중 학습한다.
4. 이미지와 단어, 우리말 뜻에 시선을 빠르게 옮겨가며 속독한다.
5. 단어는 읽으면서 입으로 소리내어 자신의 귀에 들리게 한다.
6. 단어는 뜻보다 느낌과 이미지를 기억하려 노력한다.
7. 마지막으로 2개의 활용례 구절 학습으로 영어감각과 용법을 익힌다.
8. 한 페이지 학습에 가급적 1분을 넘기지 않도록 한다.
9. 1일 학습은 반드시 1개 chapter 이상 chapter 단위로 한다.
10. 2회차 학습부터 예문과 패밀리 워드까지 꼼꼼히 학습하되, 역시 속독한다.
11. 이후 반복 학습을 꾸준히 한다.

목차

1 수능 만점 단어 **9**
연습문제 57

2 핵심 역량 단어 **61**
연습문제 109

3 듣기 필수 단어 **113**
연습문제 161

4 독해 정복 단어 (A) **165**
연습문제 213

5 독해 정복 단어 (B) **217**
연습문제 265

6 교과서 총정리 단어 (A) **269**
연습문제 317

7 교과서 총정리 단어 (B) **321**
연습문제 369

8 함정 단어 **373**
연습문제 421

9 시사문제 단어 (자연과학 분야) **425**
연습문제 473

10 시사문제 단어 (인문사회 분야) **477**
연습문제 525

INDEX **529**

Chapter 1

수능 만점 단어

1. 수능 만점 단어
2. 핵심 역량 단어
3. 듣기 필수 단어
4. 독해 정복 단어 (A)
5. 독해 정복 단어 (B)
6. 교과서 총정리 단어 (A)
7. 교과서 총정리 단어 (B)
8. 함정 단어
9. 시사문제 단어 (자연과학 분야)
10. 시사문제 단어 (인문사회 분야)

PREVIEW

- ❑ attitude
- ❑ contact
- ❑ immediate
- ❑ region
- ❑ occupy
- ❑ threat
- ❑ steady
- ❑ frustrate
- ❑ participate
- ❑ brief
- ❑ significant
- ❑ decade
- ❑ apologize
- ❑ nevertheless
- ❑ generous
- ❑ isolate
- ❑ imply
- ❑ tolerate
- ❑ impose
- ❑ prohibit
- ❑ scent
- ❑ commit
- ❑ establish
- ❑ accomplish
- ❑ innocent
- ❑ deserve
- ❑ reflect
- ❑ conscious
- ❑ descend
- ❑ modest
- ❑ technology
- ❑ benefit
- ❑ regret
- ❑ behave
- ❑ negative
- ❑ approach
- ❑ secretary
- ❑ relieve
- ❑ decrease
- ❑ portion
- ❑ detail
- ❑ violent
- ❑ revolution
- ❑ delay
- ❑ emphasis
- ❑ manufacture
- ❑ grain
- ❑ permanent
- ❑ acquire
- ❑ ethical
- ❑ prejudice
- ❑ entertain
- ❑ ethnic
- ❑ neutral
- ❑ scream
- ❑ command
- ❑ aspect
- ❑ donate
- ❑ possess
- ❑ literal
- ❑ property
- ❑ dislike
- ❑ neighborhood
- ❑ generate
- ❑ victim
- ❑ biology
- ❑ influence
- ❑ conclude
- ❑ fuel
- ❑ pupil
- ❑ describe
- ❑ balance
- ❑ attempt
- ❑ embarrass
- ❑ labor
- ❑ mechanic
- ❑ companion
- ❑ precise
- ❑ require
- ❑ employ
- ❑ provide
- ❑ available
- ❑ frequent
- ❑ respond
- ❑ ultimate
- ❑ reject
- ❑ specific
- ❑ obtain
- ❑ critical
- ❑ absolutely
- ❑ sake
- ❑ curiosity
- ❑ stammer
- ❑ plain
- ❑ occasion
- ❑ firm
- ❑ witness
- ❑ affect
- ❑ recognize
- ❑ determine

★★★☆☆ _0001

attitude

[ǽtitjùːd]

ⓝ 태도, 자세

» a positive attitude about work 일에 대한 긍정적인 태도
» princess Diana's graceful attitude 다이애너 왕비의 우아한 자태

★★★★☆ _0002

contact

[kάntækt]

1. ⓝ 접촉, 교제, 연락
2. ⓥ 접촉하다, 연락을 취하다

» a good place to make new contacts 처음 만나기에 알맞은 장소
» contact lens 콘택트렌즈
» Contact us. 연락하시오.

❑ I don't like your attitude.
나는 네 태도가 마음에 들지 않아.

❑ Have you been in contact with Andrew recently?
최근에 앤드류랑 연락한 적 있니?

형 attitudinal 태도의	비슷 manner 태도	비슷 posture 자세
형 contactable 연락 가능한	비슷 touching 접촉	참고 connection 연결

★★★★☆ _0003

immediate

[imíːdiit]

1. ⓐ 즉시의, 직접의
2. ⓐ 바로

» an immediate response of Korean Army 한국군의 즉각적인 반응
» in the immediate neighborhood 바로 근처에 있는

★★★☆☆ _0004

region

[ríːdʒən]

1. ⓝ 지역, 지방
2. ⓝ 범위, 영역

» a tropical region 열대지방
» North polar region 북극지방

❏ We need to take immediate action.
우리는 즉각적인 행동을 취해야 한다.

❏ The invaders occupied important coastal regions.
침략자들은 중요한 해안 지역을 점령하였다.

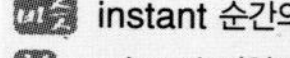
비슷 instant 순간의
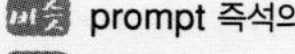
비슷 prompt 즉석의
반대 distant 멀리 있는
형 regional 지역의
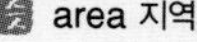
비슷 area 지역
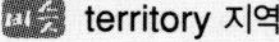
비슷 territory 지역

★★★★★ _0005

occupy

[ɑ́kjəpài]

1. ⓥ 거주하다, 점유하다
2. ⓥ 종사하다

» Occupied! (좌석, 화장실 등) 사용 중
» be occupied in writing letter 편지를 쓰고 있다

★★★★☆ _0006

threat

[θret]

ⓝ 위협, 협박

» threat of punishment 벌 주겠다는 위협
» threat of bankruptcy 파산의 위기

❑ The bathroom's occupied - I think John's in there.
화장실에 누가 있어. 존이 있는 것 같아.

❑ I'm not taking any notice of his threats.
나는 그의 협박에 아랑곳하지 않을 것이다.

명 occupation 직업 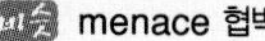 비슷 obtain 취득하다 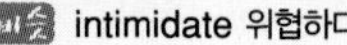 비슷 seize 붙잡다, 장악하다
동 threaten 협박하다 비슷 menace 협박 비슷 intimidate 위협하다

★★★★☆ _0007

steady

[stédi]

1. ⓐ 지속적인, 안정된
2. ⓐ 정해진, 일정한

» a steady increase in export 수출의 지속적인 증가
» Ready, steady, go! 준비, 그대로, 시작! (출발신호)

★★★★★ _0008

frustrate

[frʌ́streit]

ⓥ 좌절시키다, 헛되게 하다

» frustrate one's fun 즐거움을 망치다
» Ms. Daisy's frustrated desire 데이지 양의 좌절된 욕망

- ❑ Paul has made steady progress this year.
  폴은 올해 지속적인 향상을 이루었다.
- ❑ The lack of computing facilities in the office frustrated him.
  그는 사무실에 컴퓨터 시설이 없어서 좌절했다.

명 stead 대리 | 부 instead 그 대신에 | 참고 steadfast 확고한
명 frustration 좌절 | 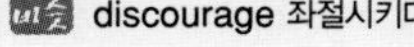 비슷 discourage 좌절시키다 | 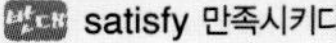 반대 satisfy 만족시키다

★★★★★ _0009

participate

[pɑːrtísəpèit]

ⓥ 참여하다, 역할을 맡다

» participate in Seoul Book Conference
서울 북 컨퍼런스에 참가하다

» participate in Hamlet 햄릿 연극에서 배역을 맡다

★★★★☆ _0010

brief

[briːf]

ⓐ 짧은, 간단한

» a brief stay in France 프랑스에서의 짧은 체류

» a brief report on Korean political condition
한국의 정치 상황에 대한 간단한 보고

❑ Everyone in the class is expected to participate in these discussions.
수업을 듣는 학생은 누구나 이 토론에 참여하기를 바란다.

❑ I had a brief look at the newspaper over breakfast.
나는 아침을 먹으면서 신문을 대충 훑어보았다.

명 participation 참가 명 participator 참가자 비슷 partake 참여하다
명 brevity 간결 반대 comprehensive 종합적인 반대 extensive 광범위한

★★★★★ _0011

significant

[signífikənt]

ⓐ 중요한, 의미심장한

» a significant gaze 의미심장한 눈길
» a significant change in China 중국의 중대한 변화

★★★☆☆ _0012

decade

[dékeid]

1. ⓝ 10년간
2. ⓝ 10, 10편

» since last decade 지난 10년 이래
» seven decades old 칠순

❑ Please inform us if there are any significant changes in your plans.
당신의 계획에 중대한 변화가 생기면 알려주시기 바랍니다.

❑ The population has doubled in the last decade.
인구는 지난 10년 동안 두 배가 되었다.

명 significance 중요 | 비슷 crucial 중요한 | 반대 trivial 사소한
형 decadal 10년간의 | 참고 fortnight 2주일 | 참고 dozen 12개

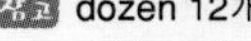

★★★★☆ _0013

apologize

[əpάlədʒàiz]

ⓥ 사과하다, 변명하다

» apologize for being late 늦은 것을 사과하다
» apologize for one's slip of the tongue 실언을 사과하다

★★☆☆☆ _0014

nevertheless

[nèvərðəlés]

ad. 그럼에도 불구하고

» a small but nevertheless important change 작지만 중요한 변화
» nevertheless not cool anymore 더 이상 멋지지 않더라도

❑ That was an awful thing to say. I think you should apologize.
그런 끔찍한 말을 하다니, 너 사과해야 되겠다 .

❑ There was no news, nevertheless she went on hoping.
아무 소식도 없었지만 그녀는 여전히 희망을 갖고 있다.

명 apology 사과　반대 excuse 용서하다　참고 plead 변호하다
비슷 notwithstanding 불구하고　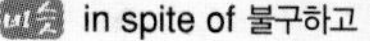
비슷 in spite of 불구하고　
비슷 despite 불구하고

★★★☆☆ _0015

generous

[dʒénərəs]

ⓐ 관대한, 후한

» uncle's generous attitude 아저씨의 관대한 태도
» a generous gift 푸짐한 선물

★★★★☆ _0016

isolate

[áisəlèit]

ⓥ 격리시키다, 고립시키다

» Gulliver in an isolated island 외딴 섬에 있는 걸리버
» isolate a patient 환자를 격리하다

- ❑ He has a very generous nature.
  그는 매우 너그러운 품성을 지녔다.
- ❑ The police tried to isolate the protesters in a side street.
  경찰은 시위자들을 길가로 격리하려 했다.

명 generosity 관대	비슷 charitable 자비로운	반대 stingy 인색한
명 isolation 고립	비슷 segregate 분리하다	비슷 insulate 절연하다

★★★★☆ _0017

imply

[implái]

ⓥ 암시하다, 내포하다

» an implied criticism 은연중의 비판
» Silence implies consent. 침묵은 동의를 의미한다.

★★★★★ _0018

tolerate

[tάlərèit]

1. ⓥ 참다, 견디다
2. ⓥ 너그럽게 보아주다

» tolerate other people's view 다른 사람의 관점을 관대히 보아주다
» tolerate an insult 모욕을 참다

❑ Rights imply obligation.
권리는 의무를 내포한다.

❑ I won't tolerate lying.
나는 거짓말은 못 참아.

명 implication 암시 형 implicit 맹목적인, 암시적인 비슷 hint 암시하다
명 tolerance 인내 형 tolerant 관대한  condone 용서하다

★★★★★ _0019

impose

[impóuz]

1. ⓥ 부과하다, 떠맡기다
2. ⓥ 강요하다

» impose a tax on a car 자동차에 과세하다
» impose respect 존경심을 강요하다

★★★★☆ _0020

prohibit

[prouhíbit]

ⓥ 금지하다

» prohibited articles 금지된 물품들
» photographing prohibited 사진촬영 금지

❑ Very high taxes have recently been imposed on cigarettes.
최근 담배에 매우 높은 세금이 부과되었다.

❑ Motor vehicles are prohibited from driving in the town center.
자동차를 시내에서 운전하는 것은 금지되어 있다.

명 imposition 부과	비슷 levy 부과하다	 require 요구하다
명 prohibition 금지	비슷 forbid 금지하다	비슷 ban 금지하다

★★★☆☆ _0021

scent

[sent]

ⓝ 냄새, 향기, 자취

» the sweet scent of orange blossoms 오렌지꽃의 달콤한 향기
» a cold scent 희미한 자취

★★★★★ _0022

commit

[kəmít]

1. ⓥ (죄를) 범하다, 저지르다
2. ⓥ 위탁하다, 맡기다

» commit a crime 범죄를 저지르다
» commit one's soul to God 영혼을 신에 맡기다, 죽다

❑ The evening air was full of the scent of roses.
저녁 공기는 장미 향기로 가득했다.

❑ Women commit fewer crimes than men.
여성은 남성에 비해 범죄율이 낮다.

비슷 smell 냄새 　 비슷 odor 냄새 (주로 악취) 　 비슷 fragrance 향기
명 commission 위임 　 비슷 entrust 위탁하다 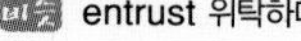 　 비슷 perform 수행하다 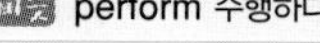

★★★★☆ _0023

establish

[istǽbliʃ]

1. ⓥ 설립하다
2. ⓥ 확립하다, 제정하다

» establish a university 대학을 설립하다
» establish a law 법을 제정하다

★★★★★ _0024

accomplish

[əkάmpliʃ]

ⓥ 성취하다, 완성하다

» accomplish more in less time 적은 시간에 더 많이 성취하다
» accomplish a journey 여행을 마치다

❑ My grandfather established the family business in 1938.
우리 할아버지는 1938년에 가업을 일으키셨다.

❑ The students accomplished the task in less than ten minutes.
학생들은 10분 안에 그 과제를 끝마쳤다.

명 establishment 설립	 비슷 found 설립하다	반대 disperse 해산하다
명 accomplishment 달성	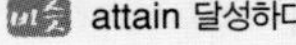 비슷 attain 달성하다	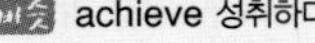 비슷 achieve 성취하다

★★★★★ _0025

innocent

[ínəsnt]

1. ⓐ 순진한
2. ⓐ 죄없는, 결백한

» an innocent child 천진한 아이

» innocent of crime 무죄의

★★★★★ _0026

deserve

[dizə́ːrv]

ⓥ ~할 가치가 있다

» deserve attention 주목할 만하다

» efforts deserving of admiration 칭찬받을 만한 노력

❑ She has an innocent face.
그녀는 순진한 얼굴을 하고 있다.

❑ They certainly deserved to win that match.
그들이 그 경기에서 이긴 것은 너무나 당연했다.

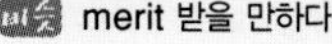

명 innocence 순결	비슷 blameless 결백한	반대 guilty 죄 있는
명 desert 상받을 자격	비슷 merit 받을 만하다	참고 warrant 보증하다

★★★☆☆ _0027

reflect

[riflékt]

1. ⓥ 반사하다, 반영하다
2. ⓥ 반성하다, 숙고하다

» light reflecting from the water 수면에서 반사되는 빛
» reflect upon a problem 문제를 숙고하다

★★★☆☆ _0028

conscious

[kánʃəs]

ⓐ 의식하고 있는

» be conscious of his stare 그가 보고 있다는 것을 의식하다
» a conscious liar 의도적으로 거짓말하는 사람

- He saw himself reflected in the water.
  그는 물에 비친 자신의 모습을 보았다.
- The tooth doesn't exactly hurt but I'm conscious of it all the time.
  이가 꼭 아픈 것은 아니지만 나는 항상 그것을 의식하고 있다.

명 reflection 반사	비슷 mirror 반사하다	비슷 ponder 숙고하다
명 consciousness 의식	비슷 aware 의식하고 있는	반대 insensitive 무감각한

★★★★☆ _0029

descend

[disénd]

1. ⓥ 내려오다, 내리다
2. ⓥ 계승하다, 자손을 잇다

» descend from a tree 나무에서 내려오다
» descend from father to son 아버지에서 아들에게 전해지다

★★★★★ _0030

modest

[mάdist]

1. ⓐ 겸손한, 신중한
2. ⓐ 수수한, 검소한

» be modest in one's speech 말을 조심하다
» a modest little house of President 대통령의 수수하고 작은 집

❏ The path descended steeply into the valley below.
그 길은 계곡 아래로 가파르게 내려갔다.

❏ He was very modest about his role in the Everest expedition.
그는 에베레스트 원정에서 자신의 역할에 대해 매우 겸손했다.

명 descendant 자손	명 descent 하강	반대 ascend 올라가다
비슷 decent 의젓한	비슷 moderate 절제 있는	반대 arrogant 거만한

★★★☆☆ _0031

technology

[teknɑ́lədʒi]

ⓝ 기술

» Information Technology 정보기술 (IT)
» Bio Technology 생명기술 (BT)
» KAIST(Korea Advanced Institute of Science and Technology) 한국과학기술원

★★★★☆ _0032

benefit

[bénəfit]

ⓝ 이익, 수혜, 연금

» unemployment benefit 실업연금
» child benefit 자녀수당

❑ High technology does give new solutions to old problems.
고도로 발달된 기술은 오래된 문제에 대해 새로운 해결책을 제시해준다.

❑ The discovery of oil brought many benefits to the town.
그 마을은 석유가 발견되어 많은 이익을 얻었다.

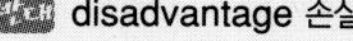

형 technologic 기술의	형 technical 기술적인	참고 technique 기교, 요령
형 beneficial 유익한	비슷 profit 이익	반대 disadvantage 손실

★★★★★ _0033

regret

[rigrét]

1. ⓝ 유감, 후회
2. ⓥ 후회하다, 유감이다

» love without regret 후회없는 사랑
» regret to inform you 이런 소식을 알리게 되어 유감이다

★★★★☆ _0034

behave

[bihéiv]

ⓥ (예의 바르게) 행동하다

» children who won't behave 버릇없는 아이들
» Behave yourself! 점잖게 굴어라!

❑ I left school at 16, but I've had a great life and I have no regrets.
나는 16세에 학교를 그만두었지만 멋진 인생을 살았고 후회는 없다.

❑ She always behaves well when her aunts come to visit.
그녀는 숙모들이 올 때면 언제나 예의 바르게 행동한다.

형 regretful 뉘우치는	비슷 lament 한탄하다	비슷 remorse 후회
명 behavior 행실	비슷 conduct 행동하다	반대 misbehave 못되게 굴다

★★★☆☆ _0035

negative

[négətiv]

ⓐ 부정적인, 반대의

» a negative thought 부정적인 사고
» freedom from negative thinking 부정적인 생각에서의 해방

★★★★★ _0036

approach

[əpróutʃ]

1. ⓥ 접근하다
2. ⓝ 접근, 방법

» a train approaching fast 빠르게 다가오는 기차
» a problem-oriented approach 문제 중심적 접근(방법)

❑ We received a negative answer to our request.
우리가 요구한 것에 대해 부정적인 답을 얻었다.

❑ We could see the train approaching in the distance.
우리는 멀리 기차가 다가오는 것을 볼 수 있었다.

동 negate 부인하다 명 negation 부정 반대 positive 긍정적인
비슷 advance 나아가다 비슷 access 접근 비슷 progress 진보

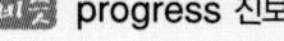

★★★☆☆ _0037

secretary

[sékrətèri]

1. ⓝ 비서, 사무관
2. ⓝ 장관, 대신

» a first secretary of the embassy 대사관 1등 서기관
» Powell, the Secretary of State 파월 미국 국무장관

★★★★☆ _0038

relieve

[rilíːv]

ⓥ (고통을) 경감하다, 덜다

» No words will relieve my sorrow.
어떤 말도 내 슬픔에 위로가 되지 않는다.
» relieve one's feelings 답답함을 풀다

❑ My secretary will phone you to arrange a meeting.
내 비서가 자네에게 전화해서 약속을 정할 걸세.

❑ Drugs helped to relieve the pain.
약을 먹자 고통이 경감되었다.

형 secretarial 비서의 | 비슷 minister 장관 | 참고 undersecretary 차관
명 relief 경감, 구원 | 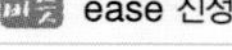 비슷 ease 진정시키다 | 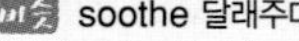 비슷 soothe 달래주다

★★★★★ _0039

decrease

[dikríːs]

1. ⓥ 감소하다, 줄이다
2. ⓝ 감소

» decrease costs and increase efficiency
비용은 줄이고 효율을 높이다

» a rapid decrease in population 급격한 인구감소

★★★☆☆ _0040

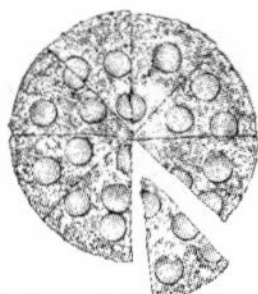

portion

[pɔ́ːrʃən]

ⓝ 몫, 일부

» a large portion of their profits 이익에 대한 큰 몫

» eat two portions of chicken 닭고기 2인분을 먹다

❑ In the last ten years cars have generally decreased in size.
지난 10년 동안 자동차의 크기는 대체로 작아졌다.

❑ I accept my portion of the blame.
내 몫의 비난을 감수하겠다.

비슷 lessen 줄이다	비슷 decline 쇠퇴하다	반대 increase 증가하다
비슷 share 몫	비슷 allotment 할당	비슷 quota 몫

★★★★☆ _0041

detail

[díːteil]

ⓝ 세부사항, 상세

» detail by detail 하나하나 상세히
» all intimate details of your life 당신 삶의 온갖 시시콜콜한 것들

★★★☆☆ _0042

violent

[váiələnt]

ⓐ 격렬한, 난폭한

» a violent storm 격렬한 폭풍우
» at violent speed 맹렬한 속도로

❑ I've forgotten the precise details of what he said.
그가 말한 자세한 내용은 정확히 기억나지 않는다.

❑ Don't be so violent toward your brother.
동생에게 그렇게 난폭하게 굴지 말아라.

비슷 trivia 사소한 일	비슷 trifle 사소한 일	반대 outline 개요
동 violate 위반하다	명 violence 격렬함	반대 gentle 온화한

★★★★☆ _0043

revolution

[rèvəlú:ʃən]

1. ⓝ 혁명, 변혁
2. ⓝ 회전

» the American Revolution 미국 독립전쟁
» revolutions per minute (= rpm) 1분당 회전수

★★★★★ _0044

delay

[diléi]

ⓥ 연기하다, 지연하다

» delayed by traffic jam 교통체증으로 지연되다
» delay a party for a week 파티를 일주일 늦추다

❏ The French Revolution changed France from a monarchy to a republic. 프랑스 대혁명은 프랑스를 군주국가에서 공화국으로 변화시켰다.

❏ He wants to delay the meeting a few days.
그는 회의를 며칠 연기했으면 한다.

동 revolve 회전하다 | 비슷 revolt 반란 | 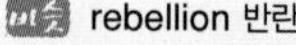
비슷 defer 연기하다 | 비슷 postpone 연기하다 | 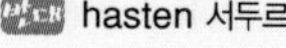

★★★★☆ _0045

emphasis

[émfəsis]

ⓝ 강조

» speak with emphasis 강조하여 말하다
» an education with special emphasis on music
음악을 특히 강조하는 교육

★★★★★ _0046

manufacture

[mæ̀njufǽktʃər]

1. ⓥ 제조하다
2. ⓝ 제조

» manufactured under license 정식 인가를 받고 제조된
» home manufacture 국산

❑ In Japan there is a lot of emphasis on politeness.
일본에서는 정중한 태도가 매우 강조된다.

❑ He works for a company that manufactures car parts.
그는 자동차 부품을 만드는 회사에서 일한다.

동 emphasize 강조하다 비슷 stress 강조하다 비슷 accent 강조하다
명 manufacturer 제조회사 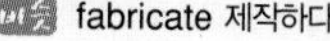

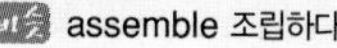

★★☆☆☆ _0047

grain

[grein]

ⓝ 곡식 (낟알)

» a grain of rice 쌀 한 톨
» a grain of truth 한 가닥의 진실

★★★★☆ _0048

permanent

[pə́ːrmənənt]

ⓐ 영원한, 불변의

» a permanent job 정규직
» a permanent wave 퍼머머리

❑ Grain prices have fallen again.
곡물 가격이 다시 하락했다.

❑ She is looking for a permanent place to stay.
그녀는 영원히 머물 곳을 찾고 있다.

비슷 cereal 곡식 | 비슷 corn 곡물, 옥수수 | 참고 barley 보리
명 permanence 영구 | 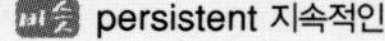 비슷 persistent 지속적인 | 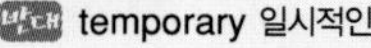 반대 temporary 일시적인

★★★★★ _0049

acquire

[əkwáiər]

ⓥ 얻다, 획득하다

» acquire a bad habit 나쁜 버릇이 생기다
» acquire a foreign language 외국어를 배우다

★★★☆☆ _0050

ethical

[éθikəl]

ⓐ 윤리적인

» an entertainer with high ethical standards
높은 도덕적 기준을 가진 연예인
» an ethical movement 윤리운동

❑ She acquired an original painting by Van Gogh.
그녀는 반 고흐의 진품 하나를 손에 넣었다.

❑ The use of animals in scientific tests raises some difficult ethical questions. 동물을 과학실험에 이용하는 행위는 어려운 윤리적 문제를 일으킨다.

명 acquisition 습득 비슷 obtain 손에 넣다  반대 lose 잃어버리다
명 ethics 윤리학 비슷 moral 윤리적인 참고 ethnic 인종의

★★★☆☆ _0051

prejudice

[prédʒudis]

ⓝ 편견, 선입관

» prejudice against women 여성에 대한 편견
» Pride and Prejudice 오만과 편견 (제인 오스틴의 소설)

★★★★★ _0052

entertain

[èntərtéin]

ⓥ 즐겁게 하다

» entertain the children with tricks 요술로 아이들을 즐겁게 하다
» entertain guests 손님을 치르다

❑ Women still have to face a great deal of prejudice in the workplace. 여전히 여성들은 직장에서 엄청난 편견에 직면하고 있다.

❑ We hired a magician to entertain the children at the party. 우리는 파티에서 아이들을 재미있게 해줄 마술사를 고용했다.

비슷 bias 편견 | 비슷 favoritism 편애 | 비슷 partiality 편파
명 entertainment 오락 |  amuse 즐겁게 하다 | 비슷 divert 기분전환하다

★★☆☆☆ _0053

ethnic

[éθnik]

ⓐ 인종의, 민족의

» an ethnic minority 소수민족
» an ethnic society 종족사회

★★★☆☆ _0054

neutral

[njú:trəl]

ⓐ 중립의, 공평한

» a neutral zone 중립지대
» a neutral tint 중간색, 회색

❑ The city's population includes a wide range of different ethnic groups. 그 도시의 인구는 매우 다양한 인종 집단으로 구성되어 있다.

❑ Many newspapers claim to be politically neutral, but few actually are. 많은 신문이 정치적 중립을 내세우지만, 실제로 그러한 경우는 드물다.

형 ethnological 인종학적인 비슷 racial 인종상의 비슷 tribal 종족의
동 neutralize 중립시키다 비슷 uninvolved 관여하지 않는 반대 partisan 당파심이 강한

★★★★☆ _0055

scream

[skriːm]

ⓥ 비명을 지르다

» scream for a help 도와달라고 소리치다
» scream with laughter 깔깔대다

★★★★★ _0056

command

[kəmǽnd]

1. ⓥ 명령하다, 강요하다
2. ⓝ 명령, 지배

» command silence 정숙을 명하다
» a house commanding a fine view 전망 좋은 집

❑ The baby was still screaming at two in the morning.
아기는 새벽 두 시까지도 계속 소리를 지르고 있었다.

❑ The officer commanded his men to shoot.
장교는 병사들에게 총을 쏘라고 명령했다.

비슷 shriek 비명을 지르다 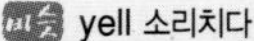 비슷 yell 소리치다 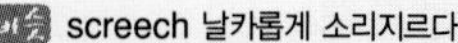 비슷 screech 날카롭게 소리지르다
명 commandment 명령 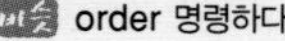 비슷 order 명령하다 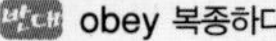 반대 obey 복종하다

★★★☆☆ _0057

aspect

[ǽspekt]

ⓝ 상황, 국면

» diverse aspects of human life 인생의 다양한 양상
» both aspects of a question 문제의 양면

★★★★☆ _0058

donate

[dóuneit]

ⓥ 기부하다

» donate a million won 100만원을 기부하다
» donate a book to the library 도서관에 책을 기증하다

❑ Have you thought about the problem from every aspect?
그 문제에 대해 모든 면에서 생각해보았니?

❑ He donated all his money to the charity.
그는 자신의 모든 돈을 자선단체에 기부했다.

비슷 phase 국면	참고 viewpoint 관점	참고 appearance 용모
명 donation 기부	명 donator 기부자	비슷 subscribe 기부하다

★★★★★ _0059

possess

[pəzés]

ⓥ 소유하다

» possess a property 재산을 소유하다
» possess oneself 자제하다

★★★★☆ _0060

literal

[lítərəl]

ⓐ 문자의, 문자 그대로의

» a literal error 오자
» a literal translation 직역

❑ Campbell was found guilty of possessing heroin.
캠벨은 마약 소지로 유죄 판정을 받았다.

❑ The literal meaning of 'television' is 'seeing from a distance'.
'텔레비전'의 문자 그대로의 뜻은 '멀리서 보기'이다.

명 possession 소유 형 possessed 홀린, 사로잡힌 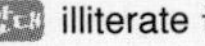 비슷 own 소유하다
명 literature 문학 형 literate 글자를 아는 반대 illiterate 글자를 모르는

★★★★☆ _0061

property

[prápərti]

ⓝ 재산, 소유

» a man of property 재산가
» private property 사유 재산

★★★★☆ _0062

dislike

[disláik]

1. ⓥ 싫어하다
2. ⓝ 싫어함, 혐오

» people who dislike the snakes 뱀을 싫어하는 사람들
» a dislike of cold weather 추운 날씨를 싫어함

❑ That's my personal property! Leave it alone!
그건 내 사유 재산이야! 가만히 놔둬!

❑ I dislike walking and I hate the countryside.
나는 걸어다니는 것을 싫어하고 시골은 지긋지긋하다.

비슷 possession 소유물	비슷 belonging 소유물	참고 real estate 부동산
형 dislikable 싫은	비슷 detest 증오하다	비슷 loathe 몹시 싫어하다

★★★★☆ _0063

neighborhood

[néibərhùd]

ⓝ 이웃, 지역

» in this neighborhood 이 근처에
» a neighborhood store 근처 가게

★★★★★ _0064

generate

[dʒénərèit]

ⓥ 낳다, 발생시키다

» generate profit 이익을 발생시키다
» windmills to generate pollution-free electricity
무공해 전기를 생산하는 풍력발전

❑ I wouldn't like to live in the neighborhood of an airport.
나는 공항 근처에는 살지 않을 것이다.

❑ Her latest film has generated a lot of interest.
그녀의 최근 영화는 많은 관심을 불러일으켰다.

명 neighbor 이웃사람	비슷 vicinity 근처	비슷 district 지역
명 generation 세대, 발생	비슷 create 창조하다	비슷 produce 생산하다

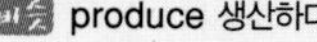

★★★★☆ _0065

victim

[víktim]

ⓝ 희생자, 피해자

» the victims of Korean War 한국전쟁의 희생자
» a victim of circumstance 환경의 피해자

★★☆☆☆ _0066

biology

[baiάlədʒi]

ⓝ 생물학

» biology of life span 수명의 생물학
» the molecular biology 분자 생물학

❑ Most homicide victims are under 30.
살인사건의 피해자는 대부분 30세 이하이다.

❑ I studied biology at university.
나는 대학에서 생물학을 전공했다.

동 victimize 희생시키다	비슷 sacrifice 희생	비슷 prey 먹이, 희생
형 biological 생물학의	참고 ecology 생태학	참고 botany 식물학

★★★★★ _0067

influence

[ínfluəns]

1. ⓝ 영향
2. ⓝ 세력

» the influence of mind on the body 마음이 신체에 미치는 영향
» a person of influence 세력가

★★★★★ _0068

conclude

[kənklúːd]

ⓥ 결론을 내리다

» conclude an argument 논쟁을 마치다
» conclude a peace treaty 평화 조약을 체결하다

❑ Photography had an important influence on how the Impressionists painted. 사진술은 인상주의 화가들이 그림을 그리는 방법에 중요한 영향을 미쳤다.

❑ Before I conclude I would like to thank you all for attending this meeting. 마치기 전에 이 모임에 참석해주신 모든 분께 감사드리고 싶습니다.

형 influential 영향력 있는	비슷 effect 효과	비슷 control 지배
명 conclusion 결론	비슷 finish 끝내다	반대 commence 시작하다

★★★☆☆ _0069

fuel

[fjúːəl]

ⓝ 연료

» add fuel to the fire 불에 기름을 끼얹다
» a nuclear fuel 핵연료
» fossil fuel 화석연료

★★☆☆☆ _0070

pupil

[pjúːpəl]

1. ⓝ 학생, 제자
2. ⓝ 눈동자

» teacher and pupil 스승과 제자
» pupil teacher 교생

❑ Coal is one of the cheapest fuels.
석탄은 가장 싼 연료 중 하나이다.

❑ The school has over 400 pupils.
그 학교는 학생 수가 400명이 넘는다.

참고 petroleum 석유	참고 gas station 주유소	참고 crude oil 원유
형 pupillary 학생의	비슷 student 학생	비슷 learner 배우는 사람

★★★★★ _0071

describe

[diskráib]

ⓥ 묘사하다, 설명하다

» describe a scene 장면을 묘사하다
» describe one's feelings 감정을 묘사하다

★★★★☆ _0072

balance

[bǽləns]

1. ⓝ 균형, 수지
2. ⓥ 균형을 잡다

» a balance of mind and body 심신의 균형
» balance of trade 무역수지
» balance at a bank 은행의 예금잔고

❑ He described the painting in detail.
그는 그 그림을 자세히 설명했다.

❑ She had to hold onto the railings to keep her balance.
그녀는 균형을 잡기 위해 난간을 잡아야 했다.

명 description 묘사 비슷 portray 묘사하다 비슷 characterize 특성을 묘사하다
비슷 equilibrium 평형 반대 unbalance 불안정 반대 imbalance 불안정

★★★★★ _0073

attempt

[ətémpt]

1. ⓥ 시도하다
2. ⓝ 시도, 미수

» attempt a difficult task 어려운 일을 시도하다

» a desperate attempt to escape Alcatraz
앨커트래즈를 탈출하려는 필사의 시도

★★★★★ _0074

embarrass

[imbǽrəs]

ⓥ 당황하게 하다, 난처하게 만들다

» a friend to embarrass me 나를 당황하게 하는 친구

» embarrass by asking bothersome questions 성가신 질문으로 괴롭히다

- [ ] He attempted a joke, but it was received in silence.
그는 농담을 시도했으나 반응은 썰렁했다.

- [ ] I was really embarrassed when I knocked the cup of tea over my teacher. 선생님께 차를 엎질렀을 때 나는 정말로 당황했다.

비슷 try 시도하다	비슷 trial 시도	비슷 endeavor 노력하다
명 embarrassment 낭패	비슷 perplex 난처하게 하다	비슷 bewilder 당황하게 하다

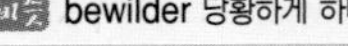

★★★★☆ _0075

labor

[léibər]

1. ⓝ 노동, 일
2. ⓥ 일하다

» labor day 노동절
» Labor and Capital 노사
» labor for a better life 더 나은 삶을 위해 일하다

★★★★☆ _0076

mechanic

[məkǽnik]

ⓝ 수리공, 정비사

» a car mechanic 자동차 정비사
» two Japanese mechanics 두 명의 일본인 기술자

❑ Building still involves a lot of manual labor.
건축에는 아직도 수작업이 많이 필요하다.

❑ He is a jewel of mechanic.
그는 솜씨가 그만인 기계공이다.

형 laborious 힘드는	비슷 toil 힘써 일하다	비슷 drudgery 고역
동 mechanize 기계적으로 하다	비슷 machinist 기계운전자	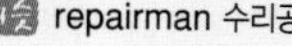 비슷 repairman 수리공

★★★★☆ _0077

companion

[kəmpǽnjən]

ⓝ 동료, 친구

» a faithful companion of fifty years 50년간의 충실한 반려(아내)
» have books for companions 책을 벗삼다

★★★★☆ _0078

precise

[prisáis]

ⓐ 정확한, 정밀한

» precise measurements 정밀한 측정
» a precise brain 정확하고 치밀한 두뇌

❑ The dog has been her constant companion these past ten years.
그 개는 지난 10년 동안 그녀의 한결 같은 친구였다.

❑ The precise details of the sale have not yet been released.
세일의 정확한 세부사항은 아직 발표되지 않았다.

명 companionship 교우관계　비슷 colleague 동료　비슷 mate 짝, 친구
명 precision 정밀　비슷 accurate 정확한　비슷 exact 정확한

★★★★★ _0079

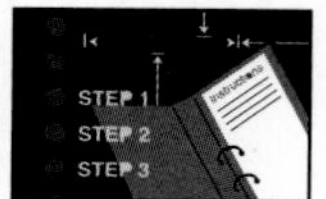

require

[rikwáiər]

ⓥ 요구하다, 필요로 하다

» if circumstances require 필요하다면
» required course 필수과목

★★★★★ _0080

employ

[implɔ́i]

1. ⓥ 고용하다, 부리다
2. ⓥ 종사하다

» employ Mr. Smith as an accountant 스미스 씨를 회계사로 고용하다
» employ oneself in ~에 종사하다

❑ Learning a language requires time and effort.
언어를 배우는 것은 시간과 노력을 필요로 한다.

❑ How many people does your company employ?
당신의 회사에서 일하는 사람은 몇 명입니까?

명 requirement 요구	비슷 need 필요하다	비슷 demand 요구하다
명 employment 고용	명 employer 고용주	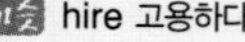 비슷 hire 고용하다

★★★★★ _0081

provide

[prəváid]

1. ⓥ 제공하다
2. ⓥ 준비하다

» provide a meal to homeless people
집 없는 사람들에게 식사를 제공하다

» provide for urgent needs 긴급한 필요에 대비하다

★★★★☆ _0082

available

[əvéiləbəl]

ⓐ 유용한, 쓸모있는

» available facilities 이용할 수 있는 시설물들

» a train available for second-class passengers
이등 승객용 열차

❑ The hotel provides a shoe-cleaning service for guests.
그 호텔은 투숙객들에게 구두닦이 서비스를 제공한다.

❑ Every available ambulance was rushed to the scene of the accident.
이용 가능한 모든 앰뷸런스가 사고 현장으로 급히 보내졌다.

명 provision 준비 형 provident 신중한 비슷 supply 공급하다
명 availability 유용성 비슷 obtainable 손에 넣을 수 있는 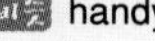 비슷 handy 유용한

★★★★★ _0083

frequent

[fríːkwənt]

ⓐ 빈번한, 자주 일어나는

» frequent trips 잦은 여행
» a frequent occurrence 흔히 일어나는 일

★★★★☆ _0084

respond

[rispánd]

ⓥ 대답하다, 반응하다, 응답하다

» respond to the challenge 도전에 응전하다
» respond to an invitation 초대에 응하다

❑ I try to maintain frequent contact with my children.
나는 아이들과 자주 연락하려고 노력한다.

❑ I asked her what the time was, but she didn't respond.
나는 그녀에게 시간을 물었지만 그녀는 대답하지 않았다.

명 frequency 자주 일어남	비슷 habitual 습관적인	비슷 customary 습관적인
명 response 응답, 반응	비슷 reply 응답하다	비슷 correspond 부응하다

★★★★☆ _0085

ultimate [ʌ́ltəmit] ⓐ 궁극의, 최후의

» the ultimate end of life 삶의 궁극적인 목적
» the ultimate victory 최후의 승리

★★★★★ _0086

reject [ridʒékt] ⓥ 거절하다, 거부하다

» reject the offer of a better job 더 나은 일자리 제의를 거절하다
» reject an application 원서를 거절하다

명 ultimatum 최후통첩	비슷 final 마지막의	비슷 decisive 결정적인
명 rejection 거부	비슷 refuse 거절하다	반대 accept 받아들이다

★★★★☆ _0087

specific [spisífik] 1. ⓐ 특수한, 특이한 2. ⓐ 구체적인

» specific remedy 특수 요법
» a specific disease 특이한 병

★★★★★ _0088

obtain [əbtéin] ⓥ 획득하다, 얻다

» obtain a position such as manager 관리자의 지위를 얻다
» obtain a Nobel prize 노벨상을 타다

동 specify 상술하다	비슷 particular 특정한	비슷 definite 명확한
명 obtainment 획득	비슷 acquire 습득하다	비슷 procure 조달하다

★★★★☆ _0089

critical [krítikəl]

1. ⓐ 비평의, 비판적인
2. ⓐ 위기의, 위급한

» a critical essay in NY Times 뉴욕 타임즈의 평론
» a critical wound 중상

★★★★☆ _0090

absolutely [ǽbsəlù:tli] *ad.* 절대로, 완전히

» absolutely impossible 절대로 불가능한
» be absolutely famished 쫄쫄 굶다

명 critic 비평가 / 명 criticism 비평 / 비슷 reproachful 비난하는
형 absolute 절대적인 / 비슷 definitely 절대로 / 반대 uncertainly 불분명하게

★★☆☆☆ _0091

sake [seik] ⓝ 이유, 목적

» for any sake 하여튼
» for safety's sake 안전을 위해

★★★☆☆ _0092

curiosity [kjùəriɑ́səti] ⓝ 호기심, 신기함

» satisfy one's curiosity 호기심을 충족시키다
» out of curiosity 호기심에서

비슷 reason 이유 / 비슷 purpose 목적 / 참고 motive 동기
형 curious 호기심이 강한 / 비슷 inquisitive 호기심이 강한 / 참고 curio 골동품

★★★★★ _0093

stammer [stǽmər] ⓥ 말을 더듬다, 버벅대다

» stammer out an apology 떠듬거리며 변명하다

» stammer out a response 더듬으며 응답하다

★★★★☆ _0094

plain [plein] ⓐ 평범한, 보통의, 분명한

» plain manner of King 왕의 꾸밈없는 태도

» speak in plain English 쉬운 영어로 말하다

형 stammering 말을 더듬는 비슷 stutter 말을 더듬다 비슷 falter 말을 더듬다
비슷 evident 명백한 비슷 simple 단순한 반대 elaborate 공들여 만든

★★★★☆ _0095

occasion [əkéiʒən]

1. ⓝ 경우, 기회, 때
2. ⓝ 이유, 원인

» on this happy occasion 이렇게 즐거운 때에

» the occasion of war 전쟁의 빌미

★★★★★ _0096

firm [fəːrm]

1. ⓐ 굳은, 단단한
2. ⓝ 회사

» a firm determination 굳은 결심

» law firm 법률회사

형 occasional 가끔의 비슷 opportunity 기회 참고 occurrence 발생
비슷 solid 단단한 비슷 rigid 딱딱한 비슷 stiff 빳빳한

★★★★☆ _0097

witness [wítnis]

1. ⓝ 증언, 목격자
2. ⓥ 목격하다

» give witness in a law court 법정에서 증언하다
» witness the traffic accident 교통사고를 목격하다

★★★★☆ _0098

affect [əfékt]

1. ⓥ 영향을 미치다
2. ⓥ ~인 체하다

» deeply affected by the film 영화에 매우 감명받다
» affect a poet 시인 티를 내다

비슷 eyewitness 목격자 참고 spectator 구경꾼 참고 observer 관찰자
명 affection 애정 형 affective 정서적인 참고 affectation 가장, 허식

★★★★☆ _0099

recognize [rékəgnàiz]

ⓥ 알아보다, 인정하다

» recognize the signs of game addiction 게임중독 증상을 알아보다
» fail to recognize a friend 친구를 몰라보다

★★★★★ _0100

determine [ditə́ːrmin]

ⓥ 결정하다, 결심하다

» determine what to do 무엇을 할 것인지 결정하다
» Demand determines prices. 수요가 가격을 결정한다.

명 recognition 인지 비슷 acknowledge 인지하다 비슷 recollect 생각해내다
명 determination 결정 비슷 decide 결정하다 비슷 resolve 결심하다

Review Test 1

■ 다음 각 단어의 알맞은 뜻을 연결하시오.

1. region •	• 얻다
2. threat •	• 몫
3. frustrate •	• 지역
4. isolate •	• 순진한
5. impose •	• 경감하다
6. innocent •	• 위협
7. relieve •	• 좌절시키다
8. portion •	• 부과하다
9. acquire •	• 상황
10. aspect •	• 격리시키다

» **Answers**

1. 지역 **2**. 위협 **3**. 좌절시키다 **4**. 격리시키다 **5**. 부과하다 **6**. 순진한
7. 경감하다 **8**. 몫 **9**. 얻다 **10**. 상황

2 다음 빈 칸에 알맞은 단어를 보기에서 골라 쓰시오.

participate	portion	revolution	decade
prejudice	ultimate	steady	modest

1. a __________ increase in export
   수출의 지속적인 증가
2. __________ in Seoul Book Conference
   서울 북 컨퍼런스에 참가하다
3. since last __________ 지난 10년 이래로
4. the __________ end of life 삶의 궁극적인 목적
5. be __________ in one's speech 말을 조심하다
6. a large __________ of their profits
   이익에 대한 큰 몫
7. the French __________ 프랑스 혁명
8. __________ against women 여성에 대한 편견

» **Answers**

1. steady **2**. participate **3**. decade **4**. ultimate **5**. modest
6. portion **7**. revolution **8**. prejudice

3 다음 빈 칸에 알맞은 단어를 보기에서 골라 쓰시오.

embarrassed	determined	conclude
aspect	described	companion

1. Before I __________ I would like to thank you all for attending this meeting.
   마치기 전에 이 모임에 참석해주신 모든 분께 감사드리고 싶습니다.
2. He __________ the painting in detail.
   그는 그 그림을 자세히 묘사했다.
3. I was really __________ when I knocked the cup of tea over my teacher.
   선생님께 차를 엎질렀을 때 나는 정말로 당황했다.
4. The dog has been her constant __________ these past ten years.
   그 개는 지난 10년 동안 그녀의 한결 같은 친구가 되었다.
5. The divorce affected every __________ of her life.
   이혼은 그녀의 삶 전반에 영향을 끼쳤다.
6. We __________ to leave at once.
   우리는 즉시 떠나기로 결정했다.

» **Answers**

1. conclude **2**. described **3**. embarrassed **4**. companion **5**. aspect **6**. determined

4 다음 표시된 말의 알맞은 해석을 쓰시오.

1. a positive attitude about work

____

2. We need to take immediate action.

____

3. Occupied!

____

4. I had a brief look at the newspaper over breakfast.

____

5. He has a very generous nature.

____

6. Gulliver in an isolated island

____

7. commit a crime

____

8. They certainly deserved to win that match.

____

» **Answers**

1. 태도 **2.** 즉각적인 **3.** 사용 중 **4.** 대충 **5.** 너그러운 **6.** 외딴
7. 저지르다 **8.** ~할 자격이 있다

Chapter 2

핵심 역량 단어

1. 수능 만점 단어
2. 핵심 역량 단어
3. 듣기 필수 단어
4. 독해 정복 단어 (A)
5. 독해 정복 단어 (B)
6. 교과서 총정리 단어 (A)
7. 교과서 총정리 단어 (B)
8. 함정 단어
9. 시사문제 단어 (자연과학 분야)
10. 시사문제 단어 (인문사회 분야)

PREVIEW

- ❑ individual
- ❑ demand
- ❑ serve
- ❑ heal
- ❑ compose
- ❑ efficient
- ❑ pure
- ❑ consume
- ❑ secure
- ❑ guarantee
- ❑ define
- ❑ oppose
- ❑ struggle
- ❑ authority
- ❑ sufficient
- ❑ digest
- ❑ evaluate
- ❑ genuine
- ❑ mature
- ❑ valid
- ❑ involve
- ❑ tend
- ❑ aware
- ❑ despite
- ❑ explode
- ❑ annoy
- ❑ expert
- ❑ admit
- ❑ leap
- ❑ purchase
- ❑ offend
- ❑ restrict
- ❑ competent
- ❑ glare
- ❑ civil
- ❑ advantage
- ❑ reduce
- ❑ merely
- ❑ tide
- ❑ lack
- ❑ injure
- ❑ mental
- ❑ indicate
- ❑ appeal
- ❑ factor
- ❑ reveal
- ❑ laboratory
- ❑ species
- ❑ consult
- ❑ nutrition
- ❑ priority
- ❑ extend
- ❑ accurate
- ❑ finance
- ❑ assume
- ❑ disaster
- ❑ row
- ❑ hesitate
- ❑ assure
- ❑ depress
- ❑ potential
- ❑ outstanding
- ❑ intellectual
- ❑ temper
- ❑ device
- ❑ forbid
- ❑ tender
- ❑ vital
- ❑ register
- ❑ contemporary
- ❑ rural
- ❑ transform
- ❑ confirm
- ❑ vague
- ❑ infant
- ❑ supervise
- ❑ domestic
- ❑ tremendous
- ❑ suspect
- ❑ improve
- ❑ research
- ❑ emotional
- ❑ male
- ❑ female
- ❑ occur
- ❑ interrupt
- ❑ accustom
- ❑ previous
- ❑ proper
- ❑ opportunity
- ❑ permit
- ❑ intend
- ❑ contrary
- ❑ apparent
- ❑ impact
- ❑ decline
- ❑ supply
- ❑ average
- ❑ distinguish
- ❑ stimulate

★★★★☆ _0101

individual

[ìndəvídʒuəl]

1. ⓝ 개인
2. ⓐ 개인의, 독특한

» the rights of the individual 개인의 권리
» an individual style of speaking 독특한 말투

★★★★★ _0102

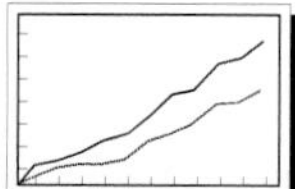

demand

[dimǽnd]

1. ⓥ 요구하다
2. ⓝ 요구, 수요

» demand obedience 복종을 요구하다
» laws of supply and demand 수요와 공급의 법칙

❑ Every individual has certain rights which must never be taken away. 모든 개인은 타인에게 양도할 수 없는 분명한 권리를 지닌다.

❑ I demand to know what's going on!
무슨 일이 벌어지고 있는지 알아야겠어!

명 individuality 개성 　 비슷 single 단 하나의 　 비슷 sole 하나의
형 demandable 요구할 수 있는 　 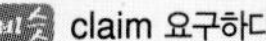 비슷 claim 요구하다 　 비슷 request 요청하다

★★★☆☆ _0103

serve

[sə:rv]

ⓥ 섬기다, 봉사하다

» a master served by servants 하인들에게 섬김을 받는 주인
» serve a customer 손님을 접대하다

★★★☆☆ _0104

heal

[hi:l]

ⓥ 고치다, 치료하다

» heal disease 병을 고치다
» heal the soul 영혼을 맑게 하다

❑ First come, first served.
먼저 온 사람이 먼저 대접받는다. (빠른 놈이 장땡)

❑ Time heals all sorrows.
시간이 모든 슬픔을 낫게 한다. (시간이 약이다.)

명 service 봉사	비슷 attend 시중들다	비슷 assist 원조하다
명 healing 치료	비슷 cure 고치다	비슷 remedy 치료하다

★★★★☆ _0105

compose

[kəmpóuz]

1. ⓥ 구성하다, 이루어지다
2. ⓥ 작곡하다, 작문하다

» an exhibit composed of French paintings
프랑스 회화로 이루어진 전시회

» compose a poem 시를 짓다

★★★★☆ _0106

efficient

[ifíʃənt]

ⓐ 능률적인, 유능한

» an efficient method 능률적인 방법

» an efficient person 능력있는 사람

❑ The audience was composed largely of young people.
관객은 대체로 젊은 사람들로 이루어져 있었다.

❑ She is a very efficient secretary.
그녀는 매우 유능한 비서이다.

명 composition 구성, 작곡 형 composite 혼성의 비슷 constitute 구성하다
명 efficiency 능률 비슷 efficacious 효력있는 비슷 effective 효과적인

★★★★☆ _0107

pure

[pjuər]

ⓐ 순수한, 깨끗한

» pure gold 순금
» pure in body and mind 몸과 마음이 청순한

★★★★★ _0108

consume

[kənsú:m]

1. ⓥ 소비하다, 써버리다
2. ⓥ 다 먹다, 마시다

» consume hours in reading 독서하면서 시간을 보내다
» consume a bottle of whiskey 위스키 한 병을 비우다

❑ The mountain air was wonderfully pure.
그 산의 공기는 놀랍도록 깨끗했다.

❑ That's the trouble with those big powerful cars - they consume too much fuel. 크고 강한 차는 그것이 문제입니다. 연료를 너무 많이 소비하거든요.

동 purify 정화하다	명 purity 맑음	비슷 untainted 때묻지 않은
명 consumption 소비	명 consumer 소비자	비슷 exhaust 다 써버리다

★★★☆☆ _0109

secure

[sikjúər]

ⓐ 안전한, 확실한

» a secure hiding place 안전한 은신처
» a secure job with good pay 보수가 좋은 탄탄한 직업

★★★★☆ _0110

guarantee

[gæ̀rəntíː]

1. ⓥ 보증하다
2. ⓝ 보증, 보증인

» guarantee a product 제품의 품질을 보증하다
» guarantee fund 보증금

❑ There is no such thing as a secure job these days.
요즘에는 안정적인 직장이란 것이 없다.

❑ The fridge is guaranteed for three years.
그 냉장고는 3년 동안 품질이 보증된다.

명 security 안전	비슷 safe 안전한	비슷 stable 안정된
명 guaranty 보증	비슷 affirm 단언하다	비슷 warrant 보증(하다)

★★★★☆ _0111

define

[difáin]

ⓥ 규정짓다, 정의하다

» basic desires that define personality 개성을 규정짓는 기본 욕구
» ill-defined concept 불분명하게 정의된 개념

★★★★☆ _0112

oppose

[əpóuz]

ⓥ 반대하다, 대항하다

» oppose the enemy 적에 대항하다
» oppose anger with good nature 화낸 사람에게 선의로 대하다

- ❑ It's impossible to define exactly what makes him so attractive.
  그가 왜 그렇게 매력적인지를 규명한다는 것은 불가능하다.
- ❑ Most of us are opposed to the death penalty.
  우리는 대부분 사형제도에 반대한다.

명 definition 정의, 규정	형 definite 명확한	부 definitely 확실히
형 opposite 정반대의	비슷 contrary 반대의	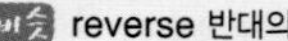 비슷 reverse 반대의

★★★★★ _0113

struggle

[strʌ́gəl]

1. ⓥ 싸우다, 노력하다
2. ⓝ 노력, 몸부림

» struggle with many problems 많은 문제와 싸우다
» a struggle with disease 투병

★★★★☆ _0114

authority

[əθɔ́ːrəti]

ⓝ 권위, 권력, 당국

» the authority of parents 부모의 권위
» the proper authority 관계당국

❑ I've been struggling to understand this article all afternoon.
나는 오후 내내 이 논문을 이해하려고 노력하고 있다.

❑ None of us questioned my father's authority.
우리 중 누구도 아버지의 권위에 반항하지 못했다.

비슷 fight 싸우다
동 authorize 권한을 부여하다

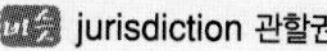

비슷 strive 애쓰다
비슷 jurisdiction 관할권

비슷 quarrel 말다툼
참고 sanction 인가하다

★★★★☆ _0115

sufficient

[səfíʃənt]

ⓐ 충분한, 흡족한

» sufficient food for ten people 10명이 먹을 충분한 음식
» sufficient income to retire comfortably
편안한 은퇴생활을 할 충분한 수입

★★★★☆ _0116

digest

[didʒést, dai-]

1. ⓥ 소화하다, 요약하다
2. ⓝ 소화, 요약

» well digested food 소화가 잘 되는 음식
» Reader's Digest 리더스 다이제스트

❏ No thanks, I've had sufficient.
아뇨, 고맙습니다만 충분히 먹었습니다.

❏ Certain people find that they cannot digest meat easily.
어떤 사람들은 고기를 쉽게 소화하지 못한다.

동 suffice 충족시키다 비슷 adequate 알맞은 비슷 enough 충분한
명 digestion 소화 비슷 abridge 축약하다 비슷 summarize 요약하다

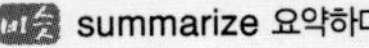

★★★★★ _0117

evaluate

[ivǽljuèit]

ⓥ 평가하다

» how to evaluate technology 기술평가 방법
» evaluate the won by 5 percent 원화를 5퍼센트 평가 절하하다

★★★☆☆ _0118

genuine

[dʒénjuin]

ⓐ 진짜의, 진품의

» a genuine pearl 진짜 진주
» make genuine efforts 성실히 노력하다

❑ Our work is evaluated regularly.
우리 업무는 정기적으로 평가받는다.

❑ His suitcase was made of genuine leather.
그의 서류가방은 진짜 가죽으로 만들어졌다.

명 evaluation 평가 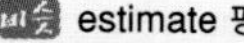 비슷 estimate 평가하다 비슷 appraise 평가하다
부 genuinely 진정으로 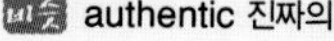 비슷 authentic 진짜의 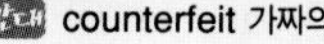 반대 counterfeit 가짜의

★★★☆☆ _0119

mature

[mətjúər]

1. ⓐ 익은, 성숙한
2. ⓥ 익다, 성숙하다

» mature wine 숙성된 포도주
» mature student 늦깎이 대학생

★★★☆☆ _0120

valid

[vǽlid]

1. ⓐ 정당한, 타당한
2. ⓐ 효과적인, 유효한

» a valid proposal 타당한 제안
» a valid remedy 효험있는 치료

❑ He is very mature for his age.
그는 나이에 비해 매우 성숙하다.

❑ I don't think your criticisms are really valid.
나는 네 비판이 정말 타당하다고는 생각지 않아.

명 maturity 성숙 | 비슷 ripe 익은 | 반대 immature 미숙한
명 validity 타당성 | 비슷 sound 건전한 | 반대 invalid 타당치 않은

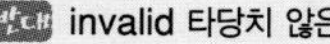

★★★★★ _0121

involve

[invɑ́lv]

ⓥ 수반하다, 연루시키다

» get involved in a trouble 분쟁에 말려들다
» an event involving hundreds of people 수백 명이 연루된 사건

★★★★☆ _0122

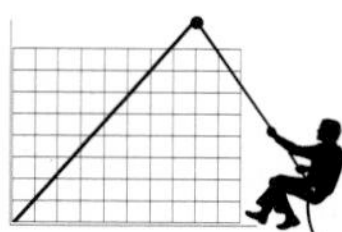

tend

[tend]

ⓥ 경향이 있다, ~하기 쉽다

» tend to ~하는 경향이 있다
» Fruits tend to decay. 과일은 자칫하면 썩기 쉽다.

❑ The US has so far been extremely unwilling to involve itself in the crisis in Bosnia. 지금까지 미국은 보스니아의 위기에 말려드는 것을 극도로 꺼려왔다.

❑ Sally tends to interfere in other people's business.
샐리는 남의 일에 참견하기를 좋아한다.

명 involvement 연루	비슷 entangle 뒤얽히게 하다	참고 embrace 포옹하다
명 tendency 경향	형 tendentious 편향적인	참고 tend 보살피다

★★★☆☆ _0123

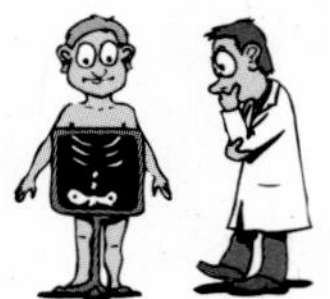

aware

[əwέər]

ⓐ 깨닫고 있는, 알고 있는

» Be aware of yourself! 너 자신을 알아라!
» as far as I am aware 내가 아는 한

★★★☆☆ _0124

despite

[dispáit]

prep. ~에도 불구하고

» in despite of ~에도 불구하고
» in spite of ~에도 불구하고

☐ Is he aware of the price of shoes like those?
그 사람은 그런 신발이 얼마나 비싼지 알고 있니?

☐ Despite the cold wind, they went out without their coats.
추운 날씨에도 불구하고 그들은 코트를 입지 않고 나갔다.

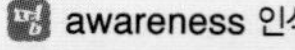 명 awareness 인식 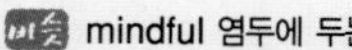 비슷 mindful 염두에 두는 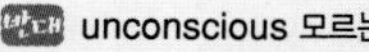 반대 unconscious 모르는
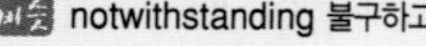 비슷 notwithstanding 불구하고 regardless of 불구하고 even with 불구하고

★★★★★ _0125

explode

[ikspló́ud]

ⓥ 폭발하다, 터트리다

» a time bomb waiting to explode 폭발을 기다리는 시한폭탄
» explode with anger 버럭 화를 내다

★★★★☆ _0126

annoy

[ənɔ́i]

ⓥ 약올리다, 괴롭히다

» look annoyed 화난 것처럼 보이다
» an annoying cough 성가신 기침

- [ ] He was driving so fast that his car tire exploded.
  그가 차를 너무 빨리 달려서 차바퀴가 펑크났다.
- [ ] Sorry, am I annoying you?
  실례합니다. 혹시 제가 방해가 되나요?

명 explosion 폭발	형 explosive 폭발적인, 폭약	비슷 burst 파열하다
명 annoyance 성가심	비슷 bother 귀찮게 하다	비슷 irritate 짜증나게 하다

★★★☆☆ _0127

expert

[ékspəːrt]

ⓝ 전문가, 숙달자

» a mining expert 광산 기사
» an expert on women's issues 여성문제 전문가

★★★★★ _0128

admit

[ædmít]

1. ⓥ 인정하다, 시인하다
2. ⓥ 들어오게 하다

» I was wrong - I admit it. 내가 잘못했다, 인정한다.
» admit a student to college 학생에게 대학 입학을 허락하다

❏ My mother is an expert at dress-making.
우리 어머니는 옷을 만드는 데 전문가이다.

❏ Men will not be admitted to the restaurant without a tie.
넥타이를 매지 않은 남자는 그 식당에 들어갈 수 없다.

비슷 specialist 전문가	비슷 professional 전문직업인	반대 amateur 비전문가
명 admission 허락, 입장	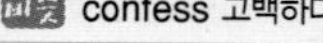 비슷 confess 고백하다	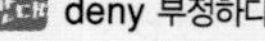 반대 deny 부정하다

★★★☆☆ _0129

leap

[liːp]

1. ⓥ 껑충 뛰다
2. ⓝ 도약

» leap for joy 기뻐 껑충껑충 뛰다
» a leap in the dark 무모한 짓

★★★★☆ _0130

purchase

[pə́ːrtʃəs]

1. ⓥ 구입하다, 획득하다
2. ⓝ 구입, 획득

» purchase a new sports car 새 스포츠카를 사다
» the purchase of F-15K fighters F 15 전투기 구매

❑ He tried to leap from an upstairs window.
그는 2층 창문에서 뛰어내리려고 했다.

❑ They purchased life at the expense of honor.
그들은 명예를 대가로 치르고 목숨을 구했다.

비슷 jump 뛰어오르다	비슷 vault 도약하다	비슷 bound 뛰어오르다
비슷 obtain 손에 넣다	비슷 acquire 취득하다	비슷 procure 획득하다

★★★★☆ _0131

offend

[əfénd]

1. ⓥ 감정을 상하게 하다
2. ⓥ 죄를 범하다

» be offended deeply 깊이 마음 상하다
» a sex offender 성범죄자

★★★★★ _0132

restrict

[ristríkt]

ⓥ 금지하다, 제한하다

» restrict freedom of speech 언론의 자유를 제한하다
» restricted to 70 kilometers an hour 시속 70Km로 제한된

❑ She was a bit offended that she hadn't been invited to the party.
그 여자는 파티에 초대받지 못해서 기분이 약간 상했다.

❑ This new law restricts freedom of speech.
이 새 법률은 언론의 자유를 제한한다.

명 offence 위법행위 　형 offensive 무례한 　비슷 vex 성가시게 굴다
명 restriction 제한 　비슷 confine 한정하다, 감금하다 　비슷 restrain 억제하다

★★★☆☆ _0133

competent

[kάmpətənt]

1. ⓐ 유능한, 적임의
2. ⓐ 충분한

» a competent soccer player 유능한 축구선수
» a competent salary 충분한 봉급

★★☆☆☆ _0134

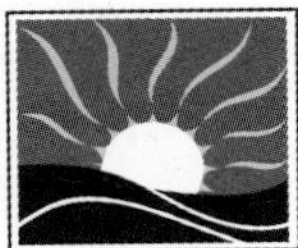

glare

[glɛər]

1. ⓝ 눈부신 빛, 섬광
2. ⓝ 노려봄

» in the glare of sunlight 눈부신 햇빛을 받고
» give a person a glare 사람을 노려보다

☐ She's a highly competent linguist.
그녀는 매우 유능한 언어학자이다.

☐ I was dazzled by the glare of the oncoming headlights.
나는 다가오는 헤드라이트의 빛에 눈이 부셨다.

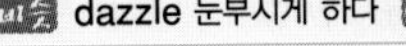

명 competence 능력 | 비슷 capable 유능한 | 비슷 proficient 능숙한
형 glaring 번쩍번쩍 빛나는 | 비슷 dazzle 눈부시게 하다 | 비슷 flash 섬광

★★★★☆ _0135

civil

[sívəl]

ⓐ 시민의, 민간의

» civil life 시민 생활
» civil laws 민법

★★★☆☆ _0136

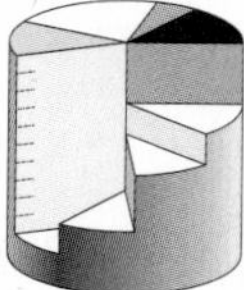

advantage

[ədvǽntidʒ]

ⓝ 우위, 강점

» gaining a competitive advantage 경쟁력 있는 강점 확보하기
» personal advantage 미모

❑ After ten years of military dictatorship, the country now has a civil government. 10년 간의 군부독재가 끝나고, 그 나라는 이제 민간정부가 들어섰다.

❑ For a goalkeeper, it's a great advantage to have big hands. 골키퍼에게 있어서 손이 크다는 것은 큰 강점이다.

명 civility 예의바름	비슷 public 공공의	참고 municipal 시립의
형 advantageous 유리한	비슷 vantage 우세	참고 favor 호의

★★★★★ _0137

reduce

[ridjúːs]

ⓥ 줄이다, 감소하다

» reduce annual expenditure 세출을 줄이다
» reduce one's weight 체중을 줄이다

★★★☆☆ _0138

merely

[míərli]

ad. 단지, 그저

» merely a flesh wound 단지 미미한 부상
» merely because 단지 ~이기 때문에

❑ I reduced my weight by going on a diet.
나는 다이어트로 체중을 줄였다.

❑ I wasn't complaining, I merely said that I was tired.
나는 불평한 것이 아니고, 단지 피곤하다고 말했을 뿐이다.

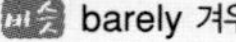

명 reduction 축소 비슷 degrade 지위를 낮추다 비슷 diminish 줄이다
형 mere 단순한 비슷 barely 겨우 참고 hardly 거의 ~않다

★★☆☆☆ _0139

tide

[taid]

ⓝ 조수, 간만

» flood tide (=high tide) 밀물
» ebb tide (=low tide) 썰물

★★★☆☆ _0140

lack

[læk]

1. ⓝ 결핍, 부족
2. ⓥ 모자라다, 결핍되다

» lack of sleep 수면부족
» a lack of affection 애정결핍

❑ Time and tide wait for no man.
세월은 사람을 기다려주지 않는다.

❑ Her only problem is lack of confidence.
그녀의 유일한 문제점은 자신감이 없는 것이다.

형 tidal 조수의	참고 crescent 초승달	참고 lunar 달의
비슷 want 필요, 결핍	비슷 shortage 부족	반대 abundance 풍부

★★★☆☆ _0141

injure

[índʒər]

ⓥ 상처를 입히다, 해치다

» a player injured in the game 경기에서 부상당한 선수
» injure a friend's feelings 친구의 감정을 상하게 하다

★★★★☆ _0142

mental

[méntl]

ⓐ 정신의, 마음의

» a mental worker 정신 노동자
» mental health 정신건강

❑ He claimed that working too hard was injuring his health.
그는 너무 열심히 일해서 건강을 해쳤다고 주장했다.

❑ He's planning to take a holiday for mental relaxation.
그는 마음의 휴식을 위해 휴가를 떠날 계획이다.

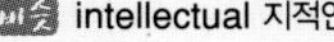

명 injury 부상	비슷 harm 해치다	비슷 hurt 상처를 입히다
명 mentality 심성, 사고방식	비슷 intellectual 지적인	반대 physical 육체의

★★★★★ _0143

indicate

[índikèit]

ⓥ 가리키다, 지시하다

» indicate a place on a map 지도상의 어떤 지점을 가리키다
» an arrow indicating the north 북쪽을 가리키는 화살표

★★★★★ _0144

appeal

[əpíːl]

1. ⓥ 간청하다, 호소하다
2. ⓝ 호소, 매력

» appeal to the public 여론에 호소하다
» appeal to the Supreme Court 대법원에 상고하다
» sex appeal 성적매력

❏ Toby whispered, indicating a girl in a cheap cotton dress.
싸구려 면 드레스를 입은 소녀를 가리키며 토비가 속삭였다.

❏ I've never been skiing - it doesn't really appeal to me.
난 스키를 탄 적이 없어. 별로 흥미가 없거든.

명 indication 지적 비슷 signify 나타내다 비슷 symbolize 부호로 나타내다
비슷 plea 탄원 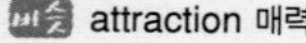 비슷 petition 청원(하다) 비슷 attraction 매력

★★★★★ _0145

factor

[fǽktər]

ⓝ 요소, 요인, 인자

» a factor of happiness 행복의 요인
» an important factor 중요 요소

★★★★☆ _0146

reveal

[rivíːl]

ⓥ 드러내다, 폭로하다

» reveal a secret 비밀을 폭로하다
» a revealing remark 폭로 발언

❑ The weather could be a crucial factor in tomorrow's game.
날씨가 내일 경기에 중요한 요인이 될 수 있다.

❑ He was jailed for revealing secrets to the Russians.
그는 러시아인들에게 비밀을 누설한 죄로 감옥에 갇혔다.

동 factorize 인수분해하다 비슷 element 요소 비슷 requisite 요소, 필수품
명 revelation 폭로  disclose 노출시키다  conceal 감추다

★★★☆☆ _0147

laboratory

[lǽbərətɔ̀ːri]

ⓝ 연구실, 실험실

» a chemical laboratory 화학 실험실
» a language laboratory 어학 연습실

★★☆☆☆ _0148

species

[spíːʃiːz]

ⓝ (생물학의) 종, 개체

» The Origin of Species 종의 기원
» a study of the species 인류 연구

❑ Laboratory tests suggest that the new drug may be used to treat cancer. 실험 결과에 의하면 그 새로운 약은 암을 치료하는 데 쓰일 가능성이 있다.

❑ Dinosaurs are an extinct species.
공룡은 멸종된 종이다.

형 laboratorial 실험실의 비슷 institute 연구소 참고 lab 연구실, 어학연습실
동 specify 일일이 열거하다 명 specification 명세, 열거 참고 variety 다양성, 종류

★★★★☆ _0149

consult

[kənsʌ́lt]

ⓥ 상담하다, 참고하다

» tax consulting 세무상담
» consult a dictionary 사전을 찾아보다
» consult one's pillow 자면서 생각해보다

★★☆☆☆ _0150

nutrition

[njuːtríʃən]

ⓝ 영양섭취, 영양분

» beating cancer with nutrition 영양섭취로 암 물리치기
» proper nutrition for good health 건강을 위한 적절한 영양섭취

❑ I'm going to consult my best friend on the matter.
나는 그 문제에 대해 가장 친한 친구와 상의할 생각이다.

❑ Good nutrition is essential for growing children.
자라나는 어린이들에게 적절한 영양섭취는 필수적이다.

명 consultation 상담 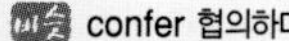 비슷 confer 협의하다 참고 deliberate 숙고하다, 신중한

명 nutritionist 영양사 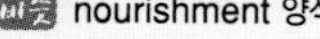 비슷 nourishment 양식 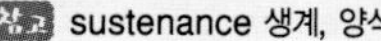 참고 sustenance 생계, 양식

★★★★☆ _0151

priority

[praiɔ́:rəti]

ⓝ 우선권, 우위

» first priority 최우선권
» according to priority 순서에 따라, 순서대로

★★★★★ _0152

extend

[iksténd]

ⓥ 뻗치다, 연장하다

» a mountain range extending down the Korean Peninsula
한반도를 뻗어내린 산맥
» an extended vacation 연장된 휴가

❑ My first priority is to find somewhere to live.
내가 가장 먼저 해야 할 일은 살 곳을 찾는 것이다.

❑ Rain is expected to extend to all parts of the country by this evening. 비는 오늘 저녁 전국으로 확대될 것으로 예상된다.

형 prior 앞의, 이전의	비슷 precedence 우위, 선행	참고 preference 더 좋아함
명 extension 연장	비슷 prolong 늘이다	비슷 enlarge 확장하다

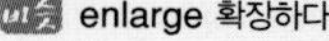

★★★★☆ _0153

accurate

[ǽkjurət]

ⓐ 정확한, 정밀한

» accurate machine 정밀한 기계
» an accurate statement 올바른 진술

★★★☆☆ _0154

finance

[fáinæns]

1. ⓝ 재정, 재무
2. ⓥ 자금을 조달하다

» the Minister of Finance 재무장관
» finance a new car 새 차를 살 자금을 마련하다

❑ She is always accurate in her use of language.
그녀는 항상 언어를 정확하게 사용한다.

❑ We've had some difficulty raising finance for the project.
우리는 그 계획을 위한 자금을 모으는 데 어려움을 겪었다.

명 accuracy 정확성	비슷 exact 정확한	비슷 precise 정밀한
형 financial 재정의, 금융상의	참고 fund 기금	참고 capital 자본

★★★★★ _0155

assume

[əsjúːm]

1. ⓥ 추정하다, 추측하다
2. ⓥ ~인 체하다, 가장하다
3. ⓥ 취임하다, 떠맡다

» assumed altitude 추정 고도
» assume an air of innocence 결백한 체하다
» assume the role of spokesman 대변인을 맡다

★★★★☆ _0156

disaster

[dizǽstər]

ⓝ 재앙, 큰 불행

» a natural disaster 자연재해
» the disaster recovery planning 재난복구계획

❑ James assumed a look of indifference when he heard Anna was getting married. 제임스는 애나가 결혼한다는 말을 듣고 관심없는 척했다.

❑ 108 people died in the mining disaster. 광산에서 일어난 참사로 108명이 죽었다.

명 assumption 가정	비슷 presume 추정하다	비슷 pretend ~인 체하다
형 disastrous 재난의	비슷 calamity 재앙	비슷 catastrophe 대재앙

★★☆☆☆ _0157

row

[rou]

1. ⓝ 열, 줄
2. ⓥ (노를) 젓다

» in the front row 앞줄에
» row down the river 배를 저어 강을 내려가다

★★★★★ _0158

hesitate

[hézətèit]

ⓥ 주저하다, 망설이다

» hesitate to make a decision 결정하기를 망설이다
» hesitate in speaking 우물쭈물 말을 더듬다

❑ They were holding hands in the back row of the cinema.
그들은 영화관의 뒷줄에서 손을 잡고 있었다.

❑ He hesitated and then said, "I'm not sure".
그는 망설이다가 말했다. "잘 모르겠어요."

참고 column 세로줄　참고 stern 배 뒷편　참고 bow 뱃머리
명 hesitation 주저, 망설임　비슷 pause 잠시 멈추다　반대 proceed 속행하다

★★★★☆ _0159

assure

[əʃúər]

ⓥ 보증하다, 보장하다

» 101 ways to assure success 성공을 보장하는 101가지 방법
» I assure you. 정말입니다.

★★★★☆ _0160

depress

[diprés]

1. ⓥ 낙담시키다, 기를 꺾다
2. ⓥ 경기를 하강시키다

» an active guide for depressed teens
의기소침한 10대들을 위한 활력지침
» depressed trade 부진한 시황

☐ Mom assured us that everything would be all right.
모든 것이 잘될 것이라고 엄마가 우리를 안심시켰다.

☐ Bad weather depresses me.
날씨가 나쁘면 나는 기분이 우울하다.

명 assurance 확신 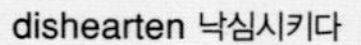 비슷 ensure 확실하게 하다 비슷 pledge 맹세하다
명 depression 불경기  비슷 dishearten 낙심시키다 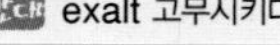 반대 exalt 고무시키다

★★★★☆ _0161

potential

[poutén∫əl]

1. ⓐ 잠재력 있는, 가능성 있는
2. ⓝ 잠재력, 가능성

» a potential genius 천재의 소질이 있는 사람
» a potential customer 잠재 고객
» brain's unused potential 사용되지 않는 뇌의 잠재력

★★★★☆ _0162

outstanding

[àutstǽndiŋ]

ⓐ 탁월한, 두드러진

» an outstanding figure 탁월한 인물
» an outstanding achievement 눈에 띄는 업적

❑ She is widely regarded as a potential Olympic gold medallist.
그녀는 유력한 올림픽 금메달 후보로 여겨지고 있다.

❑ It was an outstanding performance.
매우 뛰어난 공연이었다.

명 potentiality 잠재력 형 potent 유력한 비슷 possible 가능성 있는
비슷 prominent 눈에 띄는 비슷 conspicuous 두드러진 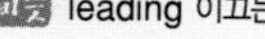 비슷 leading 이끄는

★★★★☆ _0163

intellectual

[ìntəléktʃuəl]

ⓐ 지적인, 지능적인

» the intellectual power 지적 능력
» an intellectual occupation 지능을 요하는 업무

★★★★☆ _0164

temper

[témpər]

1. ⓝ 성질, 기질
2. ⓝ 화, 짜증

» an even temper 침착한 성질
» get into a temper 화를 내다

❑ I like detective stories and romances - nothing too intellectual.
나는 너무 지적이지 않은 탐정소설이나 로맨스를 좋아한다.

❑ She has a very sweet temper.
그녀는 매우 상냥한 성격이다.

명 intellect 지성, 지식인	비슷 learned 학식이 있는	비슷 intelligent 총명한
명 temperament 기질	형 temperate 절제하는	비슷 disposition 기질

★★★☆☆ _0165

device

[diváis]

ⓝ 장치, 고안

» a safety device 안전 장치
» a storage device 저장 장치

★★★★★ _0166

forbid

[fərbíd]

ⓥ 금지하다, 허락하지 않다

» forbid his entering the house 그를 집에 못 들어오게 하다
» Fishing is forbidden! 낚시금지!
» Decency forbids. 소변금지

❑ The rescuers used a special device for finding people trapped in collapsed buildings. 구조대원들은 무너진 건물에 갇힌 사람들을 특별한 장치로 수색했다.

❑ The law forbids the sale of cigarettes to people under the age of 18. 법은 18세 이하의 청소년에게 담배를 파는 것을 금지하고 있다.

동 devise 고안하다	비슷 tool 기구	비슷 utensil 용구
형 forbidding 험악한	비슷 ban 금지하다	비슷 prevent 방지하다

★★★★☆ _0167

tender

[téndər]

1. ⓐ 부드러운, 연한
2. ⓥ 제출하다, 제공하다

» a tender steak 연한 스테이크

» tender a letter of resignation 사직서를 제출하다

★★★★☆ _0168

vital

[váitl]

1. ⓐ 살아있는, 생명의
2. ⓐ 치명적인

» vital energy 생명력, 활력

» a vital wound 치명상

❑ She gave him a tender look.
그녀는 그에게 부드러운 눈길을 보냈다.

❑ The drawings were crude but wonderfully vital.
그 그림은 서투르지만 매우 생동감이 있었다.

비슷 soft 부드러운  fragile 깨지기 쉬운 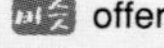 offer 제공하다

명 vitality 활력 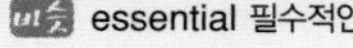 essential 필수적인 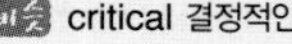 critical 결정적인

★★★★★ _0169

register

[rédʒistər]

1. ⓥ 등록하다, 기입하다
2. ⓝ 등록, 등록부

» register new student 신입생을 학적에 올리다
» register the birth of a baby 아기의 출생신고를 하다
» the electoral register 선거인 명부

★★★★☆ _0170

contemporary

[kəntémpərèri]

1. ⓐ 당시의, 현대의
2. ⓝ 같은 시대 사람, 동시대인

» contemporary literature 현대문학
» contemporary trends in design 현대 디자인의 추세
» our contemporaries 우리와 같은 시대 사람들

❑ She bought a new car and registered it in her name.
그녀는 새 차를 사서 자기 이름으로 등록했다.

❑ Although it was written hundreds of years ago it still has a contemporary feel to it. 그것은 수백 년 전에 쓰여졌지만, 여전히 현대적인 느낌을 갖고 있다.

명 registration 등록 비슷 record 기록하다 비슷 enroll 등록하다
비슷 modern 현대의 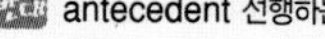 반대 antecedent 선행하는 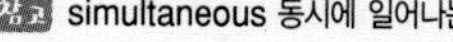 참고 simultaneous 동시에 일어나는

★★★☆☆ _0171

rural

[rúərəl]

ⓐ 지방의, 시골의

» rural life 전원생활
» a rural community 농촌

★★★★☆ _0172

transform

[trænsfɔ́ːrm]

ⓥ 바꾸다, 변화시키다

» practical ways to transform your body
당신 몸을 변화시킬 실질적 방법들
» a plan to transform Korea 한국을 변모시킬 계획

❑ Rural life is usually more peaceful than city life.
전원생활은 도시생활보다 대체로 평화롭다.

❑ Put yourself in the hands of our experts, who will transform your hair and makeup. 여러분의 머리와 화장을 바꾸어줄 전문가의 손에 자신을 맡기십시오.

비슷 rustic 시골 풍의	비슷 pastoral 목가적인	반대 urban 도시의
명 transformation 변형	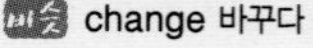 비슷 change 바꾸다	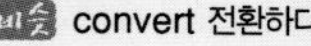 비슷 convert 전환하다

★★★★★ _0173

confirm

[kənfə́ːrm]

1. ⓥ 확인하다
2. ⓥ 승인하다

» confirm a reservation 예약을 확인하다
» confirm a treaty 조약을 승인하다

★★★★☆ _0174

vague

[veig]

ⓐ 모호한, 막연한

» a vague answer 애매한 대답
» a vague rumor 막연한 소문

❑ I'd like to confirm when you will be arriving on Monday.
네가 월요일 언제 오는지 확인하고 싶어.

❑ Maria was very vague about her plans for the future.
마리아는 자신의 장래 계획에 대해 매우 막연한 상태였다.

명 confirmation 확정	비슷 verify 증명하다	비슷 approve 승인하다
부 vaguely 모호하게	비슷 ambiguous 애매한	비슷 obscure 불분명한

★★★☆☆ _0175

infant

[ínfənt]

ⓝ 유아, 미성년자

» infant mortality 유아 사망률
» an infant nation 신생국가

supervise

[sú:pərvàiz]

ⓥ 감독하다, 지휘하다

» supervise a team of investigators 수사팀을 지휘하다
» how to supervise people 사람들을 통솔하는 방법

❑ The nurse came into the room carrying a newborn infant.
간호사가 갓난아기를 안고 방으로 들어왔다.

❑ The teachers take it in turn to supervise the children.
선생님들은 교대로 아이들을 감독한다.

명 infancy 유년	비슷 toddler 아장아장 걷는 아기	참고 infantry 보병
명 supervision 감독	비슷 oversee 감시하다	비슷 manage 관리하다

★★★★★ _0177

domestic

[doumέstik]

1. ⓐ 가정의
2. ⓐ 국내의, 자국의

» domestic affair 가사일
» a domestic airline 국내 항공선

★★★☆☆ _0178

tremendous

[triméndəs]

1. ⓐ 거대한, 엄청난
2. ⓐ 무시무시한, 가공할

» a tremendous talker 굉장한 수다쟁이
» a tremendous explosion 가공할 만한 폭발

❑ She loves going out, but he's very domestic.
그녀는 외출하는 것을 좋아하지만 그는 매우 가정적이다.

❑ She's spent a tremendous amount of money on that house.
그녀는 그 집에 어마어마한 돈을 쏟아부었다.

비슷 native 출생지의, 원어민 비슷 homemade 집에서 만든 반대 foreign 외국의
비슷 enormous 거대한 비슷 colossal 어마어마한 비슷 huge 거대한

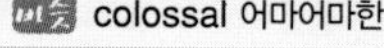

★★★★☆ _0179

suspect

[səspékt]

1. ⓥ 짐작하다, 의심하다
2. ⓝ 용의자, 혐의자

» suspect her of murder 그녀를 살인자로 의심하다
» usual suspect 상습적인 용의자

★★★★★ _0180

improve

[imprú:v]

ⓥ 개량하다, 개선하다

» how to improve your eyesight 시력을 좋아지게 하는 방법
» improve one's way of life 생활방식을 개선하다

❑ She strongly suspected her husband had been lying.
그녀는 남편이 거짓말을 하고 있다고 강하게 의심했다.

❑ The last year has seen a slight improvement in the economy.
작년에 경제는 약간의 성장세를 보였다.

명 suspicion 혐의	비슷 mistrust 믿지 않다	비슷 distrust 믿지 않다
명 improvement 개선	비슷 refine 정제하다	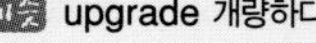 비슷 upgrade 개량하다

★★★★★ _0181

research

[risə́ːrtʃ]

1. ⓥ 조사하다, 연구하다
2. ⓝ 연구, 조사

» research the effects of acid rain 산성비의 영향을 연구하다
» research institute 연구소
» market research 시장조사

★★★★☆ _0182

emotional

[imóuʃənəl]

ⓐ 감정의, 감동적인

» an emotional disturbance 정서 장애
» an emotional speech 감동적인 연설

❑ She's researching in 18th-century poetry.
그녀는 18세기 시를 연구하고 있다.

❑ He became very emotional when we had to leave.
우리가 떠나야 했을 때 그는 매우 감정적이 되었다.

비슷 examine 조사하다 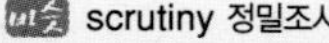 비슷 scrutiny 정밀조사 비슷 investigate 조사하다
명 emotion 감동 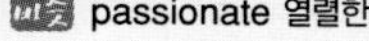 비슷 passionate 열렬한 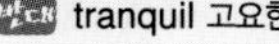 반대 tranquil 고요한

★★☆☆☆ _0183

male

[meil]

ⓝ 남성, 수컷

» a male student 남학생
» a male screw 수나사

★★★★☆ _0184

female

[fí:meil]

ⓝ 여성, 암컷

» the female child 여자아이
» a female readership 여성 독자층

❑ Women teachers often earn less than their male colleagues.
여선생의 월급이 남자 동료의 것보다 적은 경우가 종종 있다.

❑ The female lion is smaller than the male.
암사자는 수사자보다 몸집이 작다.

비슷 masculine 남성의 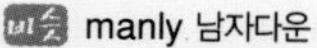 비슷 manly 남자다운 참고 masculinity 남자다움
비슷 feminine 여성의 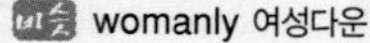 비슷 womanly 여성다운 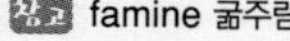 참고 famine 굶주림

★★★★★ _0185

occur [əkə́ːr] ⓥ 일어나다, 생기다

» the reason why earthquakes occur 지진이 발생하는 이유
» It occurred to me that ~한 생각이 떠올랐다

★★★★★ _0186

interrupt [ìntərʌ́pt] ⓥ 가로막다, 방해하다

» Sorry to interrupt, 방해해서 죄송한데요,
» interrupted baseball game by heavy rain 폭우로 중단된 야구경기

명 occurrence 발생
명 interruption 중단, 방해
비슷 happen 일어나다
비슷 interfere 방해하다
비슷 befall 발생하다
비슷 hinder 훼방놓다

★★★☆☆ _0187

accustom [əkʌ́stəm] ⓥ 익히다, 습관들게 하다

» accustomed modesty 습관화된 겸손
» accustom one's ears to the din 소음에 익숙해지다

★★★★☆ _0188

previous [príːviəs] ⓐ 이전의, 앞의

» a previous engagement 선약
» the previous evening 지난밤

형 accustomed 익숙해진
참고 custom 관습
참고 customary 습관적인
비슷 prior 앞의
반대 subsequent 다음의
반대 following 다음의

★★★★★ _0189

proper [prάpər]

1. ⓐ 적당한, 알맞은
2. ⓐ 진짜의, 진정한

» a proper way 적절한 방법
» China proper 중국 본토

★★★★☆ _0190

opportunity [àpərtjú:nəti]

ⓝ 기회, 호기

» a fair opportunity 공평한 기회
» miss a great opportunity 호기를 놓치다

명 propriety 적절 | 비슷 suitable 적절한 | 참고 polite 예의바른
명 opportunism 기회주의 | 형 opportune 시기가 좋은 | 비슷 chance 기회

★★★★★ _0191

permit [pə:rmít]

1. ⓥ 허락하다, 허가하다
2. ⓝ 허락, 허가

» permit the sale of alcohol 술 판매를 허가하다
» a work permit 취업허가, 근로허가

★★★★☆ _0192

intend [inténd]

ⓥ ~할 작정이다, 의도하다

» intend to go out 나갈 작정이다
» an intending lawyer 변호사 지망생

명 permission 허가 | 비슷 allow 허락하다 | 반대 forbid 금지하다
명 intention 의향 | 명 intent 의지 | 비슷 mean 의도하다

★★★★☆ _0193

contrary [kɑ́ntreri]

1. ⓐ 반대의
2. ⓐ 적합치 않은, 불리한

» contrary to fact 사실과 반대로
» a contrary current 역류

★★★★★ _0194

apparent [əpǽrənt]

ⓐ 명백한, 또렷한

» an apparent advantage 분명한 이점
» angry for no apparent reason 까닭 모를 분노

비슷 opposite 반대의 | 비슷 hostile 적대하는 | 반대 similar 비슷한
동 appear 나타나다 | 명 appearance 출현 | 비슷 manifest 명백한

★★★★☆ _0195

impact [ímpækt]

ⓝ 충격, 영향

» the impact of Einstein on modern physics
아인슈타인이 현대 물리학에 끼친 영향

★★★★☆ _0196

decline [dikláin]

1. ⓥ 기울다, 쇠퇴하다
2. ⓥ 거절하다, 사절하다

» declining birthrate 줄어드는 출산율
» the decline and fall of Roman Empire 로마제국의 쇠퇴와 멸망

비슷 collision 충돌 | 비슷 clash 충돌 | 비슷 striking 타격
비슷 deteriorate 악화시키다 | 비슷 refuse 거절하다 | 비슷 diminish 감소하다

★★★★★ _0197

supply [səplái]

1. ⓥ 공급하다
2. ⓝ 공급

» supply the core parts for the automobile
자동차의 핵심부품을 공급하다

★★★★☆ _0198

average [ǽvəridʒ]

ⓝ 평균

» talent above the average 평균 이상의 재능
» strike an average 평균을 내다

비슷 furnish 공급하다, 가구를 갖추다 비슷 provide 제공하다 참고 stock 물품을 들여놓다
비슷 normal 표준의 비슷 common 보통의 비슷 ordinary 보통의

★★★★★ _0199

distinguish [distíŋgwiʃ]

1. ⓥ 식별하다
2. ⓥ 두드러지다

» distinguish right from wrong 옳고 그름을 분별하다
» distinguish oneself in literature 문학으로 이름을 떨치다

★★★★★ _0200

stimulate [stímjulèit]

ⓥ 자극하다, 격려하다

» a game to stimulate your creativity 창의성을 자극하는 게임
» a stimulating discussion 고무된 토론

비슷 differentiate 구별짓다 비슷 discern 구별하다 반대 blend 섞다
명 stimulation 자극 비슷 arouse 자극하다 비슷 urge 재촉하다

Review Test 2

■ 각 단어의 알맞은 뜻을 연결하시오.

1. occur •	• 섬광
2. consume •	• 반대하다
3. oppose •	• 일어나다
4. accustom •	• 평가하다
5. evaluate •	• 반대의
6. explode •	• 쇠퇴하다
7. contrary •	• 소비하다
8. decline •	• 습관들게 하다
9. glare •	• 폭발하다
10. reduce •	• 줄이다

» **Answers**

1. 일어나다 **2**. 소비하다 **3**. 반대하다 **4**. 습관들게 하다 **5**. 평가하다
6. 폭발하다 **7**. 반대의 **8**. 쇠퇴하다 **9**. 섬광 **10**. 줄이다

2 다음 빈 칸에 알맞은 단어를 보기에서 골라 쓰시오.

reveal	merely	lack	appeal
priority	laboratory	finance	disaster

1. ____________ a flesh wound
   단지 미미한 부상
2. ____________ of sleep 수면부족
3. ____________ to the public
   여론에 호소하다
4. ____________ a secret 비밀을 폭로하다
5. a language ____________ 어학 연습실
6. according to ____________ 순서에 따라
7. ____________ a new car
   새 차를 살 자금을 마련하다
8. a natural ____________ 자연재해

» **Answers**

1. merely **2**. lack **3**. appeal **4**. reveal **5**. laboratory
6. priority **7**. finance **8**. disaster

3 다음 빈 칸에 알맞은 단어를 보기에서 골라 쓰시오.

authority	efficient	guaranteed
mature	struggling	served

1. First come, first ______________.
   먼저 온 사람이 먼저 대접받는다.

2. She is a very ______________ secretary.
   그녀는 매우 유능한 비서이다.

3. The fridge is ______________ for three years.
   그 냉장고는 3년 동안 품질이 보장된다.

4. I've been ______________ to understand this article all afternoon.
   나는 오후 내내 이 논문을 이해하려고 노력하고 있다.

5. None of us questioned my father's ______________.
   우리들 중 누구도 아버지의 권위에 반항하지 못했다.

6. He is very ______________ for his age.
   그는 나이에 비해 매우 성숙하다.

» **Answers**

1. served **2**. efficient **3**. guaranteed **4**. struggling
5. authority **6**. mature

4 다음 표시된 말의 알맞은 해석을 쓰시오.

1. the intellectual power

   ____

2. an even temper

   ____

3. a tender steak

   ____

4. vital energy

   ____

5. contemporary literature

   ____

6. confirm a reservation

   ____

7. a vague answer

   ____

8. how to supervise people

   ____

» **Answers**

1. 지적인 **2**. 성질 **3**. 연한 **4**. 살아있는 **5**. 현대의 **6**. 확인하다
7. 애매한 **8**. 통솔하다

Chapter 3

듣기 필수 단어

1. 수능 만점 단어
2. 핵심 역량 단어
3. 듣기 필수 단어
4. 독해 정복 단어 (A)
5. 독해 정복 단어 (B)
6. 교과서 총정리 단어 (A)
7. 교과서 총정리 단어 (B)
8. 함정 단어
9. 시사문제 단어 (자연과학 분야)
10. 시사문제 단어 (인문사회 분야)

PREVIEW

- ❑ bald
- ❑ vacancy
- ❑ lawyer
- ❑ position
- ❑ flight
- ❑ refund
- ❑ librarian
- ❑ sacrifice
- ❑ deposit
- ❑ etiquette
- ❑ folk
- ❑ fever
- ❑ round-trip
- ❑ one-way
- ❑ foggy
- ❑ degree
- ❑ forecast
- ❑ urgent
- ❑ lively
- ❑ desperate
- ❑ encourage
- ❑ discourage
- ❑ depressed
- ❑ excited
- ❑ furious
- ❑ instructive
- ❑ humorous
- ❑ telescope
- ❑ warn
- ❑ bearded
- ❑ suit
- ❑ thin
- ❑ thick
- ❑ block
- ❑ transfer
- ❑ accident
- ❑ operate
- ❑ message
- ❑ topic
- ❑ report
- ❑ physics
- ❑ chemistry
- ❑ resume
- ❑ pay
- ❑ departure
- ❑ arrival
- ❑ board
- ❑ land
- ❑ clerk
- ❑ journal
- ❑ hostile
- ❑ reserve
- ❑ dessert
- ❑ realize
- ❑ honesty
- ❑ headache
- ❑ stomachache
- ❑ dentist
- ❑ crosswalk
- ❑ frost
- ❑ flu
- ❑ weigh
- ❑ weight
- ❑ agency
- ❑ sightseeing
- ❑ windy
- ❑ stormy
- ❑ shower
- ❑ sunny
- ❑ cloudy
- ❑ snowy
- ❑ envelope
- ❑ mysterious
- ❑ package
- ❑ mail
- ❑ festive
- ❑ fare
- ❑ bill
- ❑ across
- ❑ architecture
- ❑ statistics
- ❑ curly
- ❑ beast
- ❑ upset
- ❑ recreate
- ❑ behind
- ❑ opposite
- ❑ headline
- ❑ excel
- ❑ intersection
- ❑ passenger
- ❑ cancel
- ❑ customer
- ❑ check-in
- ❑ ironical
- ❑ politics
- ❑ economics
- ❑ straight
- ❑ client
- ❑ employee

★★★☆☆ _0201

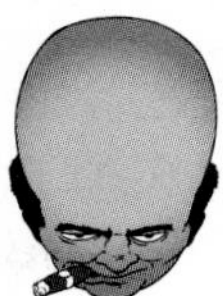

bald

[bɔːld]

ⓐ 대머리의, 민둥민둥한

» a bald man 대머리 남자
» a bald mountain 민둥산

★★★★☆ _0202

vacancy

[véikənsi]

1. ⓝ 공허, 빔
2. ⓝ 빈자리, 공터, 빈방

» look into vacancy 허공을 응시하다
» three vacancies in the hotel 호텔의 빈방 셋

❑ His bald head was badly sunburnt.
그의 대머리가 햇볕에 심하게 그을렸다.

❑ We wanted to book a hotel room but there were no vacancies.
우리는 호텔 방을 예약하려 했지만 빈방이 없었다.

비슷 hairless 머리가 없는 | 반대 hairy 털투성이의 | 참고 bold 대담한
형 vacant 빈 | 비슷 blank 공백 | 반대 fullness 포만

★★★☆☆ _0203

lawyer

[lɔ́ːjər]

ⓝ 변호사, 법률학자

» a young woman lawyer 젊은 여성 변호사
» a prospective lawyer 변호사 지망생

★★★★★ _0204

position

[pəzíʃən]

1. ⓝ 위치, 장소
2. ⓝ 처지, 직책

» the position of a house 집의 위치
» apply for a position in a company 회사의 어떤 직책에 지원하다
» a man of position 지위가 있는 사람

❑ The General's lawyer welcomed the judge's ruling.
장군측 변호사는 판사의 판결을 환영했다.

❑ It's the position of the house that's so lovely - overlooking the hills.
그 집은 위치가 기가 막힙니다. 언덕을 굽어보고 있죠.

참고 judge 판사 | 참고 attorney 검사 | 참고 jury 배심원
동 posit 설치하다 | 비슷 location 위치 | 비슷 site 대지, 집터

★★★★☆ _0205

flight

[flait]

1. ⓝ 날기, 비행
2. ⓝ (정기항공 노선의) 편

» a night flight 야간비행

» Flight no.8 제8 비행편

★★★☆☆ _0206

refund

[rí:fʌnd]

1. ⓝ 환불, 상환
2. ⓥ 상환하다, 돌려주다 [ri:fʌ́nd]

» a full refund 전액 환불

» the tax refund 세금 환급

❑ The birds hovered on the edge of the nest, preparing themselves for flight. 그 새들은 날아오를 준비를 하며 둥지 가장자리를 맴돌았다.

❑ You can apply for a refund of your travel costs. 여행 비용에 대해 환불을 신청하실 수 있습니다.

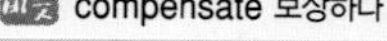
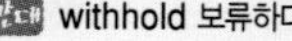

동 fly 날다 | 반대 clash 꽝, 추락 | 참고 plight 곤경, 궁지

형 refundable 상환할 수 있는 | 비슷 compensate 보상하다 | 반대 withhold 보류하다

★★☆☆☆ _0207

librarian

[laibrέəriən]

ⓝ 도서관의 사서

» the new school librarian 새로 온 학교 도서관 사서
» high school librarian 고등학교 도서관 사서

★★★★★ _0208

sacrifice

[sǽkrəfàis]

1. ⓝ 희생, 헌신
2. ⓝ 제물, 희생양

» a sacrifice for friendship 우정을 위한 헌신
» self-sacrifice 자기희생
» offer a sacrifice 제물을 바치다

❑ She asked the librarian to reserve the book for her.
그녀는 사서에게 도서예약을 요청했다.

❑ The people offered a lamb on the altar as a sacrifice for their sins.
사람들은 그들의 죄에 대한 제물로 양을 제단에 올렸다.

명 library 도서관	참고 reference 참조	참고 lending 대출
형 sacrificial 희생의	비슷 victimize 희생하다	비슷 scapegoat 희생양

★★★★☆ _0209

deposit

[dipázit]

1. ⓥ 두다, 내려놓다
2. ⓥ 예금하다, 맡기다
3. ⓝ 예금, 적립금

» deposit books on the floor 책을 바닥에 놓다
» deposit money in the bank 은행에 예금하다
» deposit account 예금계좌

★★★☆☆ _0210

etiquette

[étikèt]

ⓝ 예절, 에티켓

» contemporary etiquette for the businessman
비즈니스맨을 위한 현대 에티켓
» observe etiquette 에티켓을 지키다

❑ The flood waters fell, depositing mud over the whole area.
홍수로 물이 범람하여 지역 전체에 진흙을 퇴적시켰다.

❑ Social etiquette dictates that men cannot sit while women are standing. 사회적 예법에 따르면 여자가 서 있을 때 남자가 앉아 있어서는 안 된다.

명 depositor 예금주 　 비슷 accumulate 쌓아올리다 　 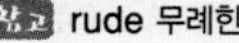 반대 withdraw 인출하다
비슷 courtesy 예의 　 참고 polite 예의바른 　 참고 rude 무례한

★★☆☆☆ _0211

folk

[fouk]

1. ⓝ 사람들
2. ⓐ 민간의, 민속의

» Folks disagree. 사람들은 의견이 맞지 않는 법이다.
» a folk remedy 민간요법

★★★★★ _0212

fever

[fíːvər]

ⓝ 열, 열광

» have a fever 열이 있다
» in a fever 열광하는

❑ Cars like that are much too expensive for ordinary folk.
그런 차는 보통 사람들이 타기에 너무 비싸다.

❑ He's got a headache and a slight fever.
그는 머리가 아프고 미열이 있다.

명 folklore 민속	형 folksy 소탈한	참고 ethnic 민족의
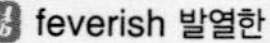 형 feverish 발열한	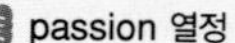 비슷 passion 열정	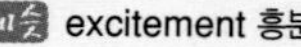 비슷 excitement 흥분

★★★☆☆ _0213

round-trip

[raundtríp]

ⓐ 왕복의

» a round-trip ticket 왕복승차권
» round-trip to orbit 궤도 왕복여행

★★★☆☆ _0214

one-way

[wʌ́nwéi]

ⓐ 편도의, 일방통행의

» a one-way ticket 편도승차권
» one-way traffic 일방통행

❑ The round-trip from France to Australia is very expensive.
프랑스에서 호주로의 왕복여행은 매우 비싸다.

❑ She got a warning for driving the wrong way down a one-way street. 그녀는 일방통행로에서 잘못된 방향으로 운전하여 경고를 받았다.

비슷 double-trip 왕복의	참고 fare 운임	참고 passenger 승객
비슷 single 편도의	참고 voyage 항해	참고 transit 통과, 통행

★★★☆☆ _0215

foggy

[fɔ́ːgi]

ⓐ 안개 낀, 흐릿한

» a foggy window 성애 낀 유리창
» a foggy morning 안개 낀 아침

★★★★☆ _0216

degree

[digríː]

1. ⓝ 정도, 등급, 온도
2. ⓝ 학위

» 32 degrees Fahrenheit 화씨 32도
» bachelor's degree 학사 학위

❑ I saw a ship in the foggy blur.
나는 안개가 자욱한 속에서 배 한 척을 보았다.

❑ This job demands a high degree of skill.
이 일은 높은 수준의 기술을 요한다.

명 fog 안개 |  비슷 clouded 구름 낀 |  비슷 misty 안개 짙은

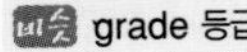 비슷 grade 등급 | 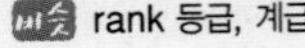 비슷 rank 등급, 계급 | 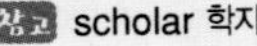 참고 scholar 학자

★★★★☆ _0217

forecast

[fɔ́ːrkæ̀st]

1. ⓥ 예보하다, 예측하다
2. ⓝ 예보, 예상

» forecast the future 미래를 예측하다
» the weather forecast 일기예보

★★★★★ _0218

urgent

[ə́ːrdʒənt]

ⓐ 긴급한, 다급한

» the urgent message 긴급 전문
» on urgent business 급한 일로

❑ Snow has been forecast for tonight.
오늘 밤에 눈이 온다는 예보가 있었다.

❑ Many people are in urgent need of food and water.
많은 사람들에게 음식과 물이 절실히 필요하다.

비슷 predict 예상하다 | 비슷 foretell 예언하다 | 반대 approve 증명하다
명 urgency 절박 | 비슷 immediate 당면한 | 비슷 pressing 긴급한

★★★★☆ _0219

lively

[láivli]

ⓐ 활기찬, 왕성한

» lively music 활기찬 음악
» lively imagination 왕성한 상상력

★★★★★ _0220

desperate

[déspərit]

1. ⓐ 절망적인, 극도의
2. ⓐ 필사적인

» a desperate situation 절망적 상황
» desperate efforts 기를 쓰고 하는 노력

❏ It can be hard work teaching a class of lively children.
활발한 아이들이 모인 반을 가르치는 것은 어려운 일이 될 것이다.

❏ We had no food left at all and were getting desperate.
식량이 다 떨어져 우리는 자포자기한 상태가 되어갔다.

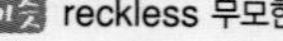
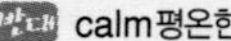

형 live 생생한	비슷 active 활발한	반대 lifeless 활기없는
부 desperately 필사적으로	비슷 reckless 무모한	반대 calm 평온한

★★★★★ _0221

encourage

[inkə́ːridʒ]

ⓥ 용기를 돋우다, 격려하다

» encourage a student in his studies 학생에게 공부를 격려하다
» a poem to encourage your dreams 당신의 꿈을 격려해줄 시

★★★★☆ _0222

discourage

[diskə́ːridʒ]

ⓥ 낙담시키다, 단념시키다

» a discouraging word 실망스러운 말
» discouraged children 낙담한 아이들

❑ Patricia encouraged me to apply for the job.
패트리샤는 내가 그 일에 지원하도록 용기를 주었다.

❑ Don't be discouraged by their attitude - you're doing very well.
그들의 태도에 실망하지 마. 넌 잘하고 있으니까.

명 encouragement 격려	비슷 inspire 고무시키다	반대 dissuade 단념시키다
명 discouragement 낙담	비슷 depress 풀 죽게 하다	반대 inspirit 격려하다

★★★★☆ _0223

depressed

[diprést]

1. ⓐ 의기소침한
2. ⓐ 불황의

» feel depressed 우울한 기분이 들다

» an economically depressed area 경제적 불황지역

★★★★☆ _0224

excited

[iksáitid]

ⓐ 흥분한, 활발한

» an excited mob 흥분한 군중

» be excited with joy at the news 뉴스를 듣고 뛸듯이 기뻐하다

❑ He was depressed at his awful exam results.
그는 참담한 시험 결과에 의기소침해졌다.

❑ Steve's flying home tomorrow - we're all really excited.
스티브가 내일 집에 온다. 우리 모두 정말로 흥분하고 있다.

명 depression 의기소침 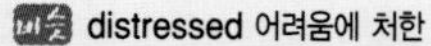 비슷 distressed 어려움에 처한 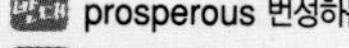 반대 prosperous 번성하는

비슷 passionate 열렬한 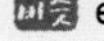 비슷 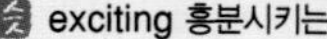 exciting 흥분시키는 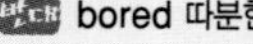 반대 bored 따분한

★★★☆☆ _0225

furious

[fjúəriəs]

1. ⓐ 격노한, 노발대발하는
2. ⓐ 맹렬한, 왕성한

» a furious quarrel 격렬한 언쟁
» a furious activity 왕성한 활동

★★★☆☆ _0226

instructive

[instrʌ́ktiv]

ⓐ 교훈적인

» an instructive book 유익한 책
» an instructive experience 유익한 경험

❏ He was furious with me.
그는 나에 대해서 몹시 화나 있었다.

❏ It was a very instructive experience.
그것은 매우 유익한 경험이었다.

비슷 stormy 격렬한	반대 serene 고요한	참고 rage 격노
동 instruct 가르치다	명 instruction 가르침	비슷 educational 교육적인

★★★☆☆ _0227

humorous

[hjú:mərəs]

ⓐ 우스운, 재미있는

» a humorous story 재미있는 이야기
» a humorous speaker 유머가 많은 사람

★★☆☆☆ _0228

telescope

[téləskòup]

ⓝ 망원경

» a binocular telescope 쌍안경
» a telescope of 50 magnifications 50배 망원경

❑ I think Woody Allen is very humorous.
나는 우디 앨런이 매우 재미있는 사람이라고 생각한다.

❑ Galileo improved the telescope and used it to study the stars.
갈릴레오는 망원경의 질을 향상시켜 별을 연구하는 데 사용하였다.

명 humor 유머	비슷 funny 재미있는	반대 serious 심각한
참고 goggle 물안경	참고 microscope 현미경	참고 spectacle 광경, 안경

★★★★★ _0229

warn

[wɔːrn]

ⓥ 경고하다, 주의를 주다

» duty to warn 경고 의무
» Warning! 경고!

★★☆☆☆ _0230

bearded

[bíərdid]

ⓐ 수염이 난

» a bearded seaman 수염이 난 뱃사람
» bearded Indians of the tropical forest 열대우림의 수염난 인디언

❑ "Has anyone told you about Paul?" "Yes, I have been warned."
"폴에 대해서 누가 너에게 말해줬니?" "응, 누가 경고해줬어."

❑ A thin, bearded man sat opposite me on the train.
마르고 수염을 기른 남자가 기차에서 내 맞은편에 앉아 있었다.

명 warning 경고	비슷 signal 신호를 보내다	비슷 advise 충고하다
명 beard 턱수염	참고 whisker 구레나룻	참고 mustache 콧수염

★★★☆☆ _0231

suit

[suːt]

1. ⓝ 한 벌
2. ⓝ 소송
3. ⓥ 어울리다, 알맞다

» a suit of black 상복 한 벌
» a civil suit 민사소송 / a criminal suit 형사소송
» suit all tastes 모두의 취향에 맞다

★★★★☆ _0232

thin

[θín]

1. ⓐ 얇은, 마른
2. ⓐ 성긴

» a thin sheet of paper 얇은 종이 / a thin face 마른 얼굴
» thin hair 드문드문 난 머리카락

❑ She looked very smart in a pale grey suit.
연회색 정장을 입은 그녀는 매우 말쑥해 보였다.

❑ I like beef sliced really thin.
나는 아주 얇게 썬 고기를 좋아한다.

형 suitable 적당한	비슷 accord 조화를 이루다	비슷 match 어울리다
비슷 slim 가느다란	비슷 slender 호리호리한	반대 stout 뚱뚱한

★★★★★ _0233

thick

[θik]

1. ⓐ 두꺼운, 굵은
2. ⓐ 빽빽한

» a thick wall 두꺼운 벽 / a thick neck 굵은 목
» thick hair 숱이 많은 머리카락

★★★☆☆ _0234

block

[blak]

1. ⓝ 블록
2. ⓝ 구역

» concrete blocks 콘크리트 블록
» walk three blocks over 세 블록 앞으로 걸어가다

❑ She picked up a thick volume and began to read out loud.
그녀는 두꺼운 책을 집어들고 큰 소리로 읽기 시작했다.

❑ My friend and I live on the same block.
내 친구와 나는 같은 구역에 산다.

동 thicken 두껍게 하다	비슷 dense 밀집한	반대 sparse 드문드문한
동 block in 가두다	명 blockade 봉쇄	참고 bar 막다, 방해하다

★★★★★ _0235

transfer

[trænsfə́ːr]

1. ⓥ 옮기다, 갈아타다
2. ⓝ 이전, 이동, 환승

» transfer to subway line 2 지하철 2호선으로 갈아타다
» the transfer of property 재산의 이전

★★★★★ _0236

accident

[ǽksidənt]

ⓝ 사고, 재난, 우연

» traffic accidents 교통사고
» an accident of birth 태어난 팔자

❑ He has been transferred to a psychiatric hospital.
그는 정신병원으로 이송되었다.

❑ She was injured in a car accident.
그녀는 교통사고로 부상을 입었다.

비슷 convert 전환하다	비슷 shift 이동하다	반대 maintain 유지하다
형 accidental 우연한	비슷 event 우연	반대 intentional 고의의

★★★★★ _0237

operate

[ápərèit]

1. ⓥ 움직이다, 작동하다
2. ⓥ 수술하다, 작전을 수행하다

» operate the machinery 기계를 운전하다
» operating room 수술실

★★★☆☆ _0238

message

[mésidʒ]

ⓝ 메시지, 전갈

» a congratulatory message 축전, 축사
» a verbal message 전언, 전갈

❑ The surgeon talks very little while he operates.
그 외과의는 수술하는 중에 거의 말을 하지 않는다.

❑ Did you get the message that she can't come?
그녀가 올 수 없다는 전갈을 받았나요?

명 operation 수술, 운영	명 operator 기사	비슷 perform 수행하다
명 messenger 배달부	비슷 letter 서신	비슷 memorandum 메모

★★★★☆ _0239

topic

[tɑ́pik]

ⓝ 주제, 제목, 화제

» current topics 오늘의 화제
» topics of the day 시사문제

★★★★☆ _0240

report

[ripɔ́ːrt]

1. ⓝ 보고, 보고서
2. ⓥ 보고하다, 보도하다

» an oral report 구두보고
» a weather report 날씨보도

❑ The environment is a popular topic these days.
환경은 요즘에 활발히 논의되는 주제이다.

❑ We're getting reports from the scene of the fighting.
그 전투장면에 대한 보도가 나오고 있다.

형 topical 화제의 | 비슷 subject 주제 | 비슷 theme 주제

명 reportage 보고문학 | 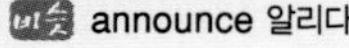 비슷 announce 알리다 | 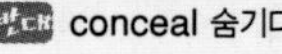 반대 conceal 숨기다

★★★☆☆ _0241

physics

[fíziks]

$E=MC^2$

ⓝ 물리학

» applied physics 응용 물리학
» a course in physics 물리학 교과 과정

★★★☆☆ _0242

chemistry

[kémistri]

ⓝ 화학

» make an experiment in chemistry 화학실험을 하다
» physical chemistry 물리화학

❑ Education experts are claiming that physics is badly taught in our schools. 교육 전문가들은 학교에서 물리학을 잘못 가르치고 있다고 주장한다.

❑ She studied chemistry and physics at college.
그녀는 대학에서 화학과 물리학을 공부했다.

명 physicist 물리학자	명 physician 의사	형 physical 물질의
명 chemist 화학자	형 chemical 화학의	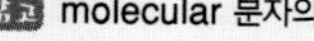 참고 molecular 분자의

★★★★☆ _0243

resume

[rizú:m]

1. ⓝ 이력서[rézumei]
2. ⓥ 다시 시작하다, 재개하다

» screen the resumes 이력서를 심사하다
» resume conversation 이야기를 다시 시작하다

★★★★☆ _0244

pay

[pei]

1. ⓝ 임금, 봉급
2. ⓥ 지불하다, 갚다

» starting pay 초봉
» pay for one's board and lodging 숙식비를 지불하다

❑ She sent her resume to fifty companies.
그녀는 50군데의 회사에 이력서를 보냈다.

❑ It's a nice job but the pay is appalling.
괜찮은 일이지만 보수가 너무 적구나.

명 resumption 되찾음 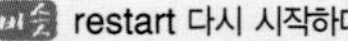 비슷 restart 다시 시작하다 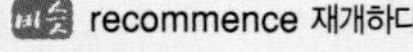 비슷 recommence 재개하다
명 payment 지불 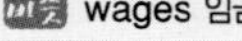 비슷 wages 임금 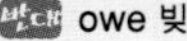 반대 owe 빚

★★★★☆ _0245

departure

[dipɑ́ːrtʃər]

ⓝ 출발, 떠남, 발차

» the hour of departure 출발시간
» on one's departure 출발에 즈음하여

★★★★☆ _0246

arrival

[əráivəl]

ⓝ 도착, 도달

» safe arrival 안착
» cash on arrival 착불
» the arrivals and departures of planes 비행기의 도착과 출발

❑ There are several departures for Paris every day.
파리 행 발차는 매일 몇 번씩 있다.

❑ He was rushed to the hospital but was dead on arrival.
그는 서둘러 병원으로 옮겨졌지만 도착했을 때는 죽어 있었다.

동 depart 떠나다	비슷 starting 출발	반대 advent 도래
동 arrive 도착하다	비슷 reach 도달하다	반대 withdrawal 철수

★★★★☆ _0247

board

[bɔːrd]

1. ⓝ 널판지, 칠판, 위원회
2. ⓥ 탑승하다
3. ⓥ 식사를 제공하다

» a notice board 게시판
» board of education 교육위원회
» board and lodging 식사와 잠자리(하숙)

★★★☆☆ _0248

land

[lænd]

1. ⓝ 땅, 토지
2. ⓥ 착륙시키다, 상륙시키다

» land on airplane 비행기를 착륙시키다
» land a man on the moon 사람을 달에 착륙시키다

❑ There was a board outside the house saying 'For Sale'.
집 밖에 "집 팝니다"라고 쓰인 팻말이 걸려 있었다.

❑ This sort of land is no good for growing potatoes.
이런 종류의 토지는 감자를 기르기에 적당하지 않다.

비슷 feed 먹을 것을 주다	참고 boarder 하숙생	참고 on board 배 위에
명 landing 착륙	형 landed 토지의 	반대 take off 이륙하다

★★★☆☆ _0249

clerk

[kləːrk]

ⓝ 사무원, 점원, 판매원

» a bank clerk 은행원
» sales clerk 판매원

★★★☆☆ _0250

journal

[dʒə́ːrnəl]

1. ⓝ 신문, 정기간행물
2. ⓝ 일지, 일기

» a monthly journal 월간지
» Wall Street Journal 월 스트리트 저널(미국의 유명 경제신문)

❑ Leave the keys with the desk clerk.
프론트 직원에게 열쇠를 맡겨라.

❑ He kept a journal for over 50 years.
그는 50년이 넘도록 일기를 써왔다.

비슷 salesman 판매원 참고 seller 파는 사람 참고 salaried man 샐러리맨
동 journalize 신문업에 종사하다 명 Journalist 언론인 참고 journalism 신문 잡지

★★★★☆ _0251

hostile

[hɔ́stail]

ⓐ 적대하는, 반대하는

» a hostile look 악의가 있는 표정
» a man hostile to reform 개혁의 반대자

★★★★★ _0252

reserve

[rizə́ːrv]

1. ⓥ 예약하다
2. ⓥ 저장하다

» reserve a room at hotel 호텔방을 예약하다
» reserve money for future needs
앞으로 필요를 위하여 돈을 비축해두다

❑ I'm not hostile to the idea of moving house.
나는 이사하는 생각에 반대하지 않아요.

❑ I rang the hotel to reserve a double room for a week.
나는 호텔에 전화를 걸어 일 주일 사용할 2인실을 예약했다.

명 hostility 적개심, 악의	비슷 adverse 거스르는	반대 friendly 호의있는
명 reservation 예약	비슷 conserve 보존하다 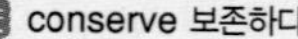	반대 waste 낭비하다 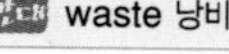

★★★☆☆ _0253

dessert

[dizə́ːrt]

ⓝ 후식, 디저트
(푸딩, 파이, 아이스크림, 과일 등)

» cheese cake, my favorite dessert 가장 좋아하는 후식, 치즈케이크
» fruits served for dessert 후식으로 나온 과일들

★★★★★ _0254

realize

[ríːəlàiz]

1. ⓥ 깨닫다, 이해하다
2. ⓥ 실현하다, 달성하다

» realize one's error 자신의 실수를 깨닫다
» realize one's great ambition 대망을 이루다

❑ There's apple pie, ice-cream, cheesecake or fruit for dessert.
후식으로는 사과파이, 아이스크림, 치즈케이크, 과일이 있습니다.

❑ They didn't realize the danger they were in.
그들은 자신들이 처해 있는 위험을 깨닫지 못했다.

참고 main dish 주요리 참고 appetizer 식욕을 돋구는 음식 참고 desert 버리다
명 realization 실현 비슷 apprehend 이해하다 참고 perfect 완성하다

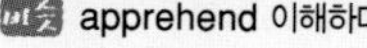

★★★★☆ _0255

honesty

[ánisti]

ⓝ 정직, 성실

» a man of honesty 정직한 사람
» earn a reputation for honesty 정직하다는 평판을 얻다

★★★☆☆ _0256

headache

[hédèik]

ⓝ 두통, 골칫거리

» a splitting headache 쪼개질 듯이 아픈
» suffer from a bad headache 심한 두통을 앓다

❑ We appreciated the honesty of her reply.
우리는 그녀의 성실한 답변에 감사를 표했다.

❑ That noise is giving me a headache.
저 소리 때문에 머리가 아파.

형 honest 정직한	비슷 integrity 성실	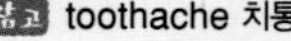 반대 dishonesty 부정직
참고 ache 아픔	참고 pain 고통	참고 toothache 치통

★★☆☆☆ _0257

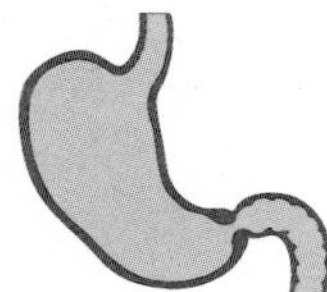

stomachache

[stʌ́məkèik]

ⓝ 위통, 배앓이

» have a little stomachache 배가 살살 아프다
» pretend to have a stomachache 꾀배를 앓다

★★★☆☆ _0258

dentist

[déntist]

ⓝ 치과의사 (= dental surgeon)

» the 60-year-old dentist 60세의 치과의사
» Barney goes to the dentist. 바니, 치과에 가다

❑ I've had a stomachache all morning.
나는 오전 내내 배가 아팠다.

❑ I'm going to the dentist's this afternoon.
오늘 오후에 치과에 가려고 한다.

비슷 stomach upset 복통	참고 stomach 위	참고 abdomen 배
형 dental 이의	참고 rodent 설치동물	참고 decay 이가 썩다

★★☆☆☆ _0259

crosswalk

[krɔ́ːswɔ̀ːk]

ⓝ 횡단보도

» wait at a crosswalk for the green light
횡단보도에서 보행신호를 기다리다

» a busy crosswalk in the morning 아침의 번잡한 횡단보도

★★★☆☆ _0260

frost

[frɔːst]

ⓝ 서리, 결빙

» a heavy frost 된서리

» 10 degrees of frost 빙점하 10도(영하 10도)

❑ She was taken to hospital after being knocked over on a crosswalk. 그녀는 횡단보도에서 차에 치여 병원으로 옮겨졌다.

❑ There was a frost last night.
어젯밤에는 서리가 내렸다.

동 cross 가로지르다	비슷 crossroad 교차로	참고 traverse 건너다
형 frosty 쌀쌀한	반대 melt 녹이다	참고 frostbite 동상

★★★☆☆ _0261

flu

[fluː]

ⓝ 유행성 감기, 독감

» catch the flu 감기에 걸리다
» a bad flu 지독한 감기

★★★★☆ _0262

weigh

[wei]

1. ⓥ 무게를 재다
2. ⓥ 평가하다, 검토하다

» weigh flour 밀가루의 무게를 달다
» weigh a proposal 제안을 검토하다

- [ ] Darby's been in bed with the flu.
다비는 독감에 걸려서 침대에 누워 있다.

- [ ] She weighs herself every week on the scales in the bathroom.
그 여자는 매주 욕실에 있는 저울로 몸무게를 잰다.

비슷 influenza 감기	 비슷 cold 감기	참고 cough 기침
비슷 measure 측정하다	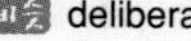 비슷 deliberate 숙고하다	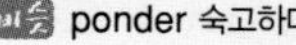 비슷 ponder 숙고하다

★★★☆☆ _0263

weight

[weit]

ⓝ 무게, 중량

» gain weight 체중이 늘다
» lose weight 체중이 줄다

★★★★☆ _0264

agency

[éidʒənsi]

1. ⓝ 대리점, 중개, 알선
2. ⓝ 정부기관, 국

» an employment agency 직업소개소
» a general sales agency 판매 총대리점
» Central Intelligence Agency (=CIA) 미 중앙정보국

❑ We think the weight of snow on the roof caused it to collapse.
우리는 지붕에 쌓인 눈의 무게 때문에 지붕이 무너졌다고 생각한다.

❑ I got this job through an employment agency.
나는 직업소개소를 통해 이 일을 하게 되었다.

형 weighty 무거운	비슷 heaviness 무게	비슷 burden 짐
명 agent 대리인	참고 bureau (관청의) 국	참고 agenda 안건

★★★★☆ _0265

sightseeing

[sáitsìːiŋ]

ⓝ 관광, 구경

» go sightseeing 구경가다
» a sightseeing tour 관광여행

★★★☆☆ _0266

windy

[wíndi]

ⓐ 바람부는

» the windy season 바람이 센 계절
» the windy side of the law 법률이 미치지 못하는 곳

❑ We went on a sightseeing trip to Rome.
우리는 관광차 로마에 갔다.

❑ It was wet and windy for most of the week.
거의 일 주일 내내 비가 오고 바람이 불었다.

명 sight 경치	참고 trip 여행	참고 travel 여행하다
명 wind 바람	참고 blow 바람이 불다	참고 breeze 미풍

★★★☆☆ _0267

stormy

[stɔ́:rmi]

ⓐ 폭풍이 치는, 사나운 날씨의

» a stormy sea 사나운 바다
» stormy weather 험악한 날씨

★★★☆☆ _0268

shower

[ʃáuər]

1. ⓝ 소나기, 샤워
2. ⓝ 축하선물 증정 파티

» scattered rain showers 때때로 소나기
» a shower of kisses 키스 세례
» a baby shower 유아용품 선물 파티

❑ The sky was dark and stormy.
하늘은 어두웠고 폭풍이 몰아치고 있었다.

❑ You're soaked! Did you get caught in the shower?
흠뻑 젖었네! 소나기를 만났니?

명 storm 폭풍	반대 calm 고요한	참고 tempest 대소동
형 showery 소나기가 잦은	참고 blizzard 눈보라	참고 drizzle 가랑비

★★★☆☆ _0269

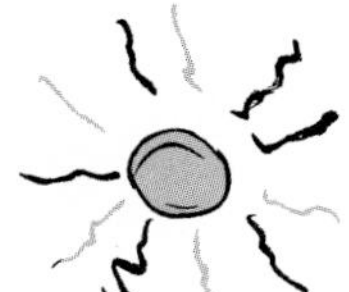

sunny

[sʌ́ni]

ⓐ 햇빛나는, 맑은

» a sunny day 햇빛이 찬란한 날
» a sunny room 빛이 잘 드는 방

★★★☆☆ _0270

cloudy

[kláudi]

ⓐ 구름 낀, 흐린

» cloudy skies 흐린 날씨
» generally cloudy 대체로 흐림

❑ We're having the party in the garden, so I'm praying it'll be sunny.
마당에서 파티를 열 거야. 그래서 날씨가 맑기를 고대하고 있어.

❑ At the bottom of the bottle, the beer was cloudy and dark.
병 아래쪽에 있는 맥주는 흐리고 어두운 빛이었다.

비슷 bright 밝은	반대 cloudy 흐린	참고 sunbathe 일광욕하다
비슷 dim 흐린	비슷 clouded 흐린	반대 clear 맑게 갠

★★☆☆☆ _0271

snowy

[snóui]

ⓐ 눈이 오는, 눈 쌓인

» a snowy sky 눈 내리는 하늘
» snowy landscape 설경

★★★☆☆ _0272

envelope

[énvəlòup]

ⓝ 봉투, 싸개

» a return envelope 반송용 봉투
» seal an envelope 봉투를 봉하다

❑ We've had a very snowy winter this year.
올 겨울에는 눈이 굉장히 많이 왔다.

❑ He bought a pad of notepaper and a packet of envelopes.
그는 편지지 한 권과 봉투 한 묶음을 샀다.

참고 rainstorm 폭풍우 참고 hail 우박 참고 sultry 무더운
동 envelop 봉하다 명 envelopment 싸기 참고 enclosure 둘러쌈, 동봉

★★★☆☆ _0273

mysterious

[mistíəriəs]

ⓐ 신비한, 불가사의한

» the mysterious universe 신비한 우주
» a mysterious event 불가사의한 사건

★★★★☆ _0274

package

[pǽkidʒ]

1. ⓝ 꾸러미, 소포
2. ⓐ 일괄적인

» a postal package 소포우편
» a package tour 일괄여행, 패키지 투어

❑ His father died of a mysterious disease.
그의 아버지는 알 수 없는 병으로 돌아가셨다.

❑ The postman has just delivered a package for you.
우체부가 지금 막 네 앞으로 온 소포를 가져왔어.

명 mystery 신비	비슷 secret 비밀의	참고 puzzling 영문 모를
비슷 parcel 소포	비슷 bundle 묶음	참고 deliver 배달하다

★★★☆☆ _0275

mail

[meil]

ⓝ 우편물, 우편

» the domestic mail 국내 우편물
» by air mail 항공우편으로

★★★☆☆ _0276

festive

[féstiv]

ⓐ 축제의, 경축의

» the festive season (크리스마스 등) 축제철
» a festive atmosphere 축제 분위기

❏ Did you send it by mail?
그걸 우편으로 부쳤니?

❏ There was a festive atmosphere in the city.
그 도시에는 축제 분위기가 감돌았다.

참고 e-mail 전자우편 참고 airmail 항공우편  참고 postcard 우편엽서

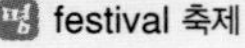 명 festival 축제  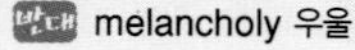 반대 melancholy 우울 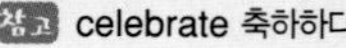 참고 celebrate 축하하다

★★★★☆ _0277

fare

[fɛər]

ⓝ 승차요금, 운임

» a taxi fare 택시요금
» a reduced fare 할인요금

★★★★☆ _0278

bill

[bil]

1. ⓝ 계산서, 청구서
2. ⓝ 지폐

» a grocery bill 식료품 계산서
» a telephone bill 전화요금 청구서
» a bill of charges 계산서

❑ Train fares are going up again, unfortunately.
유감스럽게도 기차 요금이 또다시 오른다.

❑ They asked the waitress for the bill.
그들은 여종업원에게 계산서를 달라고 했다.

비슷 price 가격 | 비슷 fee 요금 | 참고 charge 요금을 부과하다
비슷 account 계산서 | 비슷 invoice 송장 | 참고 collect 징수하다

★★★☆☆ _0279

across

[əkrɔ́:s]

prep. 가로질러, 반대쪽으로

» a bridge across the river 강에 놓인 다리
» go across the road 도로를 횡단하다

★★★☆☆ _0280

architecture

[á:rkətèktʃər]

ⓝ 건축학, 건축

» modern architecture 현대 건축
» naval architecture 선박 건조술

❑ The library is just across the road.
도서관은 길 바로 건너편에 있습니다.

❑ We went to an interesting talk on Roman architecture.
우리는 로마 건축에 대해 흥미로운 대화를 나눴다.

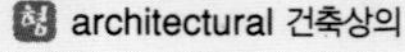

참고 vertical 세로의 | 참고 horizontal 가로의 | 참고 diameter 지름
명 architect 건축가 | 형 architectural 건축상의 | 참고 arch 아치형 건물

★★★☆☆ _0281

statistics

[stətístiks]

ⓝ 통계학, 통계

» population statistics 인구통계
» mathematical statistics 수리 통계학

★★★☆☆ _0282

curly

[kə́ːrli]

ⓐ (머리칼이) 곱슬곱슬한

» curly hair 곱슬곱슬한 머리
» the green curly-tailed lizard 꼬리 말린 초록 도마뱀

❑ Statistics is a branch of mathematics.
통계학은 수학의 한 분야이다.

❑ She's got long dark curly hair.
그녀의 머리는 길고 짙은 색이며 곱슬곱슬하다.

명 statistician 통계학자 | 형 statistical 통계에 근거한 | 참고 census 인구조사
비슷 wavy 물결 모양의 | 참고 twist 꼬다 | 참고 curve 구부러지다

★★★★☆ _0283

beast

[biːst]

ⓝ 짐승, 동물

» Beauty and the Beast 미녀와 야수
» a beast of prey 맹수, 육식동물

★★★★★ _0284

upset

[ʌpsét]

1. ⓐ 뒤집힌, 기분이 상한
2. ⓥ 뒤엎다, 망쳐놓다

» be upset 기분이 상하다
» upset a glass of milk 우유잔을 엎다

❑ He used to beat her. - he was a real beast to her.
그는 그 여자를 늘 때리곤 했다. 그녀에게 그는 정말 짐승이나 다름없었다.

❑ Don't be upset. Take it easy.
화내지 마. 자, 괜찮아.

형 beastly 잔인한 | 비슷 brute 짐승 | 참고 cattle 소, 가축

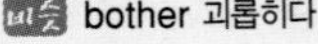
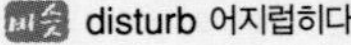

비슷 bother 괴롭히다 | 비슷 disturb 어지럽히다 | 반대 please 기쁘게 하다

★★★★★ _0285

recreate [rékrièit]

ⓥ 재창조하다, 기분전환하다

» recreate antique dolls 오래된 인형을 새롭게 바꾸다
» crafts that recreate everyday life 일상을 재창조하는 능력

★★★☆☆ _0286

behind [biháind]

prep. ~의 뒤에

» the person behind the wheel 자동차의 운전수
» leave behind 남겨두고 가다

명 recreation 오락 | 비슷 amuse 즐겁게 하다 | 참고 entertainment 연예, 오락
비슷 after ~의 뒤에 | 반대 ahead 앞쪽에 | 반대 forward 앞으로

★★★★☆ _0287

opposite [ápəzit]

ⓐ 반대의, 맞은편의

» on the opposite side of the street 길 맞은편에
» the opposite sex 이성

★★★☆☆ _0288

headline [hédlàin]

ⓝ (신문의) 표제, 중요한 뉴스

» the headline news 첫머리 뉴스
» hit the headlines 신문에 크게 취급되다

비슷 contrary 대립되는 | 참고 opponent 대립하는 | 참고 identical 동일한
비슷 title 표제 | 비슷 banner 표제 | 참고 scoop 특종기사

★★★★★ _0289

excel [iksél] ⓥ 남보다 뛰어나다, 탁월하다

» a person who excels his teacher 출람지재, 선생보다 뛰어난 학생
» excel in biology 생물학에 뛰어나다

★★★☆☆ _0290

intersection [ìntərsékʃən] 1. ⓝ 교차, 횡단 2. ⓝ 네거리, 교차로

» a store at the intersection 교차로에 있는 상점
» a red light at a busy intersection 복잡한 교차로의 빨간 신호등

형 excellent 우수한 | 비슷 exceed 넘다 | 반대 surpass 능가하다
동 intersect 교차하다 | 형 intersectional 교차하는 | 비슷 crossway 교차로

★★★☆☆ _0291

passenger [pǽsəndʒər] ⓝ 승객, 탑승객, 여객

» a passenger agent 객실 담당자
» a passenger boat 여객선

★★★★★ _0292

cancel [kǽnsəl] ⓥ 취소하다, 무효로 하다

» cancel an appointment 약속을 취소하다
» a cancelled baseball game 취소된 야구경기

비슷 passerby 통행인 | 반대 crew 승무원 | 참고 fare 운임
명 cancellation 취소 | 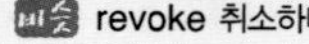 비슷 revoke 취소하다 | 반대 promise 약속하다

★★★☆☆ _0293

customer [kʌ́stəmər] ⓝ 고객, 손님, 거래처

» a prospective customer 사줄 것 같은 손님
» Customer Parking Only 고객전용 주차장

★★☆☆☆ _0294

check-in [tʃékìn] ⓝ 호텔 투숙수속, 비행기 탑승수속

» a check-in counter 수속창구
» from check-in to boarding 수속 확인에서 탑승까지

형 customary 습관적인	비슷 patron 단골 손님	비슷 client 의뢰인, 고객
동 check 점검하다	반대 check-out 퇴실 수속	참고 inn 여인숙

★★★☆☆ _0295

ironical [airɑ́nikəl] ⓐ 반어적인, 비꼬는

» an ironical novel 풍자소설
» an ironical remark 빈정대는 말

★★★☆☆ _0296

politics [pɑ́litiks] ⓝ 정치, 정치학

» a great figure in politics 정계의 거물
» a theory of politics 정치학 이론

명 irony 빈정댐, 풍자	비슷 cynical 냉소적인	반대 optimistic 긍정적인
명 policy 정책	명 politician 정치가	형 political 정치(학)의

★★★☆☆ _0297

economics [ì:kənάmiks] ⓝ 경제학

» specialize in economics 경제학을 전공하다
» a doctorate in economics 경제학 박사학위

★★★☆☆ _0298

straight [streit] 1. ⓐ 곧은, 똑바른 2. ⓐ 솔직한, 숨김없는

» a straight line 직선
» straight speech 직언

형 economic 경제학의	형 economical 경제적인	참고 frugal 절약하는
비슷 direct 똑바른	비슷 upright 똑바로 선	비슷 honorable 정직한

★★★★☆ _0299

client [kláiənt] ⓝ (전문기관의) 의뢰인, 고객

» a valued client 중요고객
» a lawyer with a lot of famous client 유명 의뢰인이 많은 변호사

★★★☆☆ _0300

employee [implɔ́ii:] ⓝ 종업원, 피고용인

» hire employees 종업원을 채용하다
» an indoor-service employee 내근 사원

비슷 customer 고객	비슷 patron 단골 손님	비슷 buyer 소비자
동 employ 고용하다	명 employment 고용	참고 dismiss 해고하다

Review Test 3

■1 다음 각 단어의 알맞은 뜻을 연결하시오.

1. vacancy	경고하다
2. refund	안개 낀
3. sacrifice	용기를 돋우다
4. fever	교훈적인
5. foggy	환불
6. urgent	열
7. encourage	격노한
8. furious	희생
9. instructive	공허함
10. warn	긴급한

» **Answers**

1. 공허함 **2**. 환불 **3**. 희생 **4**. 열 **5**. 안개 낀 **6**. 긴급한
7. 용기를 돋우다 **8**. 격노한 **9**. 교훈적인 **10**. 경고하다

2 다음 빈 칸에 알맞은 단어를 보기에서 골라 쓰시오.

reserve	clerk	board	intersection
report	operating	opposite	suit

1. a __________ of black 상복 한 벌
2. on the __________ side of the street
   길 맞은편에
3. __________ room 수술실
4. a weather __________ 날씨보도
5. a store at the __________ 사거리에 있는 상점
6. __________ of education 교육위원회
7. sales __________ 판매사원
8. __________ a room at hotel
   호텔방을 예약하다

» **Answers**

1. suit **2**. opposite **3**. operating **4**. report **5**. intersection
6. board **7**. clerk **8**. reserve

3 다음 빈 칸에 알맞은 단어를 보기에서 골라 쓰시오.

chemistry	telescope	desperate
degree	round trip	librarian

1. She asked the ___________ to reserve the book for her.
   그녀는 사서에게 도서예약을 요청했다.

2. The __________ from France to Australia is very expensive.
   프랑스에서 호주로의 왕복여행은 매우 비싸다.

3. This job demands a high ________ of skill.
   이 일은 높은 수준의 기술을 요한다.

4. We had no food left at all and were getting __________.
   식량이 다 떨어져 우리는 자포자기한 상태가 되어갔다.

5. Galileo improved the ___________ and used it to study the stars.
   갈릴레오는 망원경의 질을 향상시켜 별 연구에 사용하였다.

6. She studied __________ and physics at college.
   그녀는 대학에서 화학과 물리학을 공부했다.

» **Answers**

1. librarian **2**. round trip **3**. degree **4**. desperate **5**. telescope **6**. chemistry

4 다음 표시된 말의 알맞은 해석을 쓰시오.

1. a bald man

   ____

2. flight no. 8

   ____

3. on urgent business

   ____

4. a discouraging word

   ____

5. the hour of departure

   ____

6. cash on arrival

   ____

7. a little stomachache

   ____

8. gain weight

   ____

» **Answers**

1. 대머리 **2**. 비행편 **3**. 급한 **4**. 실망스러운 **5**. 출발 **6**. 도착
7. 복통 **8**. 몸무게

Chapter 4

독해 정복 단어 (A)

1. 수능 만점 단어
2. 핵심 역량 단어
3. 듣기 필수 단어
4. 독해 정복 단어 (A)
5. 독해 정복 단어 (B)
6. 교과서 총정리 단어 (A)
7. 교과서 총정리 단어 (B)
8. 함정 단어
9. 시사문제 단어 (자연과학 분야)
10. 시사문제 단어 (인문사회 분야)

PREVIEW

- ❑ level
- ❑ gloom
- ❑ material
- ❑ insist
- ❑ term
- ❑ conviction
- ❑ complex
- ❑ horror
- ❑ mood
- ❑ approve
- ❑ psychology
- ❑ duty
- ❑ publish
- ❑ positive
- ❑ warrant
- ❑ delight
- ❑ arrange
- ❑ claim
- ❑ draft
- ❑ grant
- ❑ amaze
- ❑ rely
- ❑ mass
- ❑ seldom
- ❑ sum
- ❑ feature
- ❑ comment
- ❑ decorate
- ❑ horizon
- ❑ evolve
- ❑ quantity
- ❑ quality
- ❑ millionaire
- ❑ tropical
- ❑ stock
- ❑ inner
- ❑ status
- ❑ drastic
- ❑ flour
- ❑ constitute
- ❑ craft
- ❑ evident
- ❑ facility
- ❑ scandal
- ❑ noble
- ❑ owe
- ❑ extreme
- ❑ attach
- ❑ bury
- ❑ nourishment
- ❑ rid
- ❑ fade
- ❑ recover
- ❑ expand
- ❑ conquer
- ❑ standard
- ❑ deny
- ❑ accompany
- ❑ institute
- ❑ analyze
- ❑ haste
- ❑ tense
- ❑ eventually
- ❑ faith
- ❑ volunteer
- ❑ bother
- ❑ construct
- ❑ substance
- ❑ constant
- ❑ triumph
- ❑ rite
- ❑ spite
- ❑ contain
- ❑ prediction
- ❑ atmosphere
- ❑ ideal
- ❑ engage
- ❑ slight
- ❑ surround
- ❑ announce
- ❑ concentrate
- ❑ import
- ❑ estimate
- ❑ solemn
- ❑ sheer
- ❑ thus
- ❑ exist
- ❑ desire
- ❑ retail
- ❑ essential
- ❑ consequence
- ❑ retire
- ❑ tone
- ❑ category
- ❑ logic
- ❑ combine
- ❑ assist
- ❑ clumsy
- ❑ envy
- ❑ commercial

★★★★☆ _0301

level

[lévəl]

1. ⓝ 수준, 단계, 정도
2. ⓝ 높이, 고도

» a high school level 고교 수준
» the level of the sea 해수면

★★★☆☆ _0302

gloom

[gluːm]

1. ⓝ 어둠, 어둑어둑함
2. ⓝ 침울, 우울

» in the gloom of the forest 침침한 숲속에서
» an atmosphere of gloom 암울한 분위기

❏ I played the cello, but never reached a very high level.
나는 첼로를 연주했지만 그리 높은 수준에는 이르지 못했다.

❏ A figure emerged from the gloom of the corridor.
복도의 어둠 속으로부터 한 형체가 나타났다.

명 leveling 평준화	비슷 standard 수준	참고 leveler 평등주의자
형 gloomy 우울한	비슷 darkness 어둠	반대 brightness 밝음

★★★★☆ _0303

material

[mətíəriəl]

1. ⓝ 구성요소, 성분
2. ⓝ 자료, 기구

» construction material 건축재료
» teaching material 교재, 교구
» painting materials 화구

★★★★★ _0304

insist

[insíst]

ⓥ 주장하다, 우기다, 강조하다

» insist on one's innocence 무죄를 주장하다
» All right if you insist, 정 그렇다면 좋습니다

❑ Stone is often used as a building material.
돌은 종종 건축재료로 사용된다.

❑ Greg still insists that he did nothing wrong.
그렉은 여전히 자기는 잘못이 없다고 주장한다.

동 materialize 물질화하다	참고 materialism 유물론	참고 materialist 유물론자
명 insistence 주장	형 insistent 고집하는	비슷 assert 단언하다

★★★★☆ _0305

term

[təːrm]

1. ⓝ 용어, 전문용어
2. ⓝ 기간, 임기, 학기
3. ⓝ 조건, 조항

» medical term 의학용어
» a long term policy 장기정책
» the term of the contract 계약조건

★★★★☆ _0306

conviction

[kənvíkʃən]

1. ⓝ 신념, 확신
2. ⓝ 범죄 전과

» religious convictions 종교적 믿음
» two convictions for burglary 두 차례의 절도 전과

❑ He complained in the strongest terms.
그는 최대한 심한 말로 불만을 토로했다.

❑ Paul's a man of strong convictions.
폴은 강한 신념의 소유자이다.

비슷 period 기간 / 비슷 semester 학기 / 비슷 clause (법률) 조항

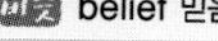
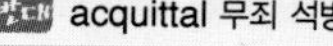

동 convict 유죄를 선고하다 / 비슷 belief 믿음 / 반대 acquittal 무죄 석방

★★★★★ _0307

complex

[kəmpléks]

1. ⓐ 복합의, 복잡한
2. ⓝ 복합체, 대형건물, 종합빌딩

» a complex system of transportation 교통 통합체계
» a sports complex 종합경기장

★★★★☆ _0308

horror

[hɔ́:rər]

ⓝ 공포, 전율, 무서움

» the horror of war 전쟁의 공포
» a horror movie 공포영화

❑ The film's plot was so complex that I couldn't follow it.
영화의 줄거리가 너무 복잡해서 따라갈 수가 없었다.

❑ The crowd cried out in horror as the car burst into flames.
차가 폭발해 화염에 휩싸이자 군중들은 공포에 질려 소리를 질렀다.

명 complexity 복잡성	비슷 complicated 복잡한	반대 simple 단순한
형 horrible 무서운	비슷 terror 공포	반대 funny 재미있는

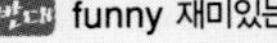

★★★☆☆ _0309

mood

[muːd]

ⓝ 기분, 심정, 분위기

» in a good mood 좋은 기분으로
» a man of moods 변덕꾸러기

★★★★★ _0310

approve

[əprúːv]

ⓥ 인가하다, 승인하다

» approve the bill 법안을 승인하다
» approve whole-heartedly 진심으로 찬성하다

- [ ] I'll do it tomorrow - I'm in a lazy mood today.
  내일 할게. 오늘은 좀 한가하게 쉬고 싶어.
- [ ] She wanted to be a fashion model, but her parents didn't approve. 그녀는 패션모델이 되고 싶어했지만 부모님이 허락하지 않았다.

형 moody 우울한	비슷 feeling 기분	비슷 disposition 기질
명 approval 승인, 인가	비슷 accept 받아들이다	반대 reject 거부하다

★★★☆☆ _0311

psychology

[saikάlədʒi]

ⓝ 심리학, 심리상태

» mob psychology 군중심리
» child psychology 아동심리

★★★★★ _0312

duty

[djú:ti]

ⓝ 의무, 직무

» military duty 군복무
» night duty 야근
» duty-free shop 면세점

❑ She studied psychology at Harvard.
그녀는 하버드에서 심리학을 공부했다.

❑ I felt it was my duty to tell them the truth.
나는 그들에게 진실을 말해야 할 의무를 느꼈다.

명 psychologist 심리학자 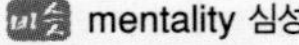 비슷 mentality 심성 비슷 spirit 정신
형 dutiful 충실한 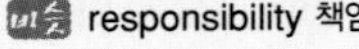 비슷 responsibility 책임 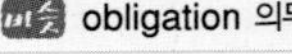 비슷 obligation 의무

★★★☆☆ _0313

publish

[pʌ́bliʃ]

ⓥ 출판하다, 발행하다

» publish an English dictionary 영어사전을 출판하다
» publish the first edition of a book 책의 초판을 발간하다

★★★★☆ _0314

positive

[pázətiv]

1. ⓐ 명백한, 뚜렷한
2. ⓐ 적극적인, 긍정적인

» positive intelligence 확실한 정보
» a positive thinking 적극적 사고

❑ Her second novel was published in July.
그녀의 두 번째 소설이 7월에 출판되었다.

❑ "I saw him take it." "Are you positive about that?"
"그 사람이 가져가는 걸 봤어요." "확실합니까?"

명 publication 출판	명 publisher 출판사, 발행인	비슷 issue 발행하다
명 positivism 적극성	비슷 progressive 적극적인	비슷 sure 확실한

★★★★☆ _0315

warrant

[wɔ́ːrənt]

1. ⓝ 정당한 이유, 보증
2. ⓥ 정당화하다, 보증하다

» warranted pure wool 순모임을 보증함
» a sure warrant of success 확실한 성공의 보장

★★★★☆ _0316

delight

[diláit]

1. ⓝ 기쁨, 즐거움, 환희
2. ⓥ 즐겁게 하다, 기쁘게 하다

» to my delight 기쁘게도
» paintings delighting the eyes 눈을 즐겁게 하는 그림들

❑ Diligence is a sure warrant of success.
근면은 확실한 성공의 보증이다.

❑ I read your letter with great delight.
네가 보낸 편지를 아주 기쁜 마음으로 읽었어.

명 warranty 보증	형 warrantable 보증할 수 있는	비슷 guarantee 보증
형 delightful 즐거운	비슷 happiness 즐거움	반대 sorrow 슬픔

★★★★★ _0317

arrange

[əréindʒ]

ⓥ 배열하다, 정리하다

» arrange flowers 꽃꽂이를 하다
» arrange a meeting 모임을 주선하다

★★★★★ _0318

claim

[kleim]

1. ⓥ 주장하다, 요구하다
2. ⓝ 요구, 청구, 주장

» claim equality 평등을 요구하다
» a claim for compensation 보상청구

❑ She arranged her birthday cards along the shelf.
그녀는 생일 카드들을 선반 위에 늘어놓았다.

❑ He claims to have met the President, but I don't believe him.
그는 대통령을 만났다고 주장하지만 나는 그의 말을 믿지 않는다.

명 arrangement 정리 비슷 adjust 조정하다 반대 confuse 혼란스럽게 하다
형 claimable 요구할 수 있는 비슷 insist 주장하다 반대 disclaim 포기하다

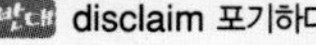

★★★★★ _0319

draft

[dræft]

1. ⓝ 초안, 징병
2. ⓥ 기안하다, 선발하다

» draft a speech 연설 초안을 잡다
» be drafted into the army 군대에 징집되다

★★★★★ _0320

grant

[grænt]

1. ⓥ 주다, 수여하다
2. ⓥ 인정하다

» grant a scholarship to a student 학생에게 장학금을 주다
» take for granted that 당연한 것으로 여기다

❑ The military used to draft young men over the age of 18.
군대는 흔히 18세 이상의 남자를 징집한다.

❑ They granted her an entry visa.
그들은 그녀에게 입국 비자를 주었다.

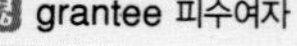
비슷 enlist 병적에 올리다
명 grantee 피수여자

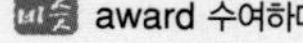
비슷 recruit 징집하다
비슷 award 수여하다

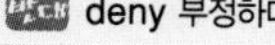
반대 discharge 제대시키다
반대 deny 부정하다

★★★★☆ _0321

amaze

[əméiz]

ⓥ 깜짝 놀라게 하다

» be amazed at the high price 높은 가격에 놀라다
» surefire tricks to amaze your friends 친구를 놀라게 할 확실한 속임수

★★★★★ _0322

rely

[rilái]

ⓥ 의지하다, 기대다, 믿다

» rely on father's earnings 아버지의 수입에 의존하다
» You can rely on her word. 그녀의 약속은 믿을 수 있다.

❑ I was amazed how well he looked.
나는 그가 너무 멋있게 생겨서 깜짝 놀랐다.

❑ British weather can never be relied upon - it's always changing.
영국 날씨는 믿을 수가 없다. 늘 변덕스럽다.

명 amazement 놀람 형 amazing 놀라운 비슷 astonish 깜짝 놀라게 하다
명 reliance 신뢰 비슷 depend 의존하다 반대 independent 독립적인

★★★★☆ _0323

mass

[mæs]

1. ⓝ 덩어리, 부피, 질량
2. ⓝ 대중, 대량, 집단

» a mass of rock 바위덩어리
» the law of mass production 대량생산의 법칙

★★★★☆ _0324

seldom

[séldəm]

ad. 거의 ~하지 않다, 드물게

» not seldom 드물지 않게, 종종
» Seldom seen, soon forgotten. 자주 보지 않으면 잊혀진다.

❑ A mass of almost pure white cloud lay below us.
거의 투명한 흰 구름 덩어리가 우리 위에 있었다.

❑ Beauty and luck seldom go together.
미와 행운이 함께 하는 일은 드물다. (미인박명)

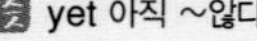
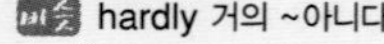

형 massive 부피가 큰	비슷 pile 무더기	비슷 heap 무더기
비슷 yet 아직 ~않다	비슷 hardly 거의 ~아니다	반대 often 종종

★★★★☆ _0325

sum

[sʌm]

1. ⓝ 총액, 합, 총량
2. ⓝ 금액, 액수

» figure out a sum 총계를 내다
» a good sum 상당한 액수

★★★★☆ _0326

feature

[fíːtʃər]

1. ⓝ 얼굴의 생김새, 이목구비
2. ⓝ 특징, 요점

» woman with Oriental feature 동양적인 용모의 여성
» peculiar features of the epoch 그 시대의 특징

❑ Sid was left a large sum of money by his aunt.
시드는 숙모로부터 엄청난 액수의 돈을 물려받았다.

❑ She has very regular features.
그녀는 이목구비가 아주 잘생겼다.

비슷 amount 총계	비슷 total 합계	반대 part 부분
비슷 distinction 특징	비슷 trait 특징	반대 featureless 특징 없는

★★★★★ _0327

comment

[kɑ́mənt]

1. ⓝ 주석, 주해
2. ⓝ 논평, 비평

» comment on a text 본문의 주석

» a comment about the news 뉴스 해설

★★★★☆ _0328

decorate

[dékərèit]

ⓥ 장식하다, 꾸미다

» decorate the wall with picture 벽을 그림으로 장식하다

» decorate one's house 집을 꾸미다

❏ I don't want any comments on my new haircut!
새로 한 내 머리 모양에 대해 어떤 말도 듣고 싶지 않아!

❏ I'm going to decorate the bathroom next.
이제 욕실을 꾸며야겠어.

명 commentary 주석	비슷 criticism 논평	비슷 review 비평
명 decoration 장식	형 decorative 장식한	비슷 ornament 장식하다

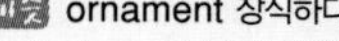

★★★☆☆ _0329

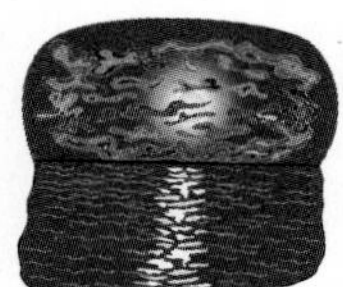

horizon

[həráizən]

1. ⓝ 지평선, 수평선
2. ⓝ 한계, 범위

» below the horizon 지평선 아래
» expand one's horizons 시야를 넓히다

★★★★☆ _0330

evolve

[iválv]

1. ⓥ 진화하다, 발달하다
2. ⓥ 발전하다, 전개하다

» evolve into man 진화하여 사람이 되다
» evolve a new scheme 새 계획을 서서히 전개하다

❑ The moon rose slowly above the horizon.
달이 지평선 위로 서서히 떠올랐다.

❑ The company has evolved into a multi-million dollar organization. 그 회사는 수백만 달러 규모의 기업으로 발전했다.

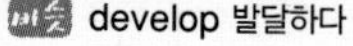

형 horizontal 수평의	반대 vertical 수직의	참고 equator 적도
명 evolution 진화	비슷 develop 발달하다	반대 decline 쇠퇴하다

★★★★☆ _0331

quantity

[kwάntəti]

ⓝ 양, 분량

» quality rather than quantity 양보다 질
» an increase in quantity 양의 증가

★★★★☆ _0332

quality

[kwάləti]

ⓝ 품질, 질

» a diamond of ordinary quality 보통 품질의 다이아몬드
» the quality of life 삶의 질

❑ I usually do double the quantity if I'm cooking for my family.
우리 식구를 위해서 요리할 때는 대체로 양을 두 배로 한다.

❑ The higher the price the better the quality.
가격이 높을수록 질이 좋다.

동 quantify 분량을 정하다	비슷 amount 양	비슷 extent 크기, 넓이
동 qualify 자격을 주다	비슷 rank 등급	반대 quantity 양

★★★☆☆ _0333

millionaire

[mìljənέər]

ⓝ 백만장자, 큰 부자

» a self-made millionaire 자수성가한 백만장자
» a war millionaire 전쟁통의 벼락부자

★★★☆☆ _0334

tropical

[trάpikəl]

1. ⓐ 열대의, 열대성의
2. ⓐ 몹시 더운, 혹서의

» tropical fish 열대어
» tropical weather 몹시 더운 날씨

❑ You want a car - do you think I'm a millionaire or something?
차가 필요하다구, 넌 내가 무슨 백만장자라도 되는 줄 아니?

❑ I'd love to live somewhere with a tropical climate.
열대 기후 지방에서 살았으면 좋겠어.

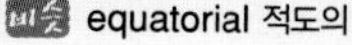
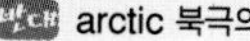

비슷 billionaire 억만장자	참고 upstart 벼락부자	참고 tycoon 실업계 거물
명 tropics 열대지방	비슷 equatorial 적도의	반대 arctic 북극의

★★★★☆ _0335

stock

[stɑk]

1. ⓝ 재고, 비축분
2. ⓝ 주식, 채권
3. ⓝ 가축 (말, 소, 양)

» out of stock 품절
» invest in stocks 주식에 투자하다

★★★★☆ _0336

inner

[ínər]

ⓐ 내부의, 안쪽의

» an inner pocket 안쪽 호주머니
» an expedition to Inner Mongolia 내몽골 탐험

❑ The jeans shop is selling off old stock.
그 청바지 가게에서 재고를 처분하고 있다.

❑ Sarah has an inner strength that nothing could shake.
사라는 무엇도 흔들 수 없는 내적인 강인함을 지니고 있다.

비슷 stockpile 재고 참고 stockholder 주주 참고 stockbroker 증권 중개인
비슷 spiritual 내면의 반대 outer 외부의 참고 innate 타고난

★★★★★ _0337

status

[stéitəs]

ⓝ 지위, 신분

» the political and social status 정치사회적 지위
» status seeker 출세주의자

★★★★☆ _0338

drastic

[drǽstik]

ⓐ 격렬한, 철저한, 과감한

» make a drastic cut in the staff 대폭 감원하다
» a drastic measure 과격한 수단

❑ The success of her book has given her celebrity status.
책의 성공으로 그녀는 유명인의 신분을 얻게 되었다.

❑ I'm having my hair cut tonight - nothing drastic, just a trim.
오늘 저녁에 머리를 자를 거야. 과감한 변화가 아니고 그냥 다듬기만 하려고.

비슷 state 신분
부 drastically 과감하게

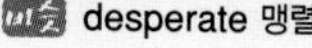

비슷 rank 계층, 신분
비슷 desperate 맹렬한

비슷 standing 신분
반대 serene 고요한

★★★☆☆ _0339

flour

[flauər]

ⓝ 밀가루, 분말식품

» a sack of flour 밀가루 한 부대
» pound rice into flour 떡방아를 찧다

★★★★★ _0340

constitute

[kánstətjù:t]

1. ⓥ 구성하다
2. ⓥ (법률을) 제정하다

» constitute a crime 범죄를 구성하다
» constitute society 사회를 구성하다

❑ I bought five kilograms of flour at the grocery store.
나는 식품점에서 밀가루 5kg을 샀다.

❑ Women constitute about 10% of Parliament.
여성이 국회의원의 10% 정도를 구성한다.

참고 wheat 밀 | 참고 grain 곡물 | 참고 crop 농작물, 수확량

형 constituent 구성하는 | 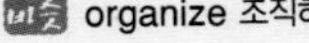 비슷 organize 조직하다 | 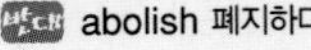 반대 abolish 폐지하다

★★★★☆ _0341

craft

[kræft]

1. ⓝ 기능, 기술, 교묘함
2. ⓝ 선박, 비행기

» with utmost craft 최상의 기술로
» a pleasure craft 유람선

★★★★★ _0342

evident

[évidənt]

ⓐ 분명한, 명백한

» an evident mistake 분명한 잘못
» with evident sorrow 아주 슬프게

❑ He possessed the craft of furniture making.
그는 가구 만드는 기술을 가지고 있었다.

❑ Her love for him was evident in all that she did.
그녀가 행한 모든 것으로 보아 그녀가 그를 사랑하는 것은 명백했다.

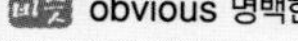

비슷 skill 기술 | 참고 spacecraft 우주선 | 참고 aircraft 항공기
명 evidence 증거 | 비슷 obvious 명백한 | 반대 uncertain 불확실한

★★★★★ _0343

facility

[fəsíləti]

1. ⓝ 쉬움, 평이함
2. ⓝ 편의시설, 설비

» facility of understanding 쉽게 이해할 수 있는 것
» transportation facility 교통시설

★★☆☆☆ _0344

scandal

[skǽndl]

ⓝ 물의, 추문

» a sensational scandal 세상을 떠들썩하게 하는 스캔들
» expose a scandal 추문을 폭로하다

❏ It is a 5-star hotel with fantastic facilities.
그곳은 최고급 시설을 갖춘 별 5개짜리 호텔이다.

❏ One of the newspapers uncovered the scandal.
한 신문이 그 추문을 폭로했다.

형 facile 손쉬운	비슷 ease 쉬움	반대 difficulty 어려움
형 scandalous 수치스러운	비슷 rumor 소문	비슷 disgrace 수치

★★★☆☆ _0345

noble

[nóubəl]

ⓐ 고귀한, 귀족의

» children of noble birth 명문가의 자제
» a noble heart 숭고한 마음

★★★★★ _0346

owe

[ou]

ⓥ 빚지다

» owe a person some money 누구에게 채무가 있다
» owe a person one's life 생명의 은혜를 입다
» How much do I owe you? 얼마입니까?

❑ She was of noble birth.
그녀는 고귀한 신분으로 태어났다.

❑ You owe me a beer.
넌 나한테 맥주 한잔 사야 돼.

명 nobility 귀족	비슷 highbred 명문 출신의	반대 humble 비천한
비슷 fall into debt 빚지다	반대 repay 갚다	참고 debt 빚

★★★★★ _0347

extreme

[ikstríːm]

ⓐ 극단적인, 극도의

» extreme happiness 최상의 행복
» the extreme penalty 극형

★★★★★ _0348

attach

[ətǽtʃ]

ⓥ 붙이다, 부속하다

» attach a name card 이름표를 붙이다
» attach a condition 조건을 붙이다

❑ Extreme poverty still exists in many rural areas.
극심한 빈곤이 아직도 시골의 많은 곳에서 존재한다.

❑ Attach a recent photograph to your application form.
신청서 양식에 최근에 찍은 사진을 붙이십시오.

명 extremism 과격주의	비슷 radical 극단적인	반대 moderate 온건한
명 attachment 부착	비슷 tag 붙이다	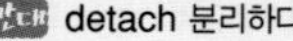 반대 detach 분리하다

★★★★★ _0349

bury

[béri]

ⓥ (땅에) 묻다, 매장하다

» bury treasure 보물을 파묻다
» bury one's head in the sand 현실을 도피하다

★★★☆☆ _0350

nourishment

[nə́ːriʃmənt]

ⓝ 영양, 자양물, 음식물

» a bit of nourishment 간단한 식사
» lack of nourishment 영양결핍

❑ His father's buried in a plot on the hill.
그의 아버지는 언덕 위의 땅에 묻혔다.

❑ A growing boy needs nourishment.
자라나는 사내아이는 충분한 영양을 필요로 한다.

명 burial 매장	비슷 hide 숨기다	반대 dig 파내다
동 nourish 기르다	형 nourishing 영양분이 많은	반대 starve 굶주리다

★★★☆☆ _0351

rid

[rid]

ⓥ 제거하다, 없애다

» rid the house of rats 집에서 쥐를 없애다
» get rid of ~에서 벗어나다

★★★★☆ _0352

fade

[feid]

1. ⓥ 색이 바래다, 시들다
2. ⓥ 사라지다

» fade out 점점 어두워지다
» Flowers fade. 꽃이 시들다

❑ Our aim is to rid this government of corruption.
우리의 목표는 이 정부에서 부패를 추방하는 것이다.

❑ Old soldiers never die, they just fade away.
노병은 죽지 않고 다만 사라질 뿐이다.

비슷 remove 제거하다 비슷 eliminate 삭제하다 비슷 free 치우다
형 faded 색바랜 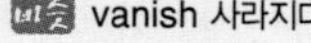 비슷 vanish 사라지다 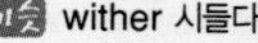 비슷 wither 시들다

★★★★☆ _0353

recover

[rikʌ́vər]

ⓥ 회복하다, 되찾다

» recover one's weight 원래의 체중을 회복하다
» recover one's sight 시력을 회복하다

★★★★★ _0354

expand

[ikspǽnd]

ⓥ 넓히다, 확장하다

» expand one's knowledge 지식을 넓히다
» expand business 사업을 확장하다

❑ It took her a long while to recover from her heart operation.
그녀가 심장 수술을 받고 회복하기까지는 오랜 시간이 걸렸다.

❑ The air in the balloon expands when heated.
풍선 안의 공기는 열을 받으면 팽창한다.

명 recovery 회복	비슷 regain 되찾다	반대 lose 잃어버리다
명 expansion 확장	비슷 broaden 넓히다	반대 contract 줄어들다

★★★★☆ _0355

conquer

[kάŋkər]

ⓥ 정복하다, 이기다

» conquer the world 천하를 정복하다
» conquer illness 병을 이기다

★★★★☆ _0356

standard

[stǽndərd]

ⓝ 표준, 규격, 본보기

» the standard language 표준말
» a standard of assessment 과세 표준

❑ The English were conquered by the Normans in 1066.
영국인들은 1066년에 노르만족에게 정복당했다.

❑ White is the standard color for this model of refrigerator.
이 냉장고 모델은 흰색이 표준입니다.

명 conqueror 정복자 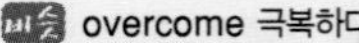 비슷 overcome 극복하다 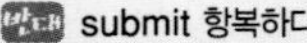 반대 submit 항복하다
동 standardize 표준에 맞추다 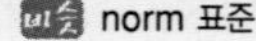 비슷 norm 표준 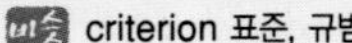 비슷 criterion 표준, 규범

★★★★★ _0357

deny

[dinái]

ⓥ 부정하다, 부인하다

» deny a charge 잘못한 일이 없다고 부인하다
» deny the rumor 소문을 부정하다

★★★★☆ _0358

accompany

[əkʌ́mpəni]

ⓥ 동반하다, 수반하다

» accompany a person to a door 문까지 배웅하다
» accompany one's master 윗사람을 모시고 가다

❑ The police deny it, but I'm sure she's under suspicion.
경찰은 부인하지만 나는 그녀가 의혹의 대상이라는 것을 확신한다.

❑ Poverty is usually accompanied by illness.
가난에는 흔히 병이 따른다.

명 denial 부정
명 accompaniment 부속물

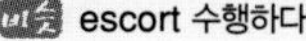

비슷 refuse 거절하다
비슷 escort 수행하다

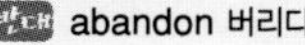

반대 admit 인정하다
반대 abandon 버리다

★★★★☆ _0359

institute

[ínstətjùːt]

1. ⓥ (제도를) 마련하다, 제정하다
2. ⓝ 연구소, 협회

» institute rules 규칙을 만들다
» a population research institute 인구문제 연구소

★★★★★ _0360

analyze

[ǽnəlàiz]

ⓥ 분석하다, 조사하다

» analyze a poem 시를 분석하다
» analyze water 수질을 검사하다

❑ The committee will institute a new appraisal system next year.
위원회는 내년에 새로운 평가제도를 제정할 것이다.

❑ Water can be analyzed into oxygen and hydrogen.
물은 산소와 수소로 분해할 수 있다.

명 institution 설립	비슷 establish 제정하다	반대 abolish 폐지하다
명 analysis 분석	비슷 separate 분리하다	반대 synthesize 종합하다

★★★★★ _0361

haste

[heist]

ⓝ 서두름, 경솔

» Haste makes waste. 서두르면 일을 그르친다.
» More haste, less speed. 급할수록 천천히.

★★★☆☆ _0362

tense

[tens]

1. ⓐ 팽팽한, 긴장한
2. ⓝ (문법의) 시제

» a face tense with excitement 흥분으로 긴장한 얼굴
» a tense situation 긴박한 상황

❑ They left in haste, without even saying goodbye.
그들은 작별인사도 하지 않은 채 서둘러 떠났다.

❑ You cannot play the piano properly if your fingers are too tense.
손가락이 너무 굳어 있으면 피아노를 제대로 칠 수 없다.

동 hasten 서두르다	비슷 hurry 서두름	반대 composure 침착
명 tension 긴장	비슷 nervous 신경질의	반대 relaxed 긴장이 풀어진

★★★★☆ _0363

eventually

[ivéntʃuəli]

ad. 결국, 마침내

» eventually cause a great trouble 결국 큰 문제를 일으키다
» Eventually the event was forgotten. 결국 사건은 잊혀졌다.

★★★☆☆ _0364

faith

[feiθ]

1. ⓝ 믿음, 신뢰, 신념
2. ⓝ 자신, 확신, 맹세

» faith, hope, and charity 믿음 소망 사랑
» by one's faith 맹세코, 틀림없이

❑ I always thought I'd have children eventually.
나는 내가 결국에는 아이를 낳을 것이라고 늘 생각했다.

❑ She says she has no faith in modern medicine.
그녀는 현대의학을 신뢰하지 않는다고 말한다.

동 eventuate 일어나다	형 eventual 최후의	비슷 finally 마침내
형 faithful 충실한	비슷 trust 신뢰	반대 distrust 불신

★★★★☆ _0365

volunteer

[vάləntíər]

1. ⓝ 지원자, 자원자
2. ⓥ 자발적으로 신청하다, 자원하다

» a volunteer army 의용군
» volunteer a difficult job 자청해서 힘든 일을 맡다

★★★★★ _0366

bother

[bάðər]

ⓥ 괴롭히다, 성가시게 하다

» bother one's head 근심하다
» Don't bother me! 방해 마라!

❑ You said you needed a volunteer - well, I'm willing.
지원자가 필요하다고 하셨죠. 제가 해보겠습니다.

❑ May I bother you? I have a question.
죄송합니다만, 여쭤봐도 괜찮을까요?

형 voluntary 자발적인 　 비슷 serve 봉사하다 　 참고 compulsive 강제적인
비슷 torment 괴롭히다 　 비슷 disturb 방해하다 　 비슷 irritate 짜증나게 하다

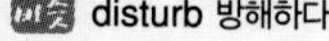
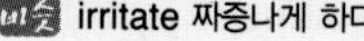

★★★★★ _0367

construct

[kənstrʌ́kt]

ⓥ 건설하다, 조립하다

» construct an iron bridge 철교를 건설하다
» construct a theory 이론을 세우다

★★★☆☆ _0368

substance

[sʌ́bstəns]

1. ⓝ 물체, 개체
2. ⓝ 내용, 본질, 실체

» a sticky substance 끈적끈적한 것
» in substance 실제로, 사실상

❑ The wall is constructed of concrete.
그 벽은 콘크리트로 되어 있다.

❑ Here is the substance of my proposal.
이것이 내 제안의 취지이다.

명 construction 건설, 건축 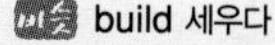 비슷 build 세우다 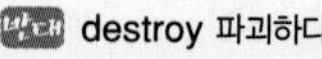 반대 destroy 파괴하다
형 substantial 실질적인, 상당한 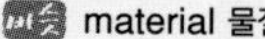 비슷 material 물질 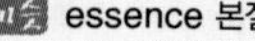 비슷 essence 본질

★★★★★ _0369

constant

[kánstənt]

ⓐ 계속되는, 변함없는

» constant complains 끊임없는 불평
» a constant sweetheart 변함없는 연인

★★★☆☆ _0370

triumph

[tráiəmf]

ⓝ 승리, 대성공

» the triumphs of modern science 현대과학의 개가
» return in triumph to Seoul 서울로 개선하다

- Sam was in constant pain.
  샘은 계속해서 고통스러워했다.
- The match ended in triumph for the French team.
  경기는 프랑스 팀의 승리로 끝났다.

명 constancy 불변	 비슷 continual 계속되는	 반대 irregular 불규칙한
명 triumphant 승리한	비슷 victory 승리	반대 defeat 참패

★★★☆☆ _0371

rite

[rait]

ⓝ (종교적인) 의식

» the Anglican rites 성공회 의식
» wedding rite 결혼예식

★★★☆☆ _0372

spite

[spait]

ⓝ 악의, 심술

» out of spite 악의로, 분풀이로
» in spite of his illness 병중에도 불구하고

❑ A priest came to give him the last rites.
그에게 종부 성사를 해줄 신부가 도착했다.

❑ In spite of its sweetness, glycerine is not a type of sugar.
글리세린은 단맛이 나지만 설탕 종류는 아니다.

형 ritual 종교 의식의	비슷 ceremony 의식	참고 offering 봉헌, 제물
형 spiteful 원한을 품은	비슷 malice 악의	비슷 hatred 원한

★★★★★ _0373

contain

[kəntéin]

ⓥ 포함하다, 수용하다

» contain a wide variety 다양한 내용을 포함하다
» contain vitamin 비타민을 함유하다

★★★★☆ _0374

prediction

[pridíkʃən]

ⓝ 예언, 예보

» the weather prediction 일기예보
» make predictions of coming events 앞일을 예언하다

- ☐ The rock contains a high percentage of iron.
  그 광석은 철의 함유량이 높다.
- ☐ I'd find it very hard to make a prediction.
  예측을 하기가 무척 어려운걸.

명 container 그릇	비슷 hold 소유하다	반대 exclude 배제하다
명 predictor 예언자	비슷 prophecy 예언	비슷 forecast 예상

★★★★☆ _0375

atmosphere

[ǽtməsfìər]

1. ⓝ 대기, 공기
2. ⓝ 분위기, 주위상황

» the atmosphere of Venus 금성을 둘러싼 대기
» a tiny inn full of atmosphere 정취가 있는 작은 여관

★★★☆☆ _0376

ideal

[aidíːəl]

1. ⓐ 이상적인, 관념적인
2. ⓝ 이상, 궁극의 목적

» an ideal world 이상향
» the ideal and the real 이상과 현실

❑ The atmospheres of Mars and the Earth are very different.
화성과 지구의 대기는 매우 다르다.

❑ At first he seemed to be an ideal husband.
처음에는 그가 이상적인 남편처럼 보였다.

형 atmospheric 대기의	비슷 mood 분위기	참고 vacuum 진공 상태
명 idealism 이상주의	비슷 example 모범	반대 worldly 현세의, 세속적인

★★★★★ _0377

engage

[engéidʒ]

1. ⓥ 참여하다, 종사하다
2. ⓥ 약혼하다, 약속하다

» engage in political activity 정치활동에 참여하다
» engage oneself to a girl 어느 여자와 약혼하다

★★★★☆ _0378

slight

[slait]

ⓐ 약간의, 가벼운

» a slight decrease in import 수입에서 약간의 감소
» a slight injury 가벼운 부상

❑ He engaged to my sister.
그는 내 누이와 약혼했다.

❑ "Does it worry you?" "Not in the slightest."
"그게 걱정되니?" "조금도 걱정 안 해."

명 engagement 약속 비슷 occupy 종사하다 반대 discharge 해고하다, 짐을 내리다
비슷 light 가벼운 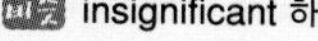 비슷 insignificant 하찮은 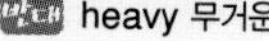 반대 heavy 무거운

★★★★☆ _0379

surround

[səráund]

ⓥ 둘러싸다, 에워싸다

» surround the enemy 적군을 포위하다
» surround a house with a wall 집을 담으로 둘러막다

★★★★☆ _0380

announce

[ənáuns]

ⓥ 알리다, 발표하다

» announce a wedding in the newspaper 신문에 결혼을 발표하다
» announce through a loudspeaker 스피커로 방송하다

- [ ] Snow-capped mountains surround the city.
  눈 덮인 산이 그 도시를 둘러싸고 있다.
- [ ] They announced the death of their mother in the local paper.
  그들은 지방신문을 통해 어머니의 죽음을 알렸다.

형 surrounding 주변의 | 비슷 encircle 둘러싸다 | 반대 disclose 드러내다
명 announcement 공고 | 비슷 declare 선언하다 | 반대 conceal 숨기다

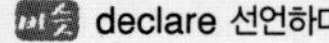
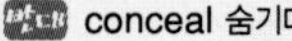

★★★★★ _0381

concentrate

[kάnsəntrèit]

ⓥ 집중하다, 결집시키다

» concentrate one's attention 주의를 집중하다
» concentrate on the project 그 계획에 전념하다

★★★☆☆ _0382

import

[impɔ́:rt]

1. ⓥ 수입하다, 들여오다
2. ⓝ 수입, 수입품

» import wheat from Canada 캐나다에서 밀을 수입하다
» a tax on imports 수입품세

❑ Come on, concentrate! We haven't got all day to do this.
자, 집중 좀 해! 하루종일 이걸 하고 있을 순 없어.

❑ We import a large number of cars from Japan.
우리는 일본으로부터 많은 자동차를 수입한다.

명 concentration 집중	비슷 focus 집중하다	반대 distract 흩뜨리다
명 importer 수입업자	비슷 introduce 도입하다	반대 export 수출하다

★★★★★ _0383

estimate

[éstəmèit]

1. ⓥ 추측하다, 어림잡다
2. ⓝ 견적, 평가

» estimate the value of one's property 재산의 가치를 평가하다
» at a moderate estimate 줄잡아 어림하여

★★★☆☆ _0384

solemn

[sάləm]

ⓐ 엄숙한, 진지한, 신성한

» a solemn face 근엄한 얼굴
» a solemn holy day 종교상의 경축일

❑ They estimate that the journey will take a week.
그들은 그 여행이 일 주일 걸릴 것으로 예상한다.

❑ I give you my solemn word.
진심으로 약속할게.

명 estimation 평가 비슷 evaluate 평가하다 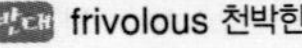 비슷 gauge 측정하다
명 solemnity 장엄  비슷 sober 엄숙한, 술 취하지 않은 반대 frivolous 천박한

★★★★★ _0385

sheer [ʃiər]

1. ⓐ 얇은
2. ⓐ 순수한, 섞이지 않은

» make money by sheer good luck 순전히 요행수로 돈을 벌다
» the fruit of sheer labor 순수 노력의 산물

★★★☆☆ _0386

thus [ðʌs]

ad. 이렇게, 그러므로

» He spoke thus. 그는 이렇게 말했다.
» thus and so 이러이러하게

명 sheerness 순수 비슷 utter 순전한 비슷 transparent 비쳐 보이는
비슷 therefore 그러므로 비슷 accordingly 따라서 반대 otherwise 그렇지 않으면

★★★★★ _0387

exist [igzíst]

ⓥ 존재하다, 있다

» God does exist. 신은 엄연히 존재한다.
» exist as a saint in one's memory 마음 속에 성인으로 남아 있다

★★★★★ _0388

desire [dizáiər]

1. ⓥ 원하다, 욕망하다
2. ⓝ 욕망, 소원

» desire happiness 행복을 바라다
» a strong desire for peace 평화를 바라는 강한 희망

명 existence 존재 형 existent 현존하는 반대 perish 죽다
형 desirable 호감가는 비슷 ambition 열망 반대 dislike 혐오

★★★★☆ _0389

retail [ríːteil]

1. ⓝ 소매
2. ⓥ 소매하다

» jobs in retail 상점 판매직
» at retail 소매로

★★★★★ _0390

essential [isénʃəl]

1. ⓐ 필수적인, 절대 필요한
2. ⓐ 본질적인, 엑기스의

» an essential part of the plan 계획의 필수요소
» essential beauty 본래의 아름다움

명 retailer 소매상인	반대 wholesale 도매	참고 goods 상품
명 essence 본질	비슷 vital 필수적인	반대 unimportant 중요하지 않은

★★★★☆ _0391

consequence [kánsikwèns]

ⓝ 결과, 결론

» by natural consequences 자연적인 결과로
» in consequence of ~의 결과

★★★☆☆ _0392

retire [ritáiər]

ⓥ 은퇴하다, 물러가다

» retire from business 사업을 그만두다
» a retired film actor 은퇴한 영화배우

형 consequential 중대한	비슷 result 결과	반대 cause 원인
명 retirement 퇴직	비슷 resign 사임하다	비슷 withdraw 물러나다

★★★☆☆ _0393

tone [toun]

1. ⓝ 음색, 어조, 말씨
2. ⓝ (색의) 농담, 색조

» take a high tone 건방진 말투를 쓰다
» a tone of command 명령조

★★★☆☆ _0394

category [kǽtəgɔ̀:ri] ⓝ 구분, 카테고리, 범주

» two main categories 크게 두 부류
» put in the same category 같은 범주에 두다

형 toneless 단조로운	비슷 manner 태도	참고 tone-deaf 음치의
동 categorize 범주화하다	비슷 division 구분	반대 integration 통합

★★★☆☆ _0395

logic [lɑ́dʒik] ⓝ 논리, 추리, 이론

» deductive logic 연역법 / inductive logic 귀납법
» the logic of art 미술이론

★★★★★ _0396

combine [kəmbáin] ⓥ 결합하다, 묶다

» combine two companies 두 회사를 합병하다
» combine beauty and virtue 미와 덕을 겸비하다

형 logical 논리적인	비슷 reasoning 추론	반대 illogic 비논리
명 combination 결합	비슷 unite 결합하다	반대 separate 분리하다

★★★★★ _0397

assist [əsíst] ⓥ 도와주다, 거들다

» assist a person financially 금전으로 원조하다
» assist at a birth 출산을 돕다

★★★☆☆ _0398

clumsy [klʌ́mzi] ⓐ 서투른, 재주가 없는

» a clumsy means 졸렬한 수단
» a clumsy excuse 어색한 핑계

명 assistance 원조	명 assistant 보조자	반대 interrupt 방해하다
명 clumsiness 서투름	비슷 awkward 솜씨 없는	반대 handy 재주가 있는

★★★★★ _0399

envy [énvi] 1. ⓝ 질투, 시샘, 부러움 2. ⓥ 부러워하다, 시기하다

» become an object of envy 선망의 대상이 되다
» I envy you. 네가 부럽다.

★★★★☆ _0400

commercial [kəmə́:rʃəl] 1. ⓐ 상업적인 2. ⓝ (방송) 광고

» commercial law 상법
» a commercial for a new fruit drink 새 과일 음료수 광고

형 envious 부러워하는	비슷 jealousy 질투	반대 satisfy 만족하다
명 commerce 상업	비슷 advertisement 광고	반대 nonprofit 비영리적인

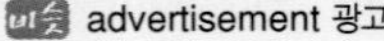

Review Test 4

■ 다음 각 단어의 알맞은 뜻을 연결하시오.

1. improve	내부의
2. thus	거의 ~하지 않다
3. conviction	정리하다
4. retail	격렬한
5. arrange	소매
6. seldom	신념
7. comment	이렇게
8. evolve	개선하다
9. inner	진화하다
10. drastic	주석

» **Answers**

1. 개선하다 **2**. 이렇게 **3**. 신념 **4**. 소매 **5**. 정리하다 **6**. 거의 ~하지 않다
7. 주석 **8**. 진화하다 **9**. 내부의 **10**. 격렬한

2 다음 빈 칸에 알맞은 단어를 보기에서 골라 쓰시오.

haste	accompany	conquer	nourishment
attach	scandal	evident	constitute

1. ____________ society
   사회를 구성하다
2. an ____________ mistake 분명한 잘못
3. expose a ____________ 추문을 폭로하다
4. ____________ a name card
   이름표를 붙이다
5. lack of ____________ 영양부족
6. ____________ the world 천하를 정복하다
7. ____________ a person to a door
   문까지 배웅하다
8. More ____________, less speed.
   급할수록 천천히.

» **Answers**

1. constitute **2**. evident **3**. scandal **4**. attach **5**. nourishment
6. conquer **7**. accompany **8**. haste

3 다음 빈 칸에 알맞은 단어를 보기에서 골라 쓰시오.

horizon	features	tone
negative	material	reached

1. I played the cello, but never ____________ a very high level.
   나는 첼로를 연주했지만 그리 높은 수준에는 이르지 못했다.

2. Stone is often used as a building ____________.
   돌은 종종 건축 재료로 사용된다.

3. We received a ____________ answer to our request.
   우리는 우리의 요구에 대해 부정적인 답변을 얻었다.

4. She has very regular ____________.
   그녀는 이목구비가 아주 잘생겼다.

5. The moon rose slowly above the ____________.
   달이 지평선 위로 서서히 떠올랐다.

6. Your piano has a beautiful ____________.
   네 피아노는 소리가 좋구나.

» **Answers**

1. reached **2**. material **3**. negative **4**. features **5**. horizon **6**. tone

4 다음 표시된 말의 알맞은 해석을 쓰시오.

1. in spite of his illness

    ____

2. engage oneself to a girl

    ____

3. a clumsy excuse

    ____

4. concentrate one's attention

    ____

5. a tax on imports

    ____

6. a solemn face

    ____

7. an atmosphere of gloom

    ____

8. a horror movie

    ____

» **Answers**

1. 불구하고 **2**. 약혼하다 **3**. 어색한 **4**. 집중하다 **5**. 수입품 **6**. 근엄한 **7**. 분위기 **8**. 공포

Chapter 5

독해 정복 단어 (B)

1. 수능 만점 단어
2. 핵심 역량 단어
3. 듣기 필수 단어
4. 독해 정복 단어 (A)
5. 독해 정복 단어 (B)
6. 교과서 총정리 단어 (A)
7. 교과서 총정리 단어 (B)
8. 함정 단어
9. 시사문제 단어 (자연과학 분야)
10. 시사문제 단어 (인문사회 분야)

PREVIEW

- ❑ due
- ❑ professional
- ❑ issue
- ❑ audience
- ❑ capable
- ❑ abrupt
- ❑ academic
- ❑ primitive
- ❑ migrate
- ❑ remark
- ❑ agriculture
- ❑ suspend
- ❑ brilliant
- ❑ welfare
- ❑ reverse
- ❑ military
- ❑ patriotism
- ❑ genius
- ❑ reward
- ❑ rescue
- ❑ thunder
- ❑ arrow
- ❑ radiate
- ❑ risk
- ❑ enormous
- ❑ thrive
- ❑ alternate
- ❑ mutual
- ❑ passion
- ❑ mount
- ❑ priest
- ❑ adopt
- ❑ dedicate
- ❑ accumulate
- ❑ document
- ❑ absorb
- ❑ symphony
- ❑ moderate
- ❑ barrier
- ❑ conference
- ❑ conservation
- ❑ extinguish
- ❑ fierce
- ❑ instinct
- ❑ encounter
- ❑ retreat
- ❑ optimism
- ❑ pessimism
- ❑ internal
- ❑ solitary
- ❑ habitation
- ❑ drift
- ❑ candidate
- ❑ survey
- ❑ moist
- ❑ anniversary
- ❑ fragile
- ❑ volume
- ❑ certificate
- ❑ warehouse
- ❑ elegant
- ❑ raw
- ❑ exclaim
- ❑ revise
- ❑ ultraviolet
- ❑ autograph
- ❑ administer
- ❑ fancy
- ❑ clue
- ❑ bold
- ❑ obstacle
- ❑ accuse
- ❑ principle
- ❑ worship
- ❑ atom
- ❑ seal
- ❑ abstract
- ❑ crucial
- ❑ defeat
- ❑ earnest
- ❑ radical
- ❑ cease
- ❑ dwell
- ❑ exceed
- ❑ moral
- ❑ edge
- ❑ display
- ❑ rank
- ❑ humble
- ❑ interpret
- ❑ temporary
- ❑ omit
- ❑ motive
- ❑ profound
- ❑ artificial
- ❑ abandon
- ❑ yield
- ❑ charity
- ❑ nuclear
- ❑ rational

★★★★☆ _0401

due

[djuː]

1. ⓐ 마땅히 지불해야 할, 지불 날짜가 된
2. ⓐ ~ 때문에, ~ 에 기인한

» the due date 지불해야 할 날짜
» due to ignorance 무식의 소치로

★★★☆☆ _0402

professional

[prəféʃənəl]

1. ⓐ 직업상의, 직업의
2. ⓐ 전문적인, 전문직의

» a professional baseball player 직업야구선수(프로선수)
» professional courtesy 동업자간의 예의

- ☐ The rent is due at the end of the month.
  집세는 월말에 지불해야 한다.
- ☐ Both doctors have been charged with professional misconduct.
  두 의사 모두 직업상의 과실로 인해 비난을 받고 있다.

비슷 owed 빚지고 있는　반대 paid 지불이 끝난　참고 due bill 차용증서
명 profession 직업　비슷 skilled 숙련된　반대 untrained 훈련되지 않은

★★★★☆ _0403

issue

[íʃuː]

1. ⓝ 발행(물), …판, …호
2. ⓝ 쟁점, 의제

» the May issue of a magazine 잡지 5월호
» a hot issue 뜨거운 논쟁거리, 화제

★★★★☆ _0404

audience

[ɔ́ːdiəns]

ⓝ 청중, 관객, 시청자

» a captive audience 사로잡힌 청중(싫어도 들어야 하는 버스 승객 등)
» the audience at the world cup stadium 월드컵 경기장의 관객

☐ There's an article on motorbikes in the next issue.
다음 호에 오토바이에 대한 기사가 나온다.

☐ The television company has lost a large part of its audience since 2000. 그 텔레비전 방송국은 2000년 이후로 많은 시청자를 잃었다.

명 issuance 발행	비슷 copy 사본	비슷 printing 인쇄
형 audible 들리는	참고 aural 귀의	참고 deafening 귀청이 터질 것 같은

★★★★★ _0405

capable

[kéipəbəl]

ⓐ ~할 능력이 있는, 유능한

» a very capable young woman 매우 유능한 젊은 여성
» a capable lawyer 유능한 변호사

★★★★☆ _0406

abrupt

[əbrʌ́pt]

ⓐ 갑작스러운, 돌연한, 무뚝뚝한

» an abrupt stop 급정거
» an abrupt death 돌연사

❑ We need to get an assistant who's capable and efficient.
우리는 유능하고 실력있는 조수가 필요하다.

❑ Our conversation came to an abrupt end when George burst into the room. 조지가 갑작스럽게 방으로 뛰어들어와 우리 대화는 돌연 중단되었다.

명 capability 능력	비슷 able 할 수 있는	반대 incapable 무능한
명 abruption 중단	비슷 sudden 갑작스러운	반대 anticipated 예상되는

★★★★☆ _0407

academic

[ækədémik]

1. ⓐ 학교의, 대학의
2. ⓐ 학구적인, 학문의

» academic institution 대학재단
» academic freedom 학문의 자유

★★★☆☆ _0408

primitive

[prímətiv]

1. ⓐ 원시의, 태고의
2. ⓐ 원래의, 근본의

» a primitive man 원시인
» primitive colors 원색

❑ She loved the city, with its academic atmosphere.
그녀는 학문적인 분위기가 있는 그 도시를 사랑했다.

❑ Primitive races colonized these islands 2000 years ago.
원시부족이 2000년 전에 이 섬들을 지배하였다.

명 academia 학계 비슷 bookish 문학적인 반대 nonstudious 공부하기 싫어하는
명 primitivism 원시주의 비슷 natural 자연의 반대 cultured 교양 있는

★★★★☆ _0409

migrate

[máigreit]

ⓥ 이주하다, 이동하다, 이민하다

» birds that migrate to the tropics 열대지방으로 이주하는 새들
» migrate to Swiss 스위스로 이주하다

★★★★☆ _0410

remark

[rimáːrk]

1. ⓝ 언급, 의견, 주목, 인지
2. ⓥ 언급하다, 존평하다

» a personal remark 인물평, 개인적인 소견
» an acid remark 쓴소리, 비판하는 말

❑ Mexican farmworkers migrate into the US each year to find work. 멕시코의 농부들은 일자리를 얻기 위해 매년 미국으로 이주한다.

❑ Her remarks on the employment question led to a heated discussion. 고용문제에 대한 그녀의 언급은 열띤 논쟁으로 이어졌다.

명 migration 이주 형 migrating 이주하는 참고 emigrate (타국으로) 이민하다
형 remarkable 주목할 만한 비슷 note 기록 반대 ignorance 무시

★★★☆☆ _0411

agriculture

[ǽgrikʌ̀ltʃər]

ⓝ 농업, 농학

» the Department of Agriculture 미 농무부
» the WTO Agreement on Agriculture WTO 농업협약

★★★★★ _0412

suspend

[səspénd]

1. ⓥ 매달다
2. ⓥ 일시 중지하다, 연기하다

» suspend a banner 국기를 내걸다
» suspend a sentence 판결을 연기하다

❑ Agriculture is still largely based on traditional methods in some countries. 몇몇 나라에서 농업은 여전히 전통적인 방식으로 이루어진다.

❑ It was very uncomfortable lying with my legs suspended in the air. 내 다리를 공중에 매달고 누워 있는 것은 매우 불편했다.

형 agricultural 농업의	참고 commerce 상업	참고 industry 공업
명 suspension 매달기	형 suspended 매달린	비슷 halt 정지하다

★★★★☆ _0413

brilliant

[bríljənt]

1. ⓐ 빛나는, 반짝이는
2. ⓐ 훌륭한, 멋진

» a brilliant achievement 빛나는 업적
» a brilliant discovery 굉장한 발견

★★★☆☆ _0414

welfare

[wélfὲər]

ⓝ 행복, 번영, 복지

» social welfare 사회복지
» welfare state 복지국가

❑ The sky was a brilliant, cloudless blue.
하늘은 눈부시게 밝았고 구름 한점 없이 푸르렀다.

❑ We have fought very hard for the rights and welfare of immigrants.
우리는 이민자들의 권리와 복지를 위해 매우 치열한 투쟁을 벌여왔다.

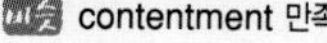
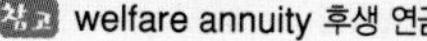

명 brilliance 광택 명 brilliancy 광명 비슷 shining 빛나는
비슷 abundance 유복 비슷 contentment 만족 참고 welfare annuity 후생 연금

★★★★★ _0415

reverse

[rivə́:rs]

1. ⓝ 역, 반대, 후진
2. ⓥ 거꾸로 하다, 후진하다

» reverse gear 후진기어 (R)
» auto reverse 자동 역전(오토리버스)
» Reverse arms! 거꾸로 총!

★★★★☆ _0416

military

[míliteˋri]

1. ⓐ 군대의, 육군의
2. ⓝ 군대, 군, 육군

» military service 군복무
» the military academy 사관학교

❑ The teachers say my son is slow but I believe the reverse.
교사들은 내 아들이 느리다고 하지만 나는 그 반대라고 믿는다.

❑ All young people between 17 and 19 have to do military service for a year. 17세에서 19세 사이의 모든 젊은이들은 1년간 군복무를 수행해야 한다.

명 reversal 반전 | 비슷 alter 바꾸다 | 반대 uphold 유지하다
동 militarize 군국화하다 | 비슷 armed 무장한 | 참고 militia 시민군

★★★★☆ _0417

patriotism

[péitriətìzəm]

ⓝ 애국심, 애국적 행위

» Israeli wartime patriotism 이스라엘인의 전시 애국심
» heart burning with patriotism 애국심에 불타는 마음

★★★☆☆ _0418

genius

[dʒíːnjəs]

ⓝ 천재, 귀재

» John Nash, a mathematical genius 수학천재 존 내시
» an infant genius 신동

❑ A wave of euphoric patriotism seems to have swept the nation.
도취된 애국심의 물결이 그 나라를 휩쓸어버린 듯하다.

❑ As a painter, Matisse was an absolute genius with color.
화가로서 마티스는 색에 관해 완전한 천재였다.

형 patriotic 애국의 | 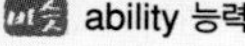 명 patriot 애국자 | 참고 loyalist 충성스런 사람
비슷 prodigy 천재 | 비슷 ability 능력 | 반대 dullness 아둔함

★★★★☆ _0419

reward

[riwɔ́:rd]

ⓝ 보상, 사례금

» reward and punishment 상벌
» No reward without toil. 노력 없이 보상 없다.

★★★★☆ _0420

rescue

[réskju:]

1. ⓥ 구조하다, 해방시키다
2. ⓝ 구조, 구출

» rescue the environment from pollution 오염에서 환경을 지키다
» a rescue boat 구조선

❑ My mother used to give me chocolate as a reward when I was good. 어머니는 내가 무언가를 잘했을 때 상으로 초콜릿을 주시곤 했다.

❑ The lifeboat rescued the sailors from the sinking boat. 구명선이 가라앉는 배에서 선원들을 구해냈다.

형 rewarding 보람있는 형 rewardless 보람없는 참고 beneficial 이로운
명 rescuer 구조자  비슷 free 자유롭게 하다 반대 endanger 위험에 빠뜨리다

★★★☆☆ _0421

thunder

[θʌ́ndər]

ⓝ 우레, 천둥

» a crash of thunder 천둥
» the thunder of cannon-fire 우레 같은 대포소리

★★★☆☆ _0422

arrow

[ǽrou]

ⓝ 화살

» a shower of arrow 빗발치는 화살
» arrows of lightning 번갯불

❑ We had thunder and lightning last night.
지난밤에는 천둥과 번개가 쳤다.

❑ Robin Hood asked to be buried where his arrow landed.
로빈 훗은 그의 화살이 떨어진 곳에 묻어달라고 부탁했다.

형 thunderous 우레같이 울리는 | 비슷 explosion 폭발 | 비슷 roar 포효
참고 bow 활 | 참고 archer 궁수 | 참고 archery 양궁

★★★★☆ _0423

radiate

[réidièit]

ⓥ (빛, 열을) 내다, 발산하다

» radiate in all directions 사방팔방으로 퍼지다
» radiate heat 열을 방사하다

★★★★☆ _0424

risk

[risk]

1. ⓝ 위험, 모험
2. ⓥ 위험에 내맡기다

» at the risk of one's life 목숨을 걸고
» risk the future of the company 사운을 걸다

❑ A single beam of light radiated from the lighthouse.
한 줄기의 빛이 등대에서 비치고 있었다.

❑ In this business, the risks and the rewards are high.
이런 사업에서는 위험도 크고 보상도 크다.

명 radiation 발광 　비슷 diffuse 흐트러뜨리다 　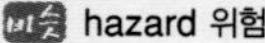 반대 converge 집중시키다
형 risky 위험한 　비슷 danger 위험 　비슷 hazard 위험

★★★★★ _0425

enormous

[inɔ́ːrməs]

ⓐ 거대한, 방대한

» an enormous amount of money 거액의 돈
» suffer an enormous loss from the flood 수해로 막대한 손해를 입다

★★★★★ _0426

thrive

[θraiv]

ⓥ 번성하다, 번창하다

» a thriving economy 번창하는 경제
» a thriving tourism 번창하는 관광산업

❑ He earns an enormous salary, so he can afford to drive an enormous car. 그는 엄청난 액수의 봉급을 받는다. 그래서 큰 차를 타고 다닐 능력이 있다.

❑ The town thrives primarily on tourism.
그 도시는 주로 관광으로 번창하고 있다

명 enormousness 거대함	비슷 gigantic 거대한	반대 little 작은
명 thrift 절약	형 thriving 번성하는	비슷 flourish 번창하다

★★★★★ _0427

alternate

[ɔ́ltərnit]

1. ⓥ 교대로 일어나다, 번갈아 하다
2. ⓐ 교대의

» alternating mood of anger and sadness
  분노와 슬픔이 교차하는 심정
» every alternate Monday 격주 월요일에

★★★☆☆ _0428

mutual

[mjúːtʃuəl]

ⓐ 상호간의, 서로의

» mutual suspicion 상호불신
» a mutual aid treaty 상호원조조약
» mutual fund 뮤추얼펀드(간접투자 금융상품)

❑ We tried to alternate periods of work with sleep.
우리는 일하는 시간과 자는 시간을 교대로 진행하려 했다.

❑ Both countries are acting to their mutual advantage.
두 나라 모두 서로의 이익을 위해 행동하고 있다.

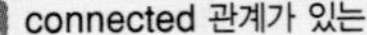

명 alternation 교대	형 alternative 양자 택일의	비슷 substitute 대신하다
명 mutualism 공생	비슷 connected 관계가 있는	반대 dissociated 분리된

★★★★☆ _0429

passion

[pǽʃən]

ⓝ 감정, 열정, 갈망

» the passion of love 사랑의 열정
» a passion for football 축구에 대한 열정

★★★★☆ _0430

mount

[maunt]

ⓥ 올라가다, 증가하다

» mount Mt. Halla 한라산에 오르다
» mounting problems 점점 커지는 문제들

❑ Football arouses a good deal of passion among its supporters.
축구는 팬들에게 엄청난 열정을 불러일으킨다.

❑ He mounted the platform and began to speak to the assembled crowd. 그는 연단에 올라 모인 군중에게 말하기 시작했다.

형 passionate 정열적인 형 passional 격정에 사로잡힌 비슷 enthusiasm 열의
명 mountain 산 비슷 climb 오르다 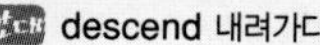

★★☆☆☆ _0431

priest

[priːst]

ⓝ 성직자, 신부

» a Catholic priest 가톨릭 신부
» a priest of science 과학의 옹호자

★★★★★ _0432

adopt

[ədάpt]

1. ⓥ 받아들이다, 채택하다
2. ⓥ 양자로 입양하다

» adopt a new idea 새 아이디어를 채택하다
» adopt a child 양자를 받아들이다

❑ Many in the Anglican Church are still opposed to women priests. 많은 영국 국교회 신도들은 여성 사제에 대해 여전히 부정적이다.

❑ Papers like this tend to adopt a very simple writing style. 이런 신문들은 매우 단순한 문체를 채택하는 경향이 있다.

비슷 clergyperson 성직자 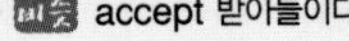 비슷 pastor 사제 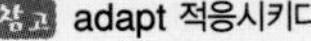 참고 priestess 여성 사제
명 adoption 채택 비슷 accept 받아들이다 참고 adapt 적응시키다

★★★★☆ _0433

dedicate

[dédikèit]

ⓥ 헌납하다, 바치다

» a life dedicated to scholarship 학문에 바친 인생
» Dedicated to Mr. Brown (이 책을) 브라운 씨에게 바침

★★★★★ _0434

accumulate

[əkjúːmjəlèit]

ⓥ 축적하다, 모으다

» accumulate a fund 자금을 모으다
» accumulate a fortune 재산을 모으다

❑ I'd like to dedicate this song to my wife.
이 곡을 아내에게 바치고 싶습니다.

❑ A thick layer of dust had accumulated in the room.
먼지가 방 안에 두텁게 쌓였다.

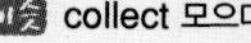

명 dedication 봉헌	형 dedicated 헌신적인	반대 steal 훔치다
명 accumulation 축적	형 accumulative 축적하는	비슷 collect 모으다

★★★★☆ _0435

document

[dákjumənt]

ⓝ 서류, 문서

» a diplomatic document 외교문서
» document of shipping 선적서류, 배송서류

★★★★★ _0436

absorb

[əbsɔ́:rb]

1. ⓥ 빨아들이다, 흡수하다
2. ⓥ (일에) 열중하다, 빠져들다

» an absorbing game 푹 빠져들게 하는 게임
» absorb oneself in studies 공부에 열중하다

❑ Most of the official documents are available in the library.
대부분의 공식문서는 도서관에서 이용 가능하다.

❑ The bumper absorbed most of the shock of impact.
범퍼가 충돌의 쇼크를 대부분 흡수했다.

명 documentation 증거 자료 / 형 documentary 문서의 / 비슷 record 기록
명 absorption 흡수 / 비슷 consume 소모하다 / 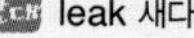

★★★☆☆ _0437

symphony

[símfəni]

ⓝ 교향곡

» KBS symphony orchestra KBS 교향악단
» a symphony in E minor 마단조의 교향곡

★★★★★ _0438

moderate

[mádərət]

ⓐ 온화한, 도를 지나치지 않는

» a moderate winter 온난한 겨울
» at moderate speed 알맞은 속도로

❑ They played Mahler's 9th symphony.
그들은 말러의 9번 교향곡을 연주했다.

❑ It's a moderate price for a car of its type.
그것은 그런 종류의 차에 적절한 가격이다.

형 symphonic 교향악의 | 비슷 harmony 조화 | 참고 sympathy 동정
명 moderation 알맞음 | 비슷 balanced 안정된 | 반대 excessive 과도한

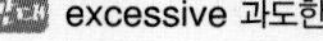

★★★★☆ _0439

barrier

[bǽriər]

ⓝ 장벽, 관문, 장애물

» a barrier between two men 두 사람 사이의 장벽
» the language barrier 언어장벽

★★★★☆ _0440

conference

[kɑ́nfərəns]

ⓝ 회의, 협의회 (특히 1년에 한 번 열리는)

» an international conference 국제회의
» a press conference 기자회견

❑ Shyness is one of the biggest barriers to making friends.
수줍음은 친구를 사귀는 데 가장 큰 장벽 중 하나이다.

❑ I'm attending a conference the whole of next week.
나는 다음 주 내내 회의에 참석할 것이다.

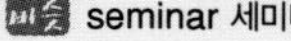
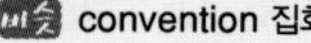

명 barricade 장애물	비슷 obstruction 방해	반대 opening 트인 구멍
명 conferee 회의 출석자	비슷 seminar 세미나	비슷 convention 집회

★★★★☆ _0441

conservation

[kὰnsəːrvéiʃən]

ⓝ 보존, 보호

» wildlife conservation 야생보호
» conservation of wetlands and birds 습지와 조류 보호

★★★★★ _0442

extinguish

[ikstíŋgwiʃ]

ⓥ (불을) 끄다

» Please extinguish your cigarettes. 담뱃불을 꺼주십시오.
» extinguished fire 꺼진 불

- [ ] As well as helping the environment, energy conservation reduces your fuel bills. 에너지 절약은 환경에 도움이 될 뿐더러 당신의 에너지 사용료도 줄입니다.
- [ ] It took the firefighters hours to extinguish the flames. 소방관들이 불을 끄기까지 몇 시간이 걸렸다.

동 conserve 보존하다	명 conservatory 온실	비슷 preservation 보존
명 extinguishment 소등	명 extinguisher 소화기	반대 ignite 불을 붙이다

★★★☆☆ _0443

fierce

[fiərs]

ⓐ 성난, 사나운, 격렬한

» a fierce dog 사나운 개
» fierce storms 강력한 폭풍우

★★★★☆ _0444

instinct

[ínstiŋkt]

ⓝ 본능, 직관, 충동

» the homing instinct 귀소본능
» a mother's instinct to protect children 자식을 지키려는 모성본능

❑ The two men had been shot during fierce fighting last weekend.
그 두 사람은 지난 주말 격렬한 싸움을 벌이다가 총에 맞았다.

❑ My instinct would be to wait and see.
나의 직관에 따르면 기다려봐야 한다.

명 fierceness 사나움 부 fiercely 사납게 비슷 cruel 잔인한
형 instinctive 본능적인 부 instinctively 본능적으로 비슷 impulse 충동

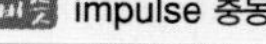

★★★★★ _0445

encounter

[inkáuntər]

1. ⓥ 조우하다, 우연히 마주치다
2. ⓝ 우연히 마주침, 교전

» an encounter with a prophet 예언자와의 우연한 만남
» military encounter on Yellow Sea 서해 교전

★★★★☆ _0446

retreat

[ritríːt]

1. ⓝ 철수, 은퇴, 칩거
2. ⓥ 후퇴하다, 퇴각하다

» a strategic retreat 작전상 후퇴
» a summer retreat 피서지, 여름 휴양지

❑ Hemingway encounters a childhood friend by chance in N.Y.
헤밍웨이는 어릴 적 친구를 뉴욕에서 우연히 마주친다.

❑ Enemy soldiers are now in full retreat.
적군은 이제 완전히 후퇴하고 있다.

비슷 counter 대항하다	비슷 confront 직면하다	 반대 avoid 피하다
비슷 retire 은퇴하다	비슷 evacuate 철수시키다	반대 advance 전진

★★★☆☆ _0447

optimism

[áptəmìzəm]

ⓝ 낙관, 낙천주의

» a mood of optimism 낙관적인 기분
» do not warrant optimism 낙관을 장담할 수 없다

★★★☆☆ _0448

pessimism

[pésəmìzəm]

ⓝ 비관, 염세주의

» studies on optimism & pessimism 낙천주의와 염세주의 연구
» an alternative to modern pessimism 현대 비관주의에 대한 대안

❑ There was a note of optimism in his voice as he spoke about the future. 장래에 대해 말하는 그의 목소리에서 낙관주의가 엿보였다.

❑ An underlying pessimism infuses all her novels. 그녀의 모든 소설의 이면에는 염세주의가 스며 있다.

동 optimize 낙관하다 형 optimistic 낙천주의의 비슷 hopefulness 희망적임
명 pessimist 염세주의자 형 pessimistic 비관적인 비슷 cynicism 냉소

★★★☆☆ _0449

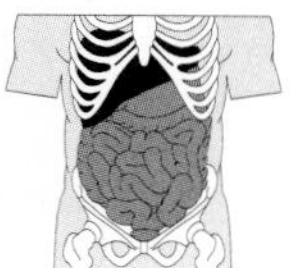

internal

[intə́ːrnl]

1. ⓐ 내부의, 내부에 있는
2. ⓐ 체내의

» an internal report to management 경영에 관한 내부 보고서
» an internal remedy 내복약

★★★☆☆ _0450

solitary

[sɑ́litèri]

ⓐ 고독한, 혼자뿐인

» a solitary cell 독방
» solitary walks 혼자 하는 산책

☐ There's to be an internal inquiry into the whole affair.
그 문제 전체에 대해 내부조사가 있을 것이다.

☐ He's a solitary little boy, quite happy to play on his own.
그는 혼자서 놀기를 좋아하는, 고독한 어린아이이다.

명 internality 내면성	비슷 interior 내부의	반대 external 외부의
명 solitude 고독	비슷 desolate 고독한	반대 sociable 사교적인

★★★☆☆ _0451

habitation

[hæ̀bətéiʃən]

ⓝ 주거지, 거주, 부락

» habitation and environment 주거와 환경
» human habitation 사람이 사는 거처

★★★★★ _0452

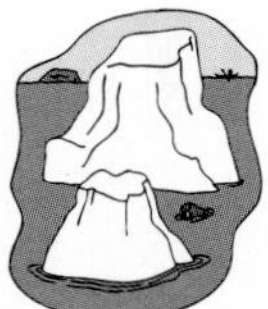

drift

[drift]

1. ⓥ 표류하다, 떠다니다
2. ⓝ 표류, 이동

» a drifting boat 떠다니는 보트
» the drift of an iceberg 빙산의 표류

❑ The report had described the houses as unfit for human habitation.
그 보고서에 의하면 그 집들은 사람이 살기에 부적합한 것으로 나타났다.

❑ She watched the balloons as they drifted up into the sky.
그녀는 풍선이 하늘로 떠오르는 것을 지켜보았다.

명 habitat 서식지	명 habitant 주민	비슷 dwelling 사는 집
명 drifter 표류자	비슷 wander 떠돌아다니다	비슷 float 떠돌다

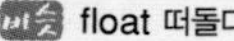

★★★☆☆ _0453

candidate

[kǽndədèit]

ⓝ 후보자, 지망자

» Korean Presidential candidates 한국의 대통령 후보들
» a strong candidate 유력한 후보

★★★★★ _0454

survey

[səːrvéi]

1. ⓝ 개론, 검사, 조사
2. ⓥ 조사하다, 검토하다

» an audience rating survey 시청률 조사
» a survey of European history 유럽사 개론

❏ There are three candidates standing in the election.
그 선거에는 세 명이 입후보하고 있다.

❏ A recent survey found that 58% of people did not know where their heart is. 최근 조사에 따르면 58%의 사람들이 심장의 위치를 모르는 것으로 드러났다.

명 candidacy 입후보	비슷 applicant 지원자	비슷 competitor 경쟁자
명 surveying 측량술	비슷 examine 조사하다	반대 ignore 무시하다

★★★☆☆ _0455

moist

[mɔist]

ⓐ 습기가 있는, 축축한

» a moist air 습기를 머금은 공기
» eyes moist with tears 눈물어린 눈

★★★★☆ _0456

anniversary

[æ̀nəvə́ːrsəri]

ⓝ 기념일, 주기

» a wedding anniversary 결혼 기념일
» the 200th anniversary of American independence
미국 독립 200주년 기념일

❑ The weather is moist.
날씨는 비가 올 것 같다.

❑ Tomorrow is the thirtieth anniversary of the revolution.
내일은 혁명 30주년이 되는 날이다.

동 moisten 축축하게 하다 | 명 moisture 습기 | 비슷 humid 습기 있는

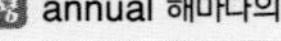 형 annual 해마다의 | 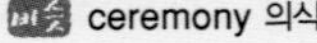 비슷 ceremony 의식 | 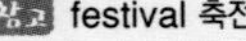 참고 festival 축전

★★★★☆ _0457

fragile

[frǽdʒəl]

ⓐ 깨지기 쉬운, 연약한

» a fragile china cup 깨지기 쉬운 자기 잔
» a girl's fragile beauty 소녀의 연약한 아름다움

★★★★☆ _0458

volume

[vɑ́ljuːm]

1. ⓝ 책, 권
2. ⓝ 부피, 분량, 음량

» a two volumes novel 두 권짜리 소설
» the volume of vessel 그릇의 용적

❏ Be careful with that vase - it's very fragile.
그 꽃병 조심해서 다뤄. 아주 약하니까.

❏ The volume was badly foxed.
그 책은 몹시 색이 변해 있었다.

명 fragility 부서지기 쉬움	비슷 frail 연약한	반대 solid 견고한
형 voluminous 권수가 많은	비슷 edition 판(版)	참고 publication 출판물

★★★★☆ _0459

certificate

[sərtífəkit]

ⓝ 증명서, 수료증

» a certificate of birth 출생 증명서
» a teacher's certificate 교원 자격증

★★★☆☆ _0460

warehouse

[wέərhàus]

ⓝ 창고, 상품보관소

» an inventory of the goods in the warehouse
창고에 보관중인 상품 목록
» store the furniture in a warehouse 가구를 창고에 보관하다

❑ You'll need a medical certificate to prove that you've been ill.
아팠다는 것을 증명하기 위해서는 의사의 진단서가 필요할 거야.

❑ The warehouse was cleared of oranges in two hours.
창고의 오렌지는 두 시간 만에 다 나갔다.

동 certify 증명하다	형 certificated 유자격의	비슷 diploma 증서
명 ware 도자기류	비슷 depository 창고	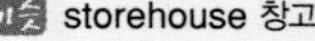 비슷 storehouse 창고

★★★☆☆ _0461

elegant

[éləgənt]

ⓐ 우아한, 멋진

» a very elegant woman 아주 우아한 미인
» an elegant style of writing 격조 높은 문체

★★★★☆ _0462

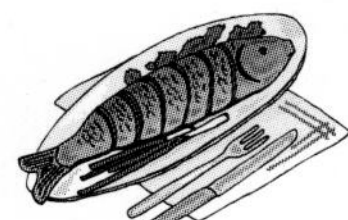

raw

[rɔː]

ⓐ 요리되지 않은, 날것의

» prepare a raw fish dish 생선회를 만들다
» raw materials 원재료

❏ Wine can transform a simple meal into an elegant dinner.
포도주는 간단한 식사를 진수성찬으로 만들기도 한다.

❏ Some dried beans are poisonous if they are eaten in their raw state. 마른 콩 중에는 날것으로 먹으면 독성이 있는 것들이 있다.

명 elegance 우아	비슷 exquisite 아주 아름다운	반대 crude 거친
비슷 crude 가공하지 않은	비슷 fresh 신선한	반대 cooked 요리된

★★★★☆ _0463

exclaim

[ikskléim]

ⓥ 소리치다, 외치다

» "Wow, the nice car!" exclaimed Dooby.
"우와, 멋진 차 좀 봐." 두비가 외쳤다.
» exclaim against interference 간섭을 큰소리로 반대하다

★★★★☆ _0464

revise

[riváiz]

ⓥ 바꾸다, 개정하다

» a revised edition 개정판
» revise one's daily schedule 일과를 변경하다

❑ She exclaimed in delight upon hearing the news.
그녀는 그 소식을 듣자마자 기뻐서 소리쳤다.

❑ His publishers forced him to revise his manuscript three times.
출판사측은 그의 원고를 세 번 고치도록 했다.

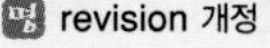
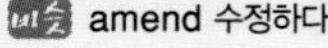
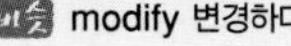

명 exclamation 외침 · 비슷 cry 고함치다 · 반대 whisper 속삭이다
명 revision 개정 · 비슷 amend 수정하다 · 비슷 modify 변경하다

★★☆☆☆ _0465

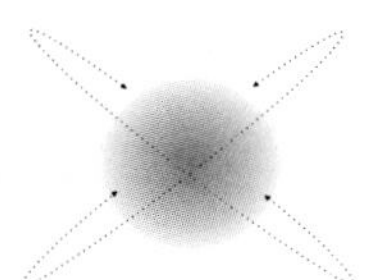

ultraviolet

[ʌ̀ltrəváiəlit]

ⓝ ⓐ 자외선(의)

» ultraviolet rays 자외선
» ultraviolet laser technology 자외선 조사 기술

★★★☆☆ _0466

autograph

[ɔ́ːtəgræ̀f]

1. ⓝ 자필서명, 사인
2. ⓥ 사인하다

» autograph seekers 사인을 해달라고 조르는 사람들
» an autograph letter from the President 대통령의 친서

❑ Ultraviolet radiation from the sun can cause skin cancer.
태양으로부터 오는 자외선은 피부암을 일으킬 수 있다.

❑ I got David Beckham to autograph my T-shirt.
나는 티셔츠에 데이비드 베컴의 사인을 받았다.

참고 ultrasonography 초음파검사 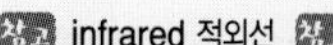 참고 infrared 적외선 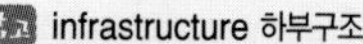 참고 infrastructure 하부구조
형 autographic 자필의  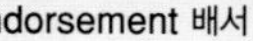 비슷 endorsement 배서 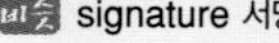 비슷 signature 서명

★★★★★ _0467

administer

[ædmínəstər]

ⓥ 운영하다, 관리하다

» administer public affairs 공무를 담당하다
» administer first aid 구급처치를 하다

★★★☆☆ _0468

fancy

[fǽnsi]

ⓝ 환상, 상상, 꿈

» a fancy of becoming a movie star 영화배우가 되고자 하는 환상
» a fancy button 장식단추

❑ The Navajo administer their own territory within the United States. 나바호 족은 미국 내에서 자신들의 영토를 다스린다.

❑ Wanting to go to Mexico was just a passing fancy.
맥시코에 가고 싶었던 것은 잠깐 동안의 꿈에 불과했다.

명 administration 경영 | 비슷 govern 다스리다 | 참고 minister 장관

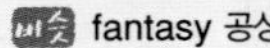
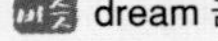

비슷 illusion 환상 | 비슷 fantasy 공상 | 비슷 dream 꿈

★★★★☆ _0469

clue

[kluː]

ⓝ 단서, 실마리, 계기

» a clue to the solution of a problem 문제 해결의 실마리
» clues to the murder 살인 범행의 단서

★★★★★ _0470

bold

[bould]

ⓐ 용기있는, 대담한

» a bold explorer 대담한 탐험가
» a bold adventure 용기있는 모험

❏ Police are still looking for clues in their search for the missing girl. 경찰은 아직도 실종된 소녀의 행방에 대한 단서를 찾고 있다.

❏ She was a bold and fearless mountain-climber.
그녀는 용감하고 겁없는 등산가였다.

비슷 hint 암시 | 비슷 evidence 증거 | 반대 clueless 단서가 없는
비슷 boldfaced 뻔뻔한 | 반대 cowardly 겁많은 | 참고 bald 대머리의

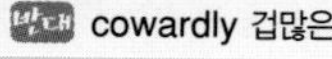
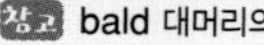

★★★★☆ _0471

obstacle

[ɑ́bstəkəl]

ⓝ 장애(물), 방해

» an obstacle to success 성공의 장애물
» obstacle race 장애물 경주

★★★★★ _0472

accuse

[əkjú:z]

ⓥ 고발하다, 비난하다

» accuse a person as a thief 절도범으로 고소하다
» accuse the hardness of the world 세상의 가혹함을 탓하다

❑ They tried to put obstacles in the way of our marriage.
그들은 우리의 결혼을 방해하려 했다.

❑ Admiral Lee was accused of treason.
이 장군은 반역죄로 기소되었다.

비슷 bar 장애 | 비슷 obstruction 장애물 |  반대 assistance 원조
명 accusation 고소 | 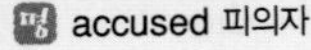 명 accused 피의자 |  참고 defendant 피고의

★★★★☆ _0473

principle

[prínsəpl]

ⓝ 원리, 원칙, 방침

» the principles of democracy 민주주의의 원리
» the principles of causality 인과율의 법칙

★★★★☆ _0474

worship

[wə́:rʃip]

1. ⓝ 숭배, 존경, 예배
2. ⓥ 숭배하다, 존경하다

» the worship of idols 우상숭배
» a house of worship 예배당

❑ Einstein's theories form the basic principles of modern physics.
아인슈타인의 이론은 현대 물리학의 기본원리를 이루고 있다.

❑ They regularly attended worship.
그들은 정기적으로 예배에 참석했다.

참고 principal 주요한, 교장 | 참고 discipline 훈련 | 참고 disciple 제자
형 worshipful 경건한 | 비슷 admire 숭배하다 | 비슷 revere 숭배하다

★★★☆☆ _0475

atom

[ǽtəm]

ⓝ 원자(력), 핵에너지

» atom bomb 원자폭탄(=atomic bomb)
» physical atoms 분자

★★★☆☆ _0476

seal

[siːl]

1. ⓝ 도장, 인장, 봉인
2. ⓥ 밀봉하다, 붙이다
3. ⓝ 바다표범

» the privy seal 옥새, 국새
» the official seal of a university 대학의 공식 인장

❑ A molecule of carbon dioxide has one carbon atom and two oxygen atoms. 이산화탄소 분자는 하나의 탄소 원자와 두 개의 산소 원자로 이루어져 있다.

❑ The Minister set his seal to the new law.
장관은 새 법률에 도장을 찍었다.

형 atomic 원자의	참고 molecular 분자의	 fragment 파편
형 sealed 봉인한	비슷 authentication 인증	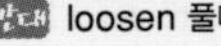 loosen 풀다

★★★★☆ _0477

abstract

[æbstrǽkt]

1. ⓐ 추상적인, 난해한
2. ⓝ 발췌, 요약

» an abstract noun 추상명사
» an abstract painting 추상화

★★★★☆ _0478

crucial

[krúːʃəl]

1. ⓐ 중요한, 결정적인
2. ⓐ 어려운, 혹독한, 힘든

» a crucial question 결정적인 문제
» a crucial experience 쓰라린 경험

❑ Truth and beauty are abstract concepts.
진실과 아름다움은 추상적인 개념이다.

❑ This year is a crucial one for me.
올해는 내게 중요한 해이다.

명 abstraction 추상	비슷 conceptual 개념의	반대 concrete 구체적인
비슷 decisive 결정적인	비슷 important 중요한	반대 trivial 사소한

★★★★★ _0479

defeat

[difíːt]

1. ⓝ 타파, 패배, 패전
2. ⓥ 쳐부수다, 타파하다, 이기다

» defeat an enemy 적을 쳐부수다

» Texas Rangers' worst defeat of the season
텍사스팀의 시즌 최악의 패배

★★★★☆ _0480

earnest

[ə́ːrnist]

ⓐ 진지한, 열심인

» an earnest believer 열성신자

» an earnest effort 진지한 노력

❑ After their defeat in battle, the soldiers surrendered.
전투에서 패배한 후 군인들은 항복했다.

❑ Life is real. Life is earnest!
인생은 겉치레가 아니다. 인생은 엄숙하다!

명 defeatism 패배주의 비슷 conquer 정복하다 반대 surrender 항복하다

명 earnestness 진지 비슷 ardent 열심인 반대 unenthusiastic 열렬하지 않은

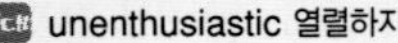

★★★☆☆ _0481

radical

[rǽdikəl]

1. ⓐ 근원적인, 근본적인
2. ⓐ 급진적인, 과감한

» radical changes to the tax system 세제에 대한 근본적인 변화
» the radical reform 급진적 개혁

 _0482

cease

[siːs]

ⓥ 멈추다, 중단하다

» Cease fire! 사격 중지!
» The rain ceased. 비가 그쳤다.

❑ The reforms you're suggesting are rather radical, aren't they?
자네가 제안하고 있는 개혁은 좀 과격하지 않은가?

❑ He spoke for three hours without ceasing.
그는 세 시간 동안 쉬지 않고 말했다.

부 radically 근본적으로 비슷 fundamental 기본적인 반대 superficial 표면상의
명 cessation 중단 형 ceaseless 끊임없는 반대 continue 계속하다

★★★★☆ _0483

dwell

[dwel]

ⓥ 거주하다, 살다

» dwell at home 국내에 거주하다
» dwell on an island 섬에 살다

★★★★★ _0484

exceed

[iksíːd]

ⓥ 초과하다, 넘다

» exceed the speed limit 제한속도를 초과하다
» exceed one's authority 월권행위를 하다

❑ She dwelt in remote parts of Asia for many years.
그녀는 여러 해 동안 아시아의 먼 지역에서 살았다.

❑ Working hours must not exceed 44 hours a week.
노동시간은 주당 44시간을 넘지 않아야 한다.

명 dwelling 거처 명 dweller 거주자 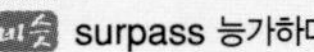
명 excess 초과 형 excessive 과도의 비슷 surpass 능가하다

★★★★★ _0485

moral [mɔ́:rəl] ⓐ 도덕의, 도덕적인

» a moral standard 도덕기준
» moral hazard 도덕적 해이, 도덕적 위기

★★★★☆ _0486

edge [edʒ]

1. ⓝ 가장자리, 끝, 테두리
2. ⓝ 변방, 변두리, 경계

» a lake with houses around the edge 주변에 집들이 있는 호수
» the edge of the town 도시 변두리

비슷 ethical 윤리적인 | 반대 corrupt 부패한 | 참고 morale 사기
형 edged 날이 있는 | 비슷 border 가장자리 | 비슷 rim 가장자리

★★★★★ _0487

display [displéi]

1. ⓥ 전시하다, 진열하다
2. ⓝ 표시, 노출, 전시

» a display of children's paintings 어린이 그림 전시회
» liquid crystal display(=LCD) 액정표시장치

★★★★☆ _0488

rank [ræŋk]

1. ⓝ 지위, 계급, 계층, 신분
2. ⓥ 자리매김하다

» the upper ranks of society 상류계층
» a double promotion of rank 2계급 특진

비슷 exhibit 전시하다 | 비슷 demonstrate 전시하다 | 반대 cover 덮다
비슷 grade 등급 | 비슷 class 계층 | 비슷 degree 등급

★★★★☆ _0489

humble [hʌ́mbəl]

1. ⓐ 겸손한
2. ⓐ 미천한, 초라한

» my humble advise 저의 하찮은 조언
» a man of humble birth 미천한 태생의 사나이

★★★★☆ _0490

interpret [intə́ːrprit]

1. ⓥ 해석하다, 이해하다
2. ⓥ 통역하다

» interpret between two Presidents 두 대통령 사이를 통역하다
» a simultaneous interpreter 동시통역사

[비슷] modest 겸손한 [반대] proud 자랑하는 [반대] haughty 오만한
[명] interpretation 해석 [비슷] translate 번역하다 [비슷] decode 번역하다

★★★★★ _0491

temporary [témpərèri]

ⓐ 일시적인, 임시의

» temporary pleasure 순간의 즐거움
» a temporary employee 임시직, 계약직

★★★★☆ _0492

omit [oumít]

ⓥ 생략하다, 빠뜨리다

» Kindly omit flowers. 헌화는 정중히 사양합니다.
» the last part omitted 후반 생략

[형] temporal 일시적인 [비슷] fleeting 잠깐 동안의 [반대] permanent 영구적인
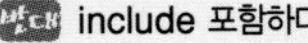
[명] omission 생략  exclude 제외하다 [반대] include 포함하다

★★★☆☆ _0493

motive [móutiv]

1. ⓝ 동기, 목적, 자극
2. ⓝ (예술의) 주제, 모티프

» a motive of the crime 범행 동기
» a mixed motive 불순한 동기

★★★★☆ _0494

profound [prəfáund] ⓐ 깊은, 심오한

» a profound sleep 깊은 잠
» a profound sense of sadness 깊은 슬픔

동 motivate 동기를 주다 | 명 motivation 동기부여 | 비슷 inspiration 영감
명 profundity 심오 | 반대 shallow 얕은 | 참고 intellectual 지적인

★★★★★ _0495

artificial [àːrtəfíʃəl] ⓐ 인공의, 가공의

» artificial flowers 조화, 인조꽃
» an artificial satellite 인공위성

★★★★★ _0496

abandon [əbǽndən] ⓥ 버리다, 포기하다

» abandon old friend 오랜 친구를 버리다
» abandon a plan 계획을 포기하다

명 artifice 기술 | 비슷 fabricated 인공의 | 반대 genuine 진짜의
명 abandonment 포기 | 비슷 discard 버리다 | 반대 maintain 유지하다

★★★★★ _0497

yield [ji:ld]

1. ⓥ 산출하다, 양보하다
2. ⓝ 산출, 수확, 이익

» yield possession 소유권을 양도하다
» a large yield 풍작

★★★★☆ _0498

charity [tʃǽrəti]

ⓝ 사랑, 자비, 구호

» charity for the poor 빈민에 대한 적선
» under the cloak of charity 자선이란 미명 하에

형 yielding 수확이 많은 | 비슷 surrender 항복하다 | 비슷 produce 생산하다
형 charitable 자비로운 | 비슷 mercy 자비 | 비슷 generosity 관대

★★★★☆ _0499

nuclear [njú:kliər]

1. ⓐ 핵의, 원자무기의
2. ⓝ 핵무기, 핵탄두 미사일

» nuclear war 핵 전쟁
» nuclear powers 핵 보유국

★★★★☆ _0500

rational [rǽʃənl]

ⓐ 이성적인, 합리적인

» a rational decision 합리적인 결정
» Man is a rational animal. 인간은 이성이 있는 동물이다.

명 nucleus 핵 | 참고 A-bomb 핵폭탄 | 참고 H-bomb 수소폭탄
동 rationalize 합리화하다 | 비슷 analytical 분석적인 | 참고 rationale 이론적 근거

Review Test 5

■ 다음 각 단어의 알맞은 뜻을 연결하시오.

1. issue	빛을 방사하다
2. moral	구조하다
3. abrupt	반대
4. primitive	매달다
5. suspend	번성하다
6. reverse	원시의
7. enormous	갑작스러운
8. rescue	도덕의
9. radiate	발행(물)
10. thrive	거대한

» **Answers**

1. 발행(물) **2**. 도덕의 **3**. 갑작스러운 **4**. 원시의 **5**. 매달다 **6**. 반대
7. 거대한 **8**. 구조하다 **9**. 빛을 방사하다 **10**. 번성하다

2 다음 빈 칸에 알맞은 단어를 보기에서 골라 쓰시오.

fierce	interpreter	barrier	adopt
mutual	encounter	humble	alternating

1. ____________ mood of anger and sadness
   분노와 슬픔이 교차하는 심정
2. a man of ____________ birth
   미천한 태생의 사나이
3. ____________ fund 뮤추얼펀드; 간접투자 금융상품
4. ____________ a child 양자를 받아들이다
5. a simultaneous ____________
   동시 통역사
6. the language ____________ 언어장벽
7. ____________ storms 강력한 폭풍우
8. military ____________ on Yellow Sea
   서해 교전

» **Answers**

1. alternating **2**. humble **3**. mutual **4**. adopt **5**. interpreter
6. barrier **7**. fierce **8**. encounter

3 다음 빈 칸에 알맞은 단어를 보기에서 골라 쓰시오.

clues	certificate	exclaimed
ultraviolet	volume	revolution

1. Tomorrow is the thirtieth anniversary of the ____________.
   내일은 혁명 30주년이 되는 날이다.

2. The ____________ was badly foxed.
   그 책은 몹시 색이 변해 있었다.

3. You'll need a medical ____________ to prove that you've been ill.
   아팠다는 것을 증명하기 위해서는 의사의 진단서가 필요할 거야.

4. She ____________ in delight upon hearing the news.
   그녀는 그 소식을 듣자마자 기뻐서 소리쳤다.

5. ____________ radiation from the sun can cause skin cancer.
   태양에서 방사된 자외선은 피부암을 일으킬 수 있다.

6. Police are still looking for ____________ in their search for the missing girl.
   경찰은 아직도 실종된 소녀의 행방에 대한 단서를 찾고 있다.

» **Answers**

1. revolution **2**. volume **3**. certificate **4**. exclaimed
5. ultraviolet **6**. clues

4 다음 표시된 말의 알맞은 해석을 쓰시오.

1. a bold adventure

   ____

2. moral hazard

   ____

3. the edge of the town

   ____

4. rescue the environment from pollution

   ____

5. a Catholic priest

   ____

6. accumulate a fund

   ____

7. exceed the speed limit

   ____

8. a crucial question

   ____

» **Answers**

1. 용기있는 **2**. 도덕적 **3**. 변두리 **4**. 구하다 **5**. 신부 **6**. 모으다
7. 초과하다 **8**. 결정적인

Chapter 6

교과서 총정리 단어 (A)

1. 수능 만점 단어
2. 핵심 역량 단어
3. 듣기 필수 단어
4. 독해 정복 단어 (A)
5. 독해 정복 단어 (B)
6. 교과서 총정리 단어 (A)
7. 교과서 총정리 단어 (B)
8. 함정 단어
9. 시사문제 단어 (자연과학 분야)
10. 시사문제 단어 (인문사회 분야)

Preview

- ❑ feminine
- ❑ confuse
- ❑ persuade
- ❑ murder
- ❑ sympathy
- ❑ swallow
- ❑ intense
- ❑ shift
- ❑ enthusiasm
- ❑ misery
- ❑ resemble
- ❑ ridiculous
- ❑ award
- ❑ reside
- ❑ grief
- ❑ illustrate
- ❑ reputation
- ❑ vice
- ❑ virtue
- ❑ weep
- ❑ reform
- ❑ crew
- ❑ slim
- ❑ routine
- ❑ privilege
- ❑ royal
- ❑ squeeze
- ❑ flood
- ❑ demonstrate
- ❑ journey
- ❑ capture
- ❑ muscle
- ❑ associate
- ❑ invest
- ❑ debt
- ❑ vote
- ❑ curriculum
- ❑ fascinate
- ❑ superior
- ❑ exhaust
- ❑ caution
- ❑ context
- ❑ jealous
- ❑ vivid
- ❑ restore
- ❑ release
- ❑ solid
- ❑ evil
- ❑ farewell
- ❑ fertile
- ❑ dignity
- ❑ initiate
- ❑ pursue
- ❑ calculate
- ❑ cultivate
- ❑ keen
- ❑ route
- ❑ intimate
- ❑ script
- ❑ fluent
- ❑ confess
- ❑ skip
- ❑ utility
- ❑ wage
- ❑ gaze
- ❑ resist
- ❑ beware
- ❑ phenomenon
- ❑ remedy
- ❑ drug
- ❑ eager
- ❑ nowadays
- ❑ grab
- ❑ fold
- ❑ adjust
- ❑ preserve
- ❑ enclose
- ❑ spare
- ❑ inherit
- ❑ propose
- ❑ contract
- ❑ cruel
- ❑ strive
- ❑ trace
- ❑ emerge
- ❑ replace
- ❑ paragraph
- ❑ review
- ❑ eternal
- ❑ inspire
- ❑ stable
- ❑ appropriate
- ❑ telegraph
- ❑ lest
- ❑ fossil
- ❑ alter
- ❑ ruin
- ❑ resolve
- ❑ acquaintance
- ❑ inferior

★★★★☆ _0501

feminine

[fémənin]

ⓐ 여성의, 여자다운

» a man with a feminine walk 여자처럼 걷는 남자
» Amanda's feminine beauty 아만다의 여성미

★★★★★ _0502

confuse

[kənfjúːz]

ⓥ 혼란시키다, 혼동하다

» confuse liberty with license 자유와 방종을 혼동하다
» confusing words 헷갈리는 말

❑ She always dresses in a feminine style.
그녀는 항상 여성스러운 옷을 입고 다닌다.

❑ These advertisements simply confused the public.
이런 광고들은 대중들을 쉽게 혼동시켰다.

명 feminist 여권 주장자 비슷 womanly 여성다운 반대 masculine 남성다운
명 confusion 혼란 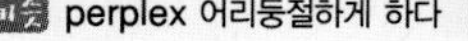 비슷 perplex 어리둥절하게 하다 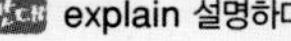 반대 explain 설명하다

★★★★★ _0503

persuade

[pəːrswéid]

ⓥ 설득하다

» persuade North Korea to resume dialogue
북한을 설득하여 대화를 재개하다

» persuade a baby to smile 아기를 얼러서 웃게 하다

★★★★☆ _0504

murder

[mə́ːrdər]

1. ⓝ 살인, 살해
2. ⓥ 살인하다

» a case of murder 살인사건

» the man who was murdered 살해된 남자

❑ I persuaded her that it was the right thing to do.
나는 그것을 하는 것이 올바른 일이라고 그녀를 설득했다.

❑ She was charged with attempted murder.
그녀는 살인 미수로 고소되었다.

명 persuasion 설득 비슷 induce 권유하다 반대 dissuade 그만두게 설득하다
형 murderous 흉악한 비슷 kill 살해하다 비슷 slay 죽이다

★★★★★ _0505

sympathy

[símpəθi]

ⓝ 연민, 동정, 호감

» a deep sympathy for the poor 가난한 사람에 대한 깊은 연민
» express sympathy for 조의를 표하다

★★★☆☆ _0506

swallow

[swάlou]

1. ⓥ 삼키다, 들이키다
2. ⓝ 제비

» bitter pill that is hard to swallow 삼키기 힘든 쓴 알약
» swallow one's anger 분을 삭이다

❑ It's not money she wants, it's just a little sympathy.
그녀가 원하는 것은 돈이 아니라 단지 작은 연민이었다.

❑ These tablets are too big to swallow.
이 알약은 삼키기에 너무 크다.

동 sympathize 동정하다	비슷 pity 동정	반대 antipathy 반감
비슷 drink 마시다	비슷 gulp 꿀꺽 마시다	반대 vomit 게우다

★★★★☆ _0507

intense

[inténs]

ⓐ 격렬한, 강렬한, 극렬한

» intense pain 심한 고통

» blindingly intense sunlight 눈부시도록 이글거리는 햇빛

» Intense Care Unit (= ICU) 중환자실, 집중치료실

★★★★☆ _0508

shift

[ʃift]

1. ⓥ 이동하다, 옮기다
2. ⓝ 이동, 변경, 교대

» shift from place to place 여기저기로 주소를 옮기다

» shift one's position (논의 등에서) 입장을 바꾸다

❑ They finished in three days after an intense effort.
그들은 많은 노역을 해서 3일 만에 끝냈다.

❑ She shifted about for many years.
그녀는 여러 해 동안 여기저기 옮겨 살았다.

명 intension 강화 | 형 intensive 집중적인 | 반대 weak 연약한

형 shiftable 옮길 수 있는 | 비슷 transfer 나르다 | 비슷 move 이동시키다

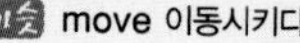

★★★★☆ _0509

enthusiasm

[inθú:ziæ̀zəm]

ⓝ 열광, 광신, 열중

» enthusiasm for soccer 축구에 대한 열광
» arouse one's enthusiasm 기세를 올리다

★★★★☆ _0510

misery

[mízəri]

ⓝ 비참, 불행, 고통

» the misery of life in the refugee camps 난민 캠프 생활의 비참함
» the miseries of mankind 인류의 고난

❑ She has always had a lot of enthusiasm for her work.
그녀는 항상 매우 열정적으로 일했다.

❑ Her husband's drinking is making her life a misery.
그녀 남편의 음주는 그녀의 삶을 비참하게 만들고 있다.

형 enthusiastic 열렬한	비슷 passion 열정	반대 indifference 무관심
형 miserable 불쌍한	비슷 suffering 고통	비슷 anguish 고뇌

★★★★☆ _0511

resemble

[rizémbəl]

ⓥ 닮다, 유사하다

» resemble in appearance 외형이 닮다
» a cell phone resembled a makeup compact 콤팩트를 닮은 휴대폰

★★★☆☆ _0512

ridiculous

[ridíkjuləs]

ⓐ 우스꽝스런, 어리석은

» a clown's ridiculous gesture 어릿광대의 우스꽝스러운 몸짓
» Ridiculous! 별일 다 보겠네!

❑ She resembles her father.
그녀는 자신의 아버지를 닮았다.

❑ I've never heard anything so ridiculous.
나는 지금까지 그렇게 웃긴 이야기를 들어본 적이 없다.

명 resemblance 닮음	비슷 take after 닮다	비슷 look like 닮다
명 ridicule 비웃음	비슷 comic 희극적인	비슷 absurd 부조리한

★★★★☆ _0513

award

[əwɔ́:rd]

1. ⓥ (상을) 주다, 수여하다
2. ⓝ 상, 상품, 상금

» a ceremony for awarding an honor 표창장 수여식
» receive an award for the 40 years' service
40년 근속에 대해 표창을 받다

★★★☆☆ _0514

reside

[ri:záid]

ⓥ 거주하다, 살다

» reside in Washington D.C. 워싱턴에 살다
» fellow countrymen who reside in LA LA에 거주하는 교포들

❑ He was awarded a gold medal for his excellent performance.
그는 그의 뛰어난 공연으로 금메달을 받았다.

❑ My sister currently resides in Seattle.
내 여동생은 현재 시애틀에 살고 있다.

명 awarder 수상자	비슷 bestow 수여하다	반대 withhold 보류하다
명 residence 주거	형 resident 거주하는	비슷 dwell 살다

★★★★☆ _0515

grief

[griːf]

ⓝ 슬픔, 비탄, 고뇌

» a deep grief 깊은 슬픔
» show grief over Diana's death 다이애나의 죽음을 애도하다

★★★★★ _0516

illustrate

[íləstrèit]

1. ⓥ 설명하다, 예증하다
2. ⓥ 삽화를 그려넣다

» illustrate a theory with examples 예를 들어 이론을 설명하다
» illustrated by Eric Carl 에릭 칼이 그리다

❑ She died of grief at the loss of her lover.
그녀는 연인을 잃은 슬픔으로 죽었다.

❑ This discovery illustrates how little we know about early human history. 이 발견은 우리가 초기 인류사에 대해 얼마나 적게 알고 있나를 예증한다.

동 grieve 몹시 슬퍼하다 비슷 sorrow 비통 반대 joy 기쁨
명 illustration 삽화 형 illustrative 설명적인 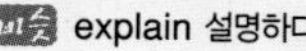 비슷 explain 설명하다

★★★★☆ _0517

reputation

[rèpjutéiʃən]

ⓝ 평판, 소문, 풍문

» a physician of good reputation 평판이 좋은 내과의사

» enhance one's reputation 명성을 높이다

 _0518

vice

[vais]

1. ⓝ 악, 부도덕, 비행
2. ⓝ 부(副), 대리

» the vice of intemperance 폭음하는 나쁜 습관

» vice president 부통령, 부사장

❑ Both hotels have a good reputation.
두 호텔 모두 평판이 좋다.

❑ He has a vice of lying.
그에게는 거짓말하는 나쁜 버릇이 있다.

동 repute 평하다, 평판	비슷 prestige 명성	비슷 fame 명성
명 vice-agent 부지배인	비슷 evil 악	반대 morality 도덕

★★★☆☆ _0519

virtue

[vә́ːrtʃuː]

ⓝ 미덕, 선, 덕행

» a ruler of virtue 훌륭한 군주
» follow virtue 올바른 길을 가다

★★★★☆ _0520

weep

[wiːp]

ⓥ 눈물을 흘리다, 울다

» weep in sympathy 동정하여 울다
» weep the day away 울며 하루를 보내다

❑ Virtue is its own reward.
선행의 보람은 바로 그 선행 자체이다.

❑ She weeps for joy.
그녀는 기뻐서 운다.

형 virtuous 덕이 있는	비슷 goodness 선량	반대 wickedness 사악
형 weepy 눈물 어린	비슷 cry 울다	반대 laugh 웃다

★★★★★ _0521

reform

[riːfɔ́ːrm]

1. ⓥ 개선하다, 개혁하다
2. ⓝ 개혁, 쇄신

» reform the criminal codes 형법을 개정하다
» educational reform 교육개혁

★★★☆☆ _0522

crew

[kruː]

ⓝ 승무원, 탑승원

» officers and crews in Titanic 타이타닉 호의 사관과 승무원
» pick up shipwrecked crew 조난당한 선원들을 건지다

❑ Students have called for reforms in the admission process.
학생들은 입학 절차에 대한 개선을 요구했다.

❑ The ship has a large crew.
그 배에는 승무원이 많다.

명 reformation 개선	비슷 improve 개량하다	비슷 correct 수정하다
참고 steward 승무원	참고 attendant 안내원	참고 servant 봉사자

★★★★★ _0523

slim

[slim]

ⓐ 가는, 가냘픈, 호리호리한

» Marilyn Monroe's slim waist 마릴린 먼로의 가는 허리
» have a slim chance of success 성공 가능성이 적다

★★★★☆ _0524

routine

[ru:tí:n]

1. ⓐ 일상의, 틀에 박힌
2. ⓝ 판에 박힌 일, 늘 하는 것

» routine questions 틀에 박힌 질문들
» a daily routine 매일 반복되는 일상

❑ She has a slim figure.
그녀는 날씬한 몸매를 가졌다.

❑ He longed to escape the routine of an office job.
그는 사무일의 틀에 박힌 일상을 벗어나고 싶어했다.

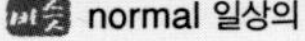

비슷 thin 가는	비슷 slender 가느다란	반대 fat 뚱뚱한
비슷 habitual 습관적인	비슷 normal 일상의	반대 unusual 보통 아닌

★★★☆☆ _0525

privilege

[prívəlidʒ]

ⓝ 특권, 특전

» privilege of free transportation 교통비 면제의 특전
» the privilege of a Senator 상원의원의 특권

★★★☆☆ _0526

royal

[rɔ́iəl]

ⓐ 왕의, 왕실의, 왕립의

» a British royal family 영국 왕실
» Toronto Metropolitan Royal Library 토론토 왕립 도서관

❑ He has the privilege of making the opening speech.
그에게 개회사를 할 특전이 주어졌다.

❑ The eagle is a royal bird.
독수리는 조류의 왕이다.

비슷 advantage 이점	비슷 power 힘	참고 prize 상
명 royalty 왕족, 인세	비슷 sovereign 군주의	비슷 imperial 제국의

★★★☆☆ _0527

squeeze

[skwiːz]

1. ⓥ 짜내다, 쑤셔넣다
2. ⓥ (야구) 스퀴즈로 점수를 내다

» squeeze juice from an orange 오렌지에서 주스를 짜다
» squeeze the people 백성의 고혈을 짜다

★★★☆☆ _0528

flood

[flʌd]

1. ⓝ 홍수, 대범람
2. ⓥ 범람하다, 쇄도하다

» Noah's flood 노아의 홍수
» a relief fund for flood victims 수재 의연금

❑ He squeezed the wax into a ball.
그는 밀랍을 압착해서 공 모양이 되게 했다.

❑ The town was flooded when the river burst its banks.
강물이 둑을 부수고 넘쳤을 때 마을에 강물이 범람했다.

 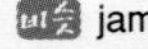 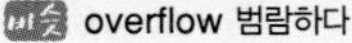 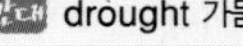

비슷 press 압착하다	비슷 extract 짜내다	비슷 jam 쑤셔넣다
형 floodable 범람하기 쉬운	비슷 overflow 범람하다	반대 drought 가뭄

★★★★★ _0529

demonstrate

[démənstrèit]

ⓥ 보여주다, 설명하다

» demonstrate a scientific principle 과학적 원리를 증명하다
» demonstrate the use of the machine 기계 사용법을 설명하다

★★★★★ _0530

journey

[dʒə́ːrni]

ⓝ 여행, 여정

» Long Day's Journey into Night 밤으로의 긴 여로 (유진 오닐의 희곡)
» relieve one's fatigue of a journey 여행의 피로를 풀다

❏ These problems demonstrate the importance of planning.
이러한 문제점들은 계획의 중요성을 설명하고 있다.

❏ They went on a journey to Mexico.
그들은 멕시코로 여행을 떠났다.

명 demonstration 증거 | 비슷 explain 설명하다 | 비슷 display 전시하다
명 journeyer 여행자 | 비슷 trip 여행 | 비슷 travel 여행

★★★★☆ _0531

capture

[kǽptʃər]

ⓥ 사로잡다, 붙잡다

» capture a thief 도둑을 잡다
» capture BoA's charm on canvas 보아의 매력을 화폭에 담다

★★★☆☆ _0532

muscle

[mʌ́sl]

ⓝ 근육, 힘, 영향력

» a man of muscle 근육질 남자
» a hard muscle 탱탱한 근육

❑ Two soldiers were captured by the enemy.
두 명의 병사가 적에게 사로잡혔다.

❑ Physical exercises develop muscle.
체조를 하면 근육이 발달된다.

비슷 catch 잡다	비슷 arrest 구속하다	 반대 release 놓아주다
명 muscularity 강건	형 muscular 근육의	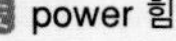 비슷 power 힘

★★★★★ _0533

associate

[əsóuʃièit]

1. ⓥ 연상하다, 제휴하다
2. ⓝ 제휴, 한패; 준회원

» associate peace with prosperity 평화와 번영을 함께 연상하다
» an associate member 준회원

★★★★★ _0534

invest

[invést]

ⓥ 투자하다, 쏟다

» invest one's money in stock 주식에 투자하다
» invest time and energy in study 시간과 정열을 공부에 쏟다

❑ I don't care to associate with them.
나는 그 사람들과 교제하고 싶지 않다.

❑ He's invested over a million pounds in the city.
그는 이 도시에 백만 파운드가 넘는 돈을 투자했다.

명 association 협회	비슷 ally 동맹하다	반대 dissociate 분리하다
명 investment 투자	명 investor 투자자	비슷 finance 자금을 대다

★★★★☆ _0535

debt

[det]

ⓝ 빚, 부채

» a debt of 10 dollars 10달러의 빚
» a national debt 국가부채

★★★★☆ _0536

vote

[vout]

1. ⓝ 투표, 표결
2. ⓥ 투표하다

» a secret vote 무기명 투표
» vote the Socialist ticket 사회당 공천 후보에 투표하다

❑ She's working in a bar to try to pay off her debts.
그녀는 빚을 갚기 위해 바에서 일하고 있다.

❑ Who did you vote for?
당신은 어느 후보에게 투표했습니까?

비슷 liability 부채  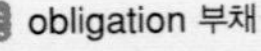 비슷 obligation 부채  반대 debtless 빚이 없는
비슷 ballot 투표 비슷 election 선거 비슷 selection 선출

★★★☆☆ _0537

curriculum

[kəríkjuləm]

ⓝ 교과과정, 교육과정

» curriculum of University of Manitoba 마니토바 대학의 교과과정
» curriculum vitae 이력서(=resume)

★★★★★ _0538

fascinate

[fǽsənèit]

ⓥ 매혹하다, 사로잡다

» be fascinated with her song 그녀의 노래에 사로잡히다
» fascinate the audience 관객을 매혹시키다

❑ This university's curriculum of graduate school is good.
이 대학의 대학원 교과과정은 좋다.

❑ Science has always fascinated me.
과학은 항상 나를 사로잡았다.

비슷 course 과정	비슷 process 과정	비슷 progress 과정
명 fascination 매혹	비슷 charm 유혹하다	반대 bore 지루하게 하다

★★★★☆ _0539

superior

[səpíəriər]

ⓐ 우세한, 상급의

» a superior court 상급 법원
» one's superior officer 상관, 상사

★★★★★ _0540

exhaust

[igzɔ́ːst]

ⓥ 다 써버리다, 고갈시키다

» exhaust one's resources 자금을 다 써버리다
» exhaust oneself swimming 수영으로 기진맥진해지다

- ❑ This car is far superior to the others.
  이 차는 다른 차들보다 훨씬 상급입니다.
- ❑ I was exhausted from work.
  나는 일로 녹초가 되었다.

명 supervisor 관리자	비슷 excellent 우수한	반대 inferior 열등한
명 exhaustion 소모	비슷 consume 소모하다	반대 store 저장하다

★★★★★ _0541

caution

[kɔ́ːʃən]

ⓝ 주의, 조심, 경고

» for caution's sake 만일의 경우에 대비하여
» give a caution to a person 남에게 경고하다

★★★☆☆ _0542

context

[kántekst]

ⓝ 문맥, 전후관계

» in this context 이 문맥에서는
» out of context 문맥을 벗어난

- [ ] You should use caution in crossing a busy street.
  차의 통행이 많은 길을 건널 때는 조심해야 한다.
- [ ] This small battle is important in the context of Scottish history.
  규모가 작은 이 전쟁이 스코틀랜드 역사의 맥락에서는 중요한 사건이다.

형 cautious 조심성 있는 비슷 warning 경고 반대 carelessness 부주의
비슷 situation 상황 비슷 circumstances 상황 참고 text 본문

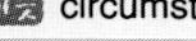
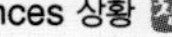
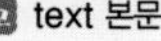

★★★☆☆ _0543

jealous

[dʒéləs]

ⓐ 질투심이 많은, 시샘하는

» a jealous disposition 질투심이 많은 기질
» be jealous of a winner 승자를 부러워하다

★★★★☆ _0544

vivid

[vívid]

1. ⓐ 선명한, 산뜻한
2. ⓐ 생기있는, 생생한

» a vivid reflection in water 선명하게 비친 물속의 그림자
» a vivid description in A Farewell to Arms
소설 '무기여 잘 있거라' 에서의 생생한 묘사

❑ Steve has always been jealous of his brother's good looks.
스티브는 항상 형의 잘생긴 외모를 질투했다.

❑ He gave a very vivid description of life in America.
그는 미국에서의 생활을 매우 생생하게 묘사했다.

명 jealousy 질투	비슷 envious 부러워하는	참고 covet 몹시 탐내다
부 vividly 발랄하게	비슷 clear 선명한	반대 vague 모호한

★★★☆☆ _0545

restore

[ristɔ́ːr]

ⓥ 되찾다, 회복하다

» restore order at the end in Hamlet
연극 햄릿의 마지막에서 질서를 회복하다
» restore to the original state 원상으로 복구하다

★★★★☆ _0546

release

[rilíːs]

1. ⓥ 풀어주다, 해방하다
2. ⓝ 석방, 공개, 발매

» release gas from a balloon 풍선에서 가스를 빼다
» press release 보도자료
» group GOD's latest release 지오디의 최신 발매 앨범

❑ Peace has now been restored in the region.
이 지역은 이제 평화를 되찾았다.

❑ Six hostages were released shortly before midday.
여섯 명의 인질이 정오 직전에 풀려났다.

명 restoration 회복 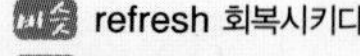 비슷 refresh 회복시키다 비슷 renovate 혁신하다
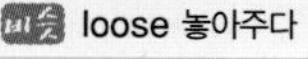 비슷 loose 놓아주다 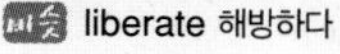 비슷 liberate 해방하다 반대 capture 잡다

★★★★★ _0547

solid

[sɑ́lid]

1. ⓐ 고체의, 단단한
2. ⓐ 충실한, 속이 비지 않은

» solid food 비상용 고체 음식물
» a solid meal 실속있는 식사

★★★★☆ _0548

evil

[í:vəl]

ⓐ 나쁜, 부도덕한

» an evil man 부도덕한 사람
» an evil heart 사악한 마음

❑ Jane is a soild friend.
제인은 믿을 만한 친구다.

❑ He has an evil disposition.
그는 나쁜 기질을 가지고 있다.

비슷 compact 조밀한 비슷 concrete 굳어진  비슷 dense 밀집된
비슷 sinful 죄 많은 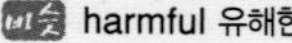 비슷 harmful 유해한 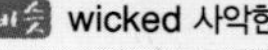 비슷 wicked 사악한

★★★☆☆ _0549

farewell

[fὲərwél]

ⓝ (작별인사) 안녕! 잘 가라

» make one's farewell 작별인사를 하다
» A Farewell to Arms 무기여 잘 있거라 (헤밍웨이 소설)

★★★★☆ _0550

fertile

[fə́ːrtl]

1. ⓐ 기름진, 비옥한
2. ⓐ 다산의, 번식력 있는

» fertile in wheat 밀이 잘 되는
» land fertile in fruit and grain crops 과일과 곡식 수확이 많은 땅

- [ ] She exchanged a farewell with a teacher.
  그녀는 선생님과 작별인사를 주고받았다.
- [ ] This land is fertile of barley.
  이 땅은 보리 농사가 잘 된다.

비슷 good bye 안녕	비슷 adieu 이별	비슷 leave-taking 고별
명 fertility 비옥	반대 sterile 불모의	반대 infertile 불모의

★★★★☆ _0551

dignity

[dígnəti]

ⓝ 존엄, 품위, 위엄

» dignity of the black robes of a judge 판사의 검은 법복의 위엄
» keep up one's dignity 체면을 유지하다

★★★★☆ _0552

initiate

[iníʃièit]

ⓥ 시작하다, 출발하다

» initiate a political reform 정치개혁을 시작하다
» initiate a person into the secrets 비법을 전수하다

❑ He behaved with great dignity and courage.
그는 매우 위엄있고 용기있게 행동했다.

❑ The reforms were initiated by Gorbachev.
고르바초프에 의해 개혁이 시작되었다.

동 dignify 위엄있게 하다 비슷 gravity 근엄 반대 undignified 품위없는
명 initiation 개시  비슷 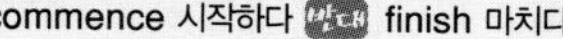 commence 시작하다 반대 finish 마치다

★★★★★ _0553

pursue

[pərsjúː]

ⓥ 추적하다, 추구하다

» pursue pleasure 쾌락을 추구하다
» a man pursued by trouble 늘 걱정거리로 시달리는 사람

★★★★☆ _0554

calculate

[kǽlkjulèit]

ⓥ 계산하다, 산출하다

» calculate the cost of a journey 여행 경비를 계산하다
» calculate the surface area of a sphere 구 표면의 면적을 계산하다

❑ Ill luck pursued him to his death.
불운이 죽을 때까지 그를 따라다녔다.

❑ The population of the city is calculated at 300,000.
그 도시의 인구는 30만 명으로 산정되고 있다.

명 pursuit 추적 비슷 hound 추적하다, 사냥개 비슷 track 뒤쫓다
명 calculation 계산 비슷 compute 계산하다 비슷 count 계산하다

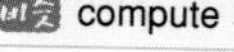

★★★★★ _0555

cultivate

[kʌ́ltəvèit]

1. ⓥ 경작하다, 재배하다
2. ⓥ 양식하다, 배양하다

» pioneers cultivating the wild west 거친 서부를 개척하는 선구자들

» cultivate yeast 효모균을 배양하다

★★★☆☆ _0556

keen

[kiːn]

1. ⓐ 날카로운, 예리한
2. ⓐ 매서운, 격렬한

» a keen blade 예리한 칼날

» a keen chill 혹한

❑ Her hobby is cultivating roses.
그녀의 취미는 장미를 기르는 것이다.

❑ He is a keen observer in this office.
그는 이 사무실에서 날카로운 관찰자이다.

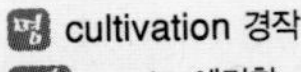

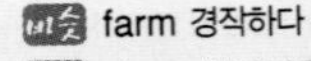

명 cultivation 경작	비슷 farm 경작하다	비슷 plow 경작하다
비슷 acute 예리한	비슷 sharp 날카로운	반대 blunt 무딘

★★★★★ _0557

route

[ruːt]

1. ⓝ 길, 노선, 항로
2. ⓝ 수단, 방법

» an air route to Toronto 토론토로 가는 항공로
» no route out of the crisis 위기를 벗어날 방법이 없음

★★★★★ _0558

intimate

[íntəmit]

1. ⓐ 친밀한
2. ⓐ 개인적인, 일신상의

» an intimate friend 친한 친구
» Washington's intimate beliefs 워싱톤의 개인적인 신념

❑ What's the shortest route to London?
런던으로 가는 가장 가까운 지름길은 어느 것입니까?

❑ I am in intimate terms with Tom.
나는 톰과 친한 사이이다.

비슷 path 경로	비슷 road 길	참고 en route 도중에
명 intimacy 친밀	비슷 familiar 친밀한	반대 distant 먼

★★★☆☆ _0559

script

[skript]

1. ⓝ 필기 문자, 서체
2. ⓝ 원고, 영화 대본

» Roman script 로마자

» a script for a comedy, As You Like It 희극 '네 멋대로 해라'의 대본

★★★★☆ _0560

fluent

[flúːənt]

ⓐ 유창한, 달변의

» Clinton's fluent speech 클린턴의 능변

» speak fluent English 영어를 유창하게 하다

❑ He wrote a number of film scripts.
그는 몇 개의 영화 대본을 썼다.

❑ She is fluent in six languages.
그녀는 6개국어에 능통하다.

비슷 handwriting 필기문자 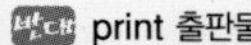 반대 print 출판물 참고 scriptwriter 대본작가

명 fluency 유창함 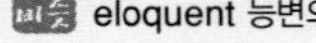 비슷 eloquent 능변의 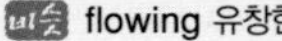 비슷 flowing 유창한

★★★★★ _0561

confess

[kənfés]

ⓥ 고백하다, 인정하다

» to confess the truth 사실대로 말하자면, 실은
» confess oneself to a priest 사제에게 고해하다

★★★★☆ _0562

skip

[skip]

ⓥ 건너뛰다, 빠뜨리다

» skip the hedge 울타리를 뛰어넘다
» skip through a magazine 잡지를 대충 훑어보다

❑ The man has confessed to stealing the painting.
그 남자는 그 그림을 훔쳤다고 자백했다.

❑ He skipped along the street.
그는 거리를 뛰어다녔다.

명 confession 자백
형 skipable 생략할 수 있는

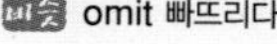

비슷 admit 시인하다
비슷 omit 빠뜨리다

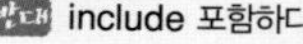

반대 deny 부정하다
반대 include 포함하다

★★★★★ _0563

utility

[juːtíləti]

1. ⓝ 효용, 실용성
2. ⓝ (수도,가스,전기) 공공 편의시설

» marginal utility (경제) 한계효용
» utilities included 전기, 수도, 가스료가 집세에 포함된

★★★★☆ _0564

wage

[weidʒ]

ⓝ 임금, 급료

» wages of $40 a week 주 40달러의 임금
» raise wages 임금을 인상하다

❑ It is of no utility.
그것은 쓸모가 없다.

❑ The job is not very exciting, but he earns a good wage.
그 직업은 그다지 흥미로운 일이 아니지만 그는 급료를 많이 받는다.

동 utilize 이용하다	형 utilitarian 실리의	비슷 usefulness 유용함 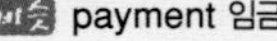
형 wageless 무급의	비슷 salary 월급	비슷 payment 임금

★★★★☆ _0565

gaze

[geiz]

1. ⓥ 노려보다, 응시하다
2. ⓝ 응시, 주시

» gaze at the stars 별을 가만히 쳐다보다
» attract public gaze 뭇사람의 시선을 모으다

★★★★★ _0566

resist

[rizíst]

1. ⓥ 저항하다, 반항하다
2. ⓥ 견디다

» resist tyranny 압제에 항거하다
» a constitution that resists disease 병에 걸리지 않는 체질

❑ They gazed into each other's eyes.
그들은 서로의 눈을 응시했다.

❑ I just can't resist reading other people's mail.
나는 다른 사람의 편지를 읽는 것을 멈출 수가 없다.

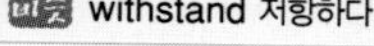

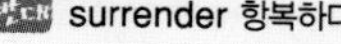

비슷 stare 응시하다	비슷 watch 바라보다	비슷 gape 바라보다
명 resistance 저항	비슷 withstand 저항하다	반대 surrender 항복하다

★★★☆☆ _0567

beware

[biwέər]

ⓥ 경계하다, 주의하다

» Beware of the dog 개조심
» Beware what you say 말조심

★★★★☆ _0568

phenomenon

[finάmənὰn]

ⓝ 현상, 사건

» the phenomena of nature 자연현상
» a strange phenomenon 이상한 현상

❑ You should beware of spending too long in the sun.
햇볕에 너무 오랜 시간 노출되는 것을 조심해야 한다.

❑ Homelessness is not a new phenomenon.
홈리스가 새로운 현상은 아니다.

비슷 caution 경고하다 비슷 mind 주의하다 비슷 warn 경고하다

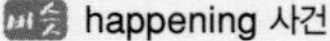

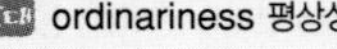

복 phenomena(복수형) 비슷 happening 사건 반대 ordinariness 평상상태

★★★★☆ _0569

remedy

[rémədi]

ⓝ 의약품, 치료, 처치

» an effective remedy for the flu 독감에 잘 듣는 약
» a good remedy for neuralgia 신경통에 좋은 치료법

★★★☆☆ _0570

drug

[drʌg]

1. ⓝ 약, 약품
2. ⓝ 마약

» drug abuse 약 남용
» drug addict 마약 중독자

❑ What is the most effective remedy for the flu?
어느 것이 독감에 가장 잘 듣는 약입니까?

❑ He takes drugs for his high blood pressure.
그는 고혈압 때문에 약을 복용한다.

비슷 cure 치료	비슷 relief 구조	참고 prescription 처방
명 drugstore 약국	비슷 medicine 약	반대 poison 독

★★★★★ _0571

eager

[íːgər]

ⓐ 갈망하는, 열렬한

» be eager to study 공부를 몹시 하고 싶어하다
» an eager expression 간절한 표정

★★☆☆☆ _0572

nowadays

[náuədèiz]

ⓝ 오늘날, 요즈음

» the manners of nowadays 요즈음의 풍속
» Things are tough nowadays. 각박한 세상이다.

❑ Sam was eager to go home and play on his computer.
샘은 집에 가서 컴퓨터로 놀고 싶었다.

❑ Everything seems more expensive nowadays.
요즘은 모든 것이 더 비싼 것 같다.

비슷 fervent 열렬한	비슷 anxious 열망하는	반대 indifferent 무정한
비슷 today 오늘날	비슷 present 현재의	반대 past 과거의

★★★★☆ _0573

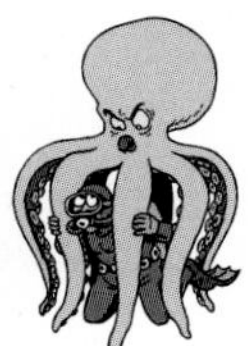

grab

[græb]

1. ⓥ 움켜잡다, 낚아채다
2. ⓝ 잡아채기, 움켜쥠

» grab my arm 내 팔을 움켜잡다
» grab a taxi 택시를 급히 잡아타다

★★★★☆ _0574

fold

[fould]

ⓥ 접다, 포개다

» a folding chair 접는 의자
» a piece of paper folded in two 둘로 접은 종이

❑ He grabbed my arm and pulled me away.
그는 내 팔을 움켜잡고 날 밀어버렸다.

❑ He folded his arms on his chest.
그는 가슴 위에 팔짱을 꼈다.

비슷 seize 잡다	비슷 snatch 움켜쥐다	비슷 grasp 움켜잡다
비슷 lap 접다	반대 unfold 펴다	참고 folder 문서보관철

★★★★★ _0575

adjust

[ədʒʌ́st]

ⓥ 조정하다, 맞추다

» adjust prices to inflation 인플레이션에 맞춰 가격을 조정하다
» adjust diplomatic affairs 외교문제를 조정하다

★★★★★ _0576

preserve

[prizə́ːrv]

ⓥ 보존하다, 유지하다

» preserve the historic sites 사적을 보존하다
» preserve fish with salt 생선을 소금에 절이다

❑ People can adjust themselves to their circumstances.
사람들은 자신들의 환경에 적응할 수 있다.

❑ He has always preserved his innocence.
그는 언제나 순진함을 잃지 않았다.

명 adjustment 조절 | 비슷 correct 바로잡다 | 비슷 arrange 조절하다
명 preservation 저장 | 비슷 conserve 보존하다 | 비슷 maintain 유지하다

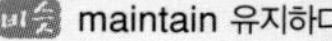

★★★★☆ _0577

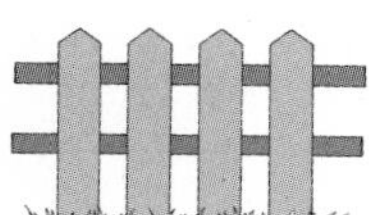

enclose

[inklóuz]

1. ⓥ 둘러싸다, 에워싸다
2. ⓥ 넣다, 동봉하다

» enclose a garden 정원에 울타리를 치다
» enclose a letter in an envelope 편지를 봉투에 넣다

★★★★☆ _0578

spare

[spɛər]

1. ⓐ 예비의, 따로 남겨둔
2. ⓥ 아끼다, 할애하다

» a spare tire 예비 타이어
» spare no pains 수고를 아끼지 않다

❏ The castle was enclosed by tall mountains.
성은 높은 산들로 둘러싸여 있었다.

❏ Spare the rod and spoil the child.
매를 아끼면 자식을 망친다.

명 enclosure 동봉	비슷 envelop 봉하다	비슷 surround 둘러싸다
비슷 save 아끼다	비슷 set aside 챙겨놓다	반대 spend 소비하다

★★★★☆ _0579

inherit

[inhérit]

ⓥ 상속하다, 물려받다

» inherit a title from one's father 아버지에게 작위를 물려받다
» an inherited quality 유전 형질

★★★★★ _0580

propose

[prəpóuz]

ⓥ 제안하다, 청혼하다

» propose an urgent motion 긴급 동의를 제안하다
» propose an alternative plan 대안을 제시하다

❑ In 2002 he inherited a small estate near Seoul.
그는 2002년에 서울 근처에 있는 작은 규모의 토지를 상속받았다.

❑ I proposed that we delay our decision for more information.
나는 우리가 더 많은 정보를 위해서 결정을 미루자고 제안했다.

명 inheritance 상속	비슷 succeed 상속하다	참고 heritage 유산
명 proposal 신청	명 proposition 제안	비슷 suggest 제안하다

★★★★★ _0581

contract

[kάntrækt]

1. ⓝ 계약, 약정
2. ⓥ 계약하다, 수축하다

» a temporary contract 가계약서
» a long term contract 장기계약

★★★★☆ _0582

cruel

[krúːəl]

ⓐ 잔인한, 무자비한

» slaves' cruel master 노예들의 잔인한 주인
» a cruel joke 뼈아픈 농담

❏ He entered into a contract with IBM.
그는 IBM과 계약을 맺었다.

❏ Many people think hunting is cruel to animals.
많은 사람들이 사냥은 동물들에게 잔인한 일이라고 생각한다.

명 contraction 단축	비슷 diminish 줄이다	반대 expand 확장하다
명 cruelty 잔혹	비슷 brutal 잔인한	반대 kind 친절한

★★★★★ _0583

strive

[straiv]

1. ⓥ 노력하다, 애쓰다
2. ⓥ 싸우다, 겨루다

» strive for happiness 행복을 위해 노력하다
» strive against temptation 유혹에 맞서 싸우다

★★★☆☆ _0584

trace

[treis]

1. ⓝ 흔적, 자취
2. ⓥ 찾아내다, 추적하다

» trace of Korean War 한국전쟁이 휩쓴 자국
» trace missing children 미아들을 추적하다

❑ We are constantly striving to improve our service.
우리는 계속해서 서비스를 향상시키기 위해 노력한다.

❑ Police have so far failed to trace the missing woman.
경찰은 실종된 여성을 추적하는 일에 지금까지 실패했다.

명 strife 투쟁 | 비슷 endeavor 노력하다 | 비슷 struggle 분투하다
형 traceless 흔적 없는 | 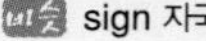 비슷 sign 자국 |  비슷 vestige 흔적

★★★★★ _0585

emerge [imə́ːrdʒ] ⓥ 출현하다, 나타나다

» an emerging market 떠오르는 시장, 신흥시장
» an emerging mobile market 태동하는 이동통신 시장

★★★★☆ _0586

replace [ripléis] ⓥ 대체하다, 대신하다

» replace a flat tire with a new one 펑크난 타이어를 새것으로 갈다
» replace a book in the bookcase 책을 책장에 치우다

명 emergence 출현 비슷 appear 나타나다 반대 submerge 침몰하다
명 replacement 제자리에 되돌림 비슷 substitute 대신하다 비슷 restore 반환하다

★★★★☆ _0587

paragraph [pǽrəgræ̀f] 1. ⓝ 문단, 단락 2. ⓝ 작은 기사, 단평

» a final paragraph 마지막 문단
» a personal paragraph (신문) 개인소식 난

★★★★☆ _0588

review [rivjúː] 1. ⓥ 다시 보다, 재검토하다 2. ⓝ 논평, 재조사, 복습

» review our economic situation 우리의 경제상황을 재검토하다
» review the lessons 학과를 복습하다

명 paragraphist 단평 집필자 형 paragraphic 절의 참고 phrase 구
비슷 inspect 점검하다 비슷 revise 개정하다 비슷 criticize 비평하다

★★★★☆ _0589

eternal [itə́ːrnəl] ⓐ 영원한, 무한한, 불멸의

» eternal life 영원한 생명
» eternal peace 항구적 평화

★★★★☆ _0590

inspire [inspáiər] ⓥ (영감을) 불어넣다

» inspire happiness in a person 남에게 행복감을 불어넣다
» inspire with the spirit of independence 독립심을 심어주다

명 eternity 영원	비슷 everlasting 영원한	반대 temporal 일시적인
명 inspiration 영감	비슷 encourage 고무시키다	반대 discourage 낙담시키다

★★★★★ _0591

stable [stéibl] ⓐ 안정된, 확고한

» a stable base 안정된 기반
» keep price stable 물가의 안정을 유지하다

★★★★★ _0592

appropriate [əpróuprièit] 1. ⓐ 적당한 2. ⓥ 착복하다

» appropriate the income to the payment of the debt
수입을 빚 갚는 데 쓰다

명 stability 안정	비슷 firm 견고한	반대 unstable 불안정한
명 appropriation 충당	비슷 suitable 적당한	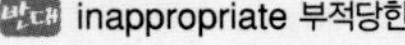 반대 inappropriate 부적당한

★★☆☆☆ _0593

telegraph [téləgræ̀f]

1. ⓝ 전보
2. ⓥ 전보로 알리다

» telegraph poles 전신주
» telegraph news to him 전보로 소식을 알리다

★★☆☆☆ _0594

lest [lest] *conj.* ~하지 않도록

» Make haste lest you be late. 늦지 않도록 서둘러라.
» Be careful lest you fall down. 넘어지지 않게 조심해라.

명 telegraphy전신 참고 post 우편 참고 logistics 물류
비슷 in order that not ~하지 않도록 비슷 for fear that ~하지 않도록

★★★☆☆ _0595

fossil [fásl] ⓝ 화석 (化石)

» fossil fuel 화석 연료
» a fossil animal 동물의 화석

★★★★☆ _0596

alter [ɔ́:ltər] ⓥ 바꾸다, 고치다

» alter one's life style 생활양식을 바꾸다
» alter a day's program 일정을 변경하다

참고 gas 기체, 휘발유 참고 coal 석탄 참고 charcoal 숯
명 alteration 변경 비슷 convert 바꾸다 참고 altar 제단(祭壇)

★★★★★ _0597

ruin [rú:in]

1. ⓥ 파멸시키다, 망쳐놓다
2. ⓝ 파멸, 폐허, 유적

» ruin one's health 건강을 해치다
» the ruins of ancient Greece 고대 그리스 유적

★★★★☆ _0598

resolve [rizɔ́lv]

1. ⓥ 결심하다
2. ⓥ 분해하다, 해결하다

» resolve to work harder 더 열심히 공부하기로 마음먹다
» an attempt to resolve the dispute 분쟁을 해결하려는 시도

형 ruinous 파괴된	비슷 spoil 망쳐놓다	반대 build 건설하다
명 resolution 결심	형 resolved 결심한	비슷 decide 결심하다

★★★★☆ _0599

acquaintance [əkwéintəns] ⓝ 아는 사람

» a chance acquaintance 우연히 알게 된 사람
» a speaking acquaintance 말을 주고받는 사이

★★★☆☆ _0600

inferior [infíəriər] ⓐ 아래의, 하등의

» an inferior officer 하급 공무원
» feel inferior to others 타인에게 열등감을 느끼다

동 acquaint 알게 하다	비슷 colleague 동료	반대 stranger 낯선 사람
명 inferiority 하위	비슷 lower 하류의	반대 superior 상급의

Review Test 6

1 다음 각 단어의 알맞은 뜻을 연결하시오.

1. emerge	연민
2. persuade	영원한
3. sympathy	열광
4. intense	슬픔
5. enthusiasm	설득하다
6. eternal	출현하다
7. grief	특권
8. reputation	눈물을 흘리다
9. weep	강렬한
10. privilege	평판

» **Answers**

1. 출현하다 **2**. 설득하다 **3**. 연민 **4**. 강렬한 **5**. 열광 **6**. 영원한 **7**. 슬픔
8. 평판 **9**. 눈물을 흘리다 **10**. 특권

2 다음 빈 칸에 알맞은 단어를 보기에서 골라 쓰시오.

vice	ridiculous	swallow	shift
emerging	reform	enthusiasm	illustrated

1. an ___________ market
   떠오르는 시장, 신흥시장
2. bitter pill that is hard to ___________
   삼키기 힘든 쓴 알약
3. ___________ one's position
   입장을 바꾸다
4. ___________ for soccer 축구에 대한 열광
5. a clown's ___________ gesture
   어릿광대의 우스꽝스러운 몸짓
6. ___________ by Eric Carl
   에릭 칼이 그리다
7. the ___________ of intemperance
   음주의 나쁜 습관
8. educational ___________ 교육개혁

» **Answers**

1. emerging **2**. swallow **3**. shift **4**. enthusiasm **5**. ridiculous **6**. illustrated **7**. vice **8**. reform

3 다음 빈 칸에 알맞은 단어를 보기에서 골라 쓰시오.

cultivating	fertile	vote
exhausted	associate	restored

1. I don't care to ______________ with them.
   나는 그 사람들과 교제하고 싶지 않다.

2. Who did you ______________ for?
   당신은 어느 후보에게 투표했습니까?

3. I was ______________ from work.
   나는 일로 녹초가 되었다.

4. Peace has now been ______________ in the region.
   그 지역은 이제 평화를 되찾았다.

5. This land is ______________ of wheat.
   이 땅은 밀 농사가 잘 된다.

6. Her hobby is ______________ roses.
   그녀의 취미는 장미를 기르는 것이다.

» **Answers**

1. associate **2**. vote **3**. exhausted **4**. restored **5**. fertile
6. cultivating

4 다음 표시된 말의 알맞은 해석을 쓰시오.

1. a keen blade

   ____

2. an intimate friend

   ____

3. confess oneself to a priest

   ____

4. wages of $40 a week

   ____

5. an effective remedy for the flu

   ____

6. the ruins of ancient Greece

   ____

7. a folding chair

   ____

8. enclose a letter in an envelope

   ____

» **Answers**

1. 예리한 **2**. 친한 **3**. 고해하다 **4**. 임금 **5**. 치료제 **6**. 유적 **7**. 접히는 **8**. 밀봉하다

Chapter 7

교과서 총정리 단어 (B)

1. 수능 만점 단어
2. 핵심 역량 단어
3. 듣기 필수 단어
4. 독해 정복 단어 (A)
5. 독해 정복 단어 (B)
6. 교과서 총정리 단어 (A)
7. 교과서 총정리 단어 (B)
8. 함정 단어
9. 시사문제 단어 (자연과학 분야)
10. 시사문제 단어 (인문사회 분야)

Preview

- ❑ philosophy
- ❑ tribe
- ❑ request
- ❑ odd
- ❑ assign
- ❑ exaggerate
- ❑ awkward
- ❑ refer
- ❑ alien
- ❑ launch
- ❑ career
- ❑ theory
- ❑ rob
- ❑ sculpture
- ❑ despair
- ❑ compliment
- ❑ dynasty
- ❑ refrigerator
- ❑ dominate
- ❑ vehicle
- ❑ dawn
- ❑ fountain
- ❑ diplomat
- ❑ collapse
- ❑ oblige
- ❑ breed
- ❑ bay
- ❑ formula
- ❑ panic
- ❑ bump
- ❑ annual
- ❑ troop
- ❑ alert
- ❑ inquire
- ❑ boast
- ❑ timid
- ❑ correspond
- ❑ revive
- ❑ glance
- ❑ diverse
- ❑ micro
- ❑ refuge
- ❑ scatter
- ❑ debate
- ❑ weapon
- ❑ concept
- ❑ investigate
- ❑ majesty
- ❑ quiz
- ❑ thorough
- ❑ lord
- ❑ trap
- ❑ gallery
- ❑ crack
- ❑ expedition
- ❑ astonish
- ❑ bid
- ❑ chill
- ❑ weary
- ❑ plow
- ❑ lawn
- ❑ portrait
- ❑ instant
- ❑ territory
- ❑ twin
- ❑ spice
- ❑ sacred
- ❑ orbit
- ❑ deceive
- ❑ quote
- ❑ rival
- ❑ crawl
- ❑ drag
- ❑ execute
- ❑ inspect
- ❑ flexible
- ❑ concrete
- ❑ surrender
- ❑ carve
- ❑ loan
- ❑ heir
- ❑ embrace
- ❑ vessel
- ❑ contradict
- ❑ era
- ❑ pause
- ❑ marvelous
- ❑ earthquake
- ❑ dialect
- ❑ fate
- ❑ reluctant
- ❑ mission
- ❑ funeral
- ❑ refine
- ❑ derive
- ❑ visible
- ❑ complicate
- ❑ stuff
- ❑ distinct
- ❑ inevitable

★★★★☆ _0601

philosophy

[filάsəfi]

ⓝ 철학, 원리

» life philosophy 생활철학
» deductive philosophy 연역 철학

★★★☆☆ _0602

tribe

[traib]

ⓝ 부족, 종족

» a hippie tribe in 1960 1960년대의 히피족
» civilize the wild tribes of Africa 아프리카 토인을 문명화하다

❑ Descartes is regarded as the founder of modern philosophy.
데카르트는 현대철학의 창시자로 여겨진다.

❑ Many tribes are nowadays part of a larger country.
오늘날 많은 부족들은 보다 큰 나라의 일부분이다.

비슷 hypothesis 가설 | 비슷 theory 이론 | 비슷 principle 원칙
형 tribal 부족의 | 비슷 clan 종 | 비슷 race 민족

★★★★★ _0603

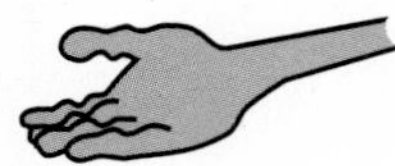

request

[rikwést]

1. ⓝ 요청, 탄원
2. ⓥ 요청하다, 원하다

» receive a formal request 공식 요청서를 접수하다
» a request song 신청곡

★★★★☆ _0604

odd

[ɔd]

1. ⓐ 이상한, 기묘한
2. ⓐ 홀수의, 외짝의

» an odd choice of Hegel 헤겔의 뜻밖의 선택
» an odd shoe 신발 한 짝

❑ The boss refused our request to leave work early.
사장은 일찍 퇴근하자는 우리의 요청을 거절했다.

❑ Her father was an odd man.
그녀의 아버지는 괴짜였다.

비슷 entreat 간청하다 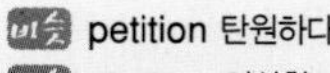 비슷 petition 탄원하다 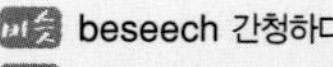 비슷 beseech 간청하다

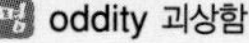 명 oddity 괴상함 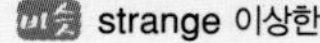 비슷 strange 이상한 반대 normal 정상의

★★★★☆ _0605

assign

[əsáin]

1. ⓥ 할당하다, 배정하다
2. ⓥ (재산을) 양도하다

» assign a part to players 배우들의 배역을 정하다
» assign a day for a test 시험날짜를 정하다

★★★★★ _0606

exaggerate

[igzǽdʒərèit]

ⓥ 과장하다, 과시하다

» exaggerate pain 엄살부리다
» exaggerate one's influence 자신의 영향력을 과장하다

- [ ] I've been assigned the job of looking after the new students.
  나는 새로 온 학생들을 돌보는 일을 맡았다.
- [ ] I've told you a million times not to exaggerate.
  과장하지 말라고 너한테 수백 번 얘기했지.

명 assignment 과제물 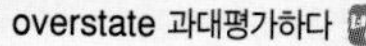 비슷 appoint 지명하다 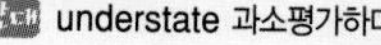 비슷 allot 할당하다
명 exaggeration 과장 비슷 overstate 과대평가하다 반대 understate 과소평가하다

★★★☆☆ _0607

awkward

[ɔ́:kwərd]

ⓐ 어색한, 서툰

» an awkward worker 서투른 일꾼
» awkward walk 어색한 걸음걸이

★★★★★ _0608

refer

[rifə́:r]

ⓥ 언급하다, 인용하다

» refer to the dictionary 사전을 찾아보다
» notes referring to today's lecture 오늘 강의의 관련 노트

☐ I felt a bit awkward on my first day there, but I soon settled in.
첫날은 좀 어색했지만 곧 괜찮아졌다.

☐ Does this information refer to me?
이 정보가 저와 관련이 있나요?

비슷 unskilled 미숙한	참고 beginner 초보자	참고 expert 전문가
명 reference 언급	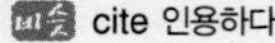 비슷 cite 인용하다	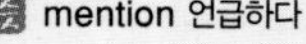 비슷 mention 언급하다

★★★★☆ _0609

alien

[éiljən]

1. ⓝ 외국인, 이방인
2. ⓝ 우주인, 외계인

» resident alien 재류 외국인
» illegal alien 불법 체류 외국인

★★★★★ _0610

launch

[lɔːntʃ]

1. ⓥ 착수하다, 시작하다
2. ⓥ (새로 만든 배를) 진수시키다

» launch wide social reforms 광범한 사회개혁에 착수하다
» launch a boat 배를 진수하다

❑ There are many illegal aliens entering the country.
국경을 넘어오는 불법 체류 외국인들이 많다.

❑ Double-click on an icon to launch an application.
신청을 시작하시려면 아이콘을 더블클릭하십시오.

비슷 immigrant 이주자	비슷 foreigner 외국인	반대 native 모국인
비슷 start 시작하다	비슷 originate 시작하다	비슷 initiate 시작하다

★★★★☆ _0611

career

[kəríər]

1. ⓝ 경력, 이력
2. ⓝ 직업

» a successful career in marketing 마케팅 분야에서의 성공적인 경력

» a career diplomat 직업 외교관

★★★★☆ _0612

theory

[θíəri]

ⓝ 이론, 가설

» Darwin's theory of evolution 다윈의 진화론

» economic theory 경제이론

❑ When he retires he will be able to look back over a brilliant career. 은퇴할 때 그는 화려한 경력을 돌아볼 수 있을 것이다.

❑ His theory is that the hole was caused by a meteorite. 그의 가설은 그 구멍이 유성에 의해 생겼다는 것이다.

비슷 vocation 직업	비슷 occupation 직업	참고 hobby 취미
형 theoretical 이론의	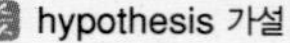 비슷 hypothesis 가설	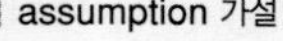 비슷 assumption 가설

★★★★☆ _0613

rob

[rɑb]

ⓥ 뺏다, 강탈하다

» rob a bank 은행을 털다
» rob a nest of its egg 새집에서 새알을 훔치다

★★★☆☆ _0614

sculpture

[skʌ́lptʃər]

ⓝ 조각, 조소 (작품)

» a wooden sculpture by Rodin 로댕의 목조각
» modern sculpture 현대조각

❑ My wallet's gone! I've been robbed!
지갑이 없어졌다! 도둑이야!

❑ Tom teaches sculpture at the local art school.
톰은 지방의 예술학교에서 조각을 가르친다.

명 robbery 강도질	비슷 thieve 훔치다	비슷 steal 훔치다
명 sculptor 조각가	비슷 carve 새기다	참고 statue 조각상

★★★★★ _0615

despair

[dispέər]

1. ⓥ 절망하다, 체념하다
2. ⓝ 절망, 실망

» despair of success 성공을 단념하다
» an act of despair 자포자기 행위

★★★★☆ _0616

compliment

[kάmpləmənt]

1. ⓝ 인사, 칭찬
2. ⓥ 칭찬하다, 찬사를 보내다

» a heartfelt compliment 마음에서 우러난 찬사
» compliment me on my writing 내 작품에 찬사를 보내다

❑ Don't despair! We'll find a way out!
실망하지 마! 방법이 있을 거야!

❑ Maria's used to receiving compliments on her appearance.
마리아는 외모에 대한 칭찬을 받는 것에 익숙하다.

명 desperation 절망	비슷 discouragement 낙담	반대 hope 희망하다
형 complimentary 칭찬하는	비슷 praise 칭찬하다	반대 insult 모욕하다

★★☆☆☆ _0617

dynasty

[dáinəsti]

ⓝ 왕조

» the Chosun dynasty 조선왕조
» about the middle of the time of Koryo Dynasty 고려시대 중엽에

★★★☆☆ _0618

refrigerator

[rifrìdʒəréitər]

ⓝ 냉장고
cf. fridge (단축형, 구어에서 흔히 사용)

» refrigerator car 냉장차
» a refrigerator guaranteed for five years 5년간 보증되는 냉장고

❑ The Habsburg dynasty ruled in Austria from 1278 to 1918.
합스부르크 왕조는 1278년부터 1918년까지 오스트리아를 지배했다.

❑ Don't forget to put the milk back in the refrigerator.
냉장고에 우유 갖다넣는 것 잊지 마라.

참고 kingship 왕권 | 참고 regime 정권 | 참고 monarchy 군주국
동 refrigerate 냉각시키다 | 참고 refrigerant 해열제 | 참고 freeze 얼게 하다

★★★★★ _0619

dominate

[dάmənèit]

ⓥ 지배하다, 우위를 지키다

» dominate her husband 남편을 쥐락펴락하다
» a man dominated by greedy egotism
탐욕적인 이기심에 사로잡힌 사람

★★★★★ _0620

vehicle

[ví:ikəl]

1. ⓝ 차, 운송수단, 탈것
2. ⓝ 매개물, 전달수단

» recreational vehicle (=RV) 레크리에이션용 차량
» a vehicle of disease 질병의 매개물

❑ The group dominated the pop charts during the 1970s.
그 그룹은 1970년대 팝 차트를 석권했다.

❑ "Is this your vehicle, sir?" asked the policeman.
"이것이 선생님 차입니까?" 경찰이 물었다.

명 domination 지배	비슷 rule 지배하다	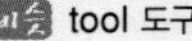 obey 복종하다
형 vehicular 탈것의	비슷 device 기구	비슷 tool 도구

★★★☆☆ _0621

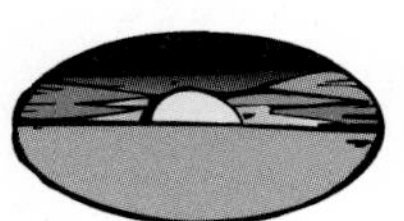

dawn

[dɔːn]

ⓝ 새벽, 여명

» the dawn of civilization 문명의 여명
» from dawn till dusk 새벽부터 해질 때까지

★★★☆☆ _0622

fountain

[fáuntin]

ⓝ 분수, 수원지

» a fountain of youth 젊음의 원천
» the fountains of trust 신뢰의 근원

❑ We talked almost until dawn.
우리는 동이 틀 무렵까지 이야기했다.

❑ I'll meet you by the Trevi Fountain at seven o'clock.
트레비 분수에서 일곱 시에 만나자.

명 daylight 새벽	비슷 sunrise 일출	반대 dusk 황혼
비슷 origin 기원	비슷 spring 샘	비슷 source 원천

★★★★☆ _0623

diplomat

[díplәmæ̀t]

ⓝ 외교관

» a diplomat of U.S.A 미국 외교관
» wish to be a diplomat 외교관을 지망하다

★★★★★ _0624

collapse

[kәlǽps]

1. ⓥ 붕괴하다, 무너지다
2. ⓝ 붕괴, 좌절

» the collapsed fortunes of the family 몰락한 가운
» the collapse of U.S Dollar 미국 달러 가치의 하락

❑ Western diplomats are meeting in Geneva this weekend.
서구의 외교관들이 이번 주말에 제네바에서 모임을 갖는다.

❑ Uncle Ted's chair collapsed under his weight.
테드 삼촌의 몸무게에 못 이겨 의자가 무너졌다.

명 diplomacy 외교 / 비슷 ambassador 대사관 / 참고 statesman 정치가

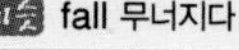
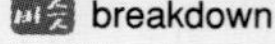
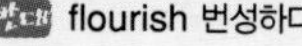
비슷 fall 무너지다 / 비슷 breakdown 붕괴 / 반대 flourish 번성하다

★★★★★ _0625

oblige

[əbláidʒ]

ⓥ 강요하다, 억지로 하게 하다
cf. noblesse oblige(노블리스 오블리제)
높은 신분에 따르는 도의적 의무

» be obliged to go 가야 한다
» be obliged to pay taxes 세금을 내야 할 의무가 있다

★★★★☆ _0626

breed

[bri:d]

1. ⓥ 새끼를 낳다, 알을 까다
2. ⓥ 기르다

» Poverty breeds strife. 가난은 싸움의 원인.
» breed chickens 닭을 기르다

❑ Don't feel obliged to play if you don't want to.
내키지 않으면 하지 않으셔도 됩니다.

❑ My father breeds alpine plants.
아버지는 고산 식물을 기르신다.

명 obligation 의무	비슷 force 강요하다	비슷 compel 강요하다
비슷 generate 발생하다	비슷 raise 기르다	비슷 bring up 기르다

★★★☆☆ _0627

bay

[bei]

ⓝ 만, 들어앉은 육지

» Asan Bay 아산만
» Hudson Bay 허드슨 만

★★★☆☆ _0628

formula

[fɔ́ːrmjulə]

ⓝ 공식, 방식, 수법

» a formula for success 성공을 위한 공식
» a molecular formula 분자식

❑ We sailed into a beautiful, secluded bay.
우리는 아름답고 한적한 만으로 항해해 들어갔다.

❑ The film star talked about her formula for success.
그 영화배우는 자신의 성공비결에 대해 이야기했다.

동 embay 만 안에 들이다	참고 harbor 항구	참고 gulf 큰 만
동 formulate 명확히 말하다	명 formulation 공식화	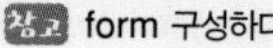 참고 form 구성하다

★★★★☆ _0629

panic

[pǽnik]

ⓝ 공포, 당황, 공황

» be in a panic about one's exams 시험 공포에 시달리다
» an economic panic 경제공황

★★★☆☆ _0630

bump

[bʌmp]

1. ⓝ 충돌, 추돌
2. ⓥ 충돌하다, 부딪치다

» fall with a bump 쿵 넘어지다
» bump one's head against the door 문에 머리를 부딪치다

❑ He got in a panic that he would forget his lines on stage.
그는 무대 위에서 대사를 잊어버릴까봐 겁에 질려 있다.

❑ We heard a bump from the next room.
우리는 옆방에서 무엇이 부딪히는 소리를 들었다.

비슷 horror 두려움 비슷 dread 불안 반대 peace 평화
비슷 collide 부딪히다 비슷 crash 충돌하다 비슷 strike 충돌하다

★★★★★ _0631

annual

[ǽnjuəl]

ⓐ 1년의, 1년에 한 번의

» an annual meeting 연례 정기회의
» an annual income 연간 수입

★★★☆☆ _0632

troop

[tru:p]

ⓝ 군대, 무리, 떼

» a troop of hunters 한 떼의 사냥꾼
» troop carrier 군대 수송선

❑ Companies publish annual reports about the previous year's activities. 회사는 전년도 활동에 관한 연간 보고서를 발행한다.

❑ Troops were sent in to stop the riots.
폭동을 진압하기 위해 군대가 파견되었다.

비슷 yearly 매년의
참고 anniversary 기념일의
참고 daily 매일의
비슷 corps 군단, 무리
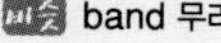
비슷 band 무리
참고 battery 포병중대

★★★★☆ _0633

alert

[əlә́ːrt]

1. ⓐ 주의 깊은, 경계하는
2. ⓐ 기민한, 민첩한

» an alert and cautious plan 용의주도한 계획

» an alert boy 기민한 소년

★★★★★ _0634

inquire

[inkwáiər]

ⓥ 묻다, 조사하다

» inquire of him about the way 그에게 길을 묻다

» inquire into a person's past record 다른 사람의 전력을 조사하다

❑ A couple of alert readers wrote in to the paper pointing out the mistake. 두어 명의 주의 깊은 독자가 실수를 지적하는 편지를 신문사에 보냈다.

❑ Shall I inquire about the price of tickets?
티켓 가격이 얼마인지 여쭤봐도 될까요?

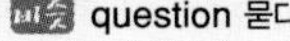

비슷 attentive 세심한	비슷 watchful 주의 깊은	반대 oblivious 잘 잊어버리는
명 inquiry 연구	비슷 question 묻다	반대 reply 대답하다

★★★★☆ _0635

boast

[boust]

ⓥ 자랑하다, 뽐내다

» boast his ability 자신의 능력을 뽐내다
» boast himself a movie star 자신을 영화배우라고 자랑하다

★★★☆☆ _0636

timid

[tímid]

ⓐ 수줍어하는, 머뭇거리는

» a timid little girl 수줍어하는 어린 소녀
» timid as a rabbit 매우 겁이 많은

☐ Parents enjoy boasting about their children's achievements.
부모들은 자식이 한 일에 대해 자랑하기를 좋아한다.

☐ Lucy is a rather timid child.
루시는 다소 수줍음을 타는 아이이다.

형 boastful 자랑하는	비슷 exaggerate 과장하다	비슷 brag 자랑하다
명 timidity 수줍음	비슷 shy 수줍은	반대 brave 용기 있는

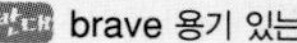

★★★★★ _0637

correspond

[kɔ̀ːrəspάnd]

1. ⓥ 일치하다, 부합하다
2. ⓥ 교신하다, 통신하다

» correspond exactly to the sample 견본과 정확히 일치하다
» correspond for years 수년간 편지 왕래하다

★★★★★ _0638

revive

[riváiv]

ⓥ 되살리다, 회복시키다

» revive memories 기억을 되살리다
» revive the economy 경제를 회복시키다

❑ The newspaper story does not correspond with what really happened. 신문의 이야기는 실제 상황과 일치하지 않는다.

❑ My plants revived as soon as I gave them a little water. 식물에 물을 조금 주자 곧 살아났다.

명 correspondence 일치 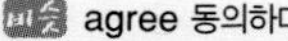 비슷 agree 동의하다 반대 differ 다르다
명 revival 소생 비슷 animate 원기를 불어넣다 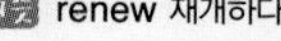 비슷 renew 재개하다

★★★★☆ _0639

glance

[glæns]

ⓝ 일견, 한번 슬쩍 봄

» fall in love at first glance 첫눈에 반하다
» steal a glance at a person's watch 남의 시계를 힐끗 훔쳐보다

★★★★★ _0640

diverse

[divə́ːrs, dáivəːrs]

ⓐ 다양한, 가지가지의

» a diverse collection of music 다양한 음악 모음
» diverse views 다양한 의견

- ☐ She took a glance at her watch.
  그녀는 시계를 힐끗 보았다.
- ☐ New York is a very culturally diverse city.
  뉴욕은 매우 다양한 문화를 가진 도시이다.

비슷 glimpse 흘끗 봄
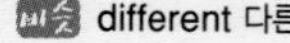
비슷 scan 대충 훑어보다
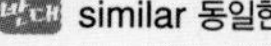
참고 stare 응시하다
명 diversity 다양성
비슷 different 다른
반대 similar 동일한

★★★☆☆ _0641

micro

[máikrou]

1. ⓝ 극소, 100만분의 1
2. ⓐ 극소의, 아주 작은

» micro camera 현미경용 카메라
» a gadget with a micro sensor 마이크로 센서가 부착된 장치

★★★★☆ _0642

refuge

[réfju:dʒ]

ⓝ 피난, 도피처, 안식처

» a refuge for the homeless 집 없는 사람들을 위한 안식처
» seek refuge in religion 종교에서 안식처를 구하다

❑ The skirt she was wearing was a micro mini.
그녀가 입고 있는 것은 초미니 스커트였다.

❑ The climbers slept in a mountain refuge.
등산객들은 산속의 대피소에서 잠을 잤다.

비슷 minimal 극소의 비슷 nano 미소의(1억분의 1) 반대 macro 대형의
비슷 escape 도피 비슷 shelter 보금자리 비슷 resort 휴양지

★★★★☆ _0643

scatter

[skǽtər]

ⓥ 흩뿌리다, 흩어지게 하다

» scatter seeds over the field 밭에 씨를 뿌리다
» scatter leaflets 전단을 뿌리다

★★★★☆ _0644

debate

[dibéit]

1. ⓥ 논쟁하다, 토론하다
2. ⓝ 토론, 논쟁

» debate a question 어떤 문제를 토론하다
» open a debate 토의에 들어가다

❑ I scattered grass seed all over the lawn.
나는 잔디밭 전체에 잔디 씨를 뿌렸다.

❑ We debated whether to take the earlier train.
우리는 더 일찍 기차를 탈 것인지 숙고했다.

비슷 disperse 해산시키다	비슷 dispel 쫓아버리다	반대 gather 모으다
비슷 dispute 논쟁	비슷 argument 논쟁	반대 agreement 동의

★★★★☆ _0645

weapon

[wépən]

ⓝ 무기

» nuclear weapons 핵무기
» weapons of mass destruction 대량 파괴 무기
» women's weapons, waterdrops 여자의 무기, 눈물

 _0646

concept

[kánsept]

ⓝ 개념, 관념, 구상

» an abstract concept 추상개념
» a concept car 컨셉트카(미래의 구상을 보여주는 자동차)

❑ The crowd picked up sticks and bottles to use as weapons.
군중들은 막대기와 병을 들고 무기처럼 사용했다.

❑ It is very difficult to define the concept of beauty.
아름다움이라는 개념을 정의하는 것은 매우 어렵다.

형 weapons 무장한 | 비슷 arms 무기 | 참고 protection 방어
비슷 notion 관념 | 비슷 thought 생각 | 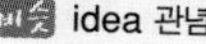 idea 관념

★★★★★ _0647

investigate

[invéstəgèit]

ⓥ 조사하다, 수사하다

» investigate the cause of a traffic accident 교통사고 원인을 규명하다
» investigate truth 진리를 탐구하다

★★★☆☆ _0648

majesty

[mǽdʒəsti]

1. ⓝ 위엄
2. ⓝ 왕족, 폐하

» the majesty of the pyramids 피라미드의 위엄
» Her Majesty the Queen 여왕 폐하

❑ I heard a noise and went downstairs to investigate.
어떤 소리를 듣고 무엇인지 알아보려고 아래층으로 내려갔다.

❑ I was invited to tea with Her Majesty the Queen.
나는 여왕 폐하로부터 함께 차를 마시자는 초대를 받았다.

명 investigation 조사 | 비슷 examine 조사하다 | 비슷 explore 탐구하다
형 majestic 위엄 있는 | 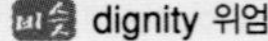 비슷 dignity 위엄 | 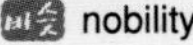 비슷 nobility 고귀함

★★★☆☆ _0649

quiz

[kwiz]

ⓝ 간단한 시험, 퀴즈

» a television quiz show 텔레비전 퀴즈쇼
» math quiz in next week 다음주의 수학 쪽지시험

★★★★★ _0650

thorough

[θə́:rou]

ⓐ 철저한, 완벽한

» make a thorough study 철저히 연구하다
» a thorough reform 철저한 개혁

❑ He hosts a pop quiz show on television.
그는 텔레비전에서 즉석 퀴즈쇼를 진행한다.

❑ She's very thorough in her preparation for her lessons.
그녀는 강의 준비가 매우 철저하다.

비슷 examination 시험 비슷 test 시험 반대 answer 답
비슷 careful 신중한 비슷 complete 완전한 반대 careless 부주의한

★★★☆☆ _0651

lord

[lɔːrd]

1. ⓝ 주인, 왕, 영주
2. ⓝ 하느님 (Lord), 조물주

» act like a lord 상전처럼 행세하다
» the lord of all creation 만물의 영장

★★★☆☆ _0652

trap

[træp]

ⓝ 함정, 덫, 올가미

» a mouse trap 쥐덫
» get caught in a trap 덫에 걸리다

❑ They wanted their daughter to marry an English lord.
그들은 딸이 영국 군주와 결혼하길 바랐다.

❑ The fox got its foot caught in a trap.
여우의 발이 덫에 걸렸다.

형 lordly 군주다운	비슷 peer 동료, 귀족	비슷 ruler 통치자
동 entrap 함정에 빠뜨리다	비슷 snare 올가미	비슷 pitfall 함정

★★★☆☆ _0653

gallery

[gǽləri]

1. ⓝ 화랑, 미술관
2. ⓝ (골프, 테니스) 관객

» Seoul Modern Art Gallery 서울 현대 미술관
» play to the gallery 관중을 상대로 연기하다

★★★☆☆ _0654

crack

[kræk]

1. ⓥ 갈라지다, 금이 가다
2. ⓝ 갈라진 틈, 조금
3. ⓝ 꽝소리

» cracked dishes 깨진 접시들
» crack a walnut 호두를 까다
» the crack of thunder 천둥소리

❑ I bought the picture from a gallery that we went to.
우리가 들어간 미술관에서 나는 그 그림을 샀다.

❑ They gave me tea in a cracked cup.
그들은 금이 간 컵에 차를 담아 나에게 주었다.

비슷 hall 홀	비슷 salon 살롱	비슷 museum 박물관
형 cracked 금이 간	비슷 split 쪼개다	비슷 break 부수다

★★★★☆ _0655

expedition

[èkspədíʃən]

ⓝ 탐험, 원정

» first expedition to the North Pole 최초의 북극 탐험
» a lunar expedition 달 탐사

★★★★★ _0656

astonish

[əstɑ́niʃ]

ⓥ 깜짝 놀라게 하다

» astonish the whole world 전세계를 놀라게 하다
» astonish and confound friends 친구를 놀래켜 당황하게 하다

❑ Brown led an expedition to the top of Kilimanjaro.
브라운은 킬리만자로 정상을 향한 원정대를 이끌었다.

❑ It astonishes me that they're getting divorced.
그들이 이혼한다니 놀라운 일이다.

비슷 exploration 탐험 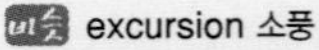 비슷 excursion 소풍 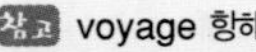 참고 voyage 항해
명 astonishment 놀람  비슷 amaze 놀라게 하다 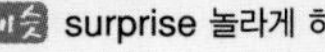 비슷 surprise 놀라게 하다

★★★☆☆ _0657

bid

[bid]

ⓥ 명령하다, 말하다

» Bid him go. 그에게 가라고 일러라.
» bid a person good night 누구에게 밤 인사를 하다

★★★★☆ _0658

chill

[tʃil]

1. ⓝ 한기, 쌀쌀함, 차가움
2. ⓐ 차가운, 으스스한

» the chill of morning 아침의 쌀쌀함
» the chill morning 쌀쌀한 아침

❑ They bade her good morning.
그들은 그녀에게 아침인사를 했다.

❑ There was a chill in the air that day.
그날 공기는 쌀쌀했다.

비슷 offer 제안하다 | 비슷 command 명령하다 | 참고 proposal 제안
형 chilly 으스스한 | 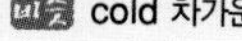 비슷 cold 차가운 | 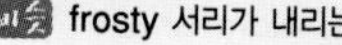 비슷 frosty 서리가 내리는

★★★★☆ _0659

weary

[wíəri]

ⓐ 지친, 피곤한

» weary eyes of workers 노동자의 피곤에 지친 눈
» a weary head 지쳐서 멍해진 머리

★★★☆☆ _0660

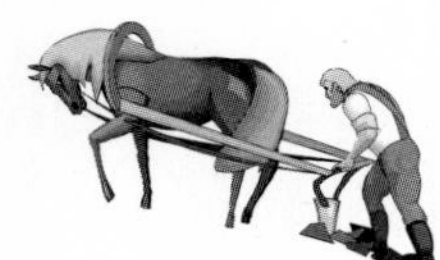

plow

[plau]

1. ⓝ 쟁기
2. ⓥ 쟁기로 밭을 갈다

» pull the plow over a field 쟁기로 밭을 갈다
» plow a field 밭갈이 하다

❏ I think he's a little weary after his long journey.
그는 긴 여행 끝이라 좀 피곤한 것 같아.

❏ Farmers start plowing in the spring.
농부들은 봄에 밭을 갈기 시작한다.

명 weariness 피로	비슷 tired 지친	비슷 exhausted 지친
명 plowman 농부	비슷 cultivate 경작하다	참고 harvest 추수

★★★☆☆ _0661

lawn

[lɔːn]

ⓝ 잔디밭

» mow the lawn 잔디를 깎다
» Keep off the lawn. 잔디밭에 들어가지 말 것.

★★★★☆ _0662

portrait

[pɔ́ːrtrit]

ⓝ 초상화

» A Portrait of a Young Artist 젊은 예술가의 초상(제임스 조이스의 소설)
» a portrait painter 초상화가

❑ Will you mow the lawn at the weekend?
주말에 잔디 좀 깎아줄래?

❑ She's commissioned an artist to paint her portrait.
그녀는 한 예술가에게 돈을 주고 자신의 초상화를 그리게 했다.

형 lawny 잔디의	참고 grass 풀	참고 grass-roots 민중의
동 portray 묘사하다	비슷 picture 그림	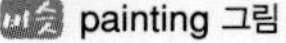 비슷 painting 그림

★★★★★ _0663

instant

[ínstənt]

1. ⓐ 즉시의, 순간의
2. ⓝ 순간, 지금, 찰나

» an instant dish 즉석요리
» in an instant 눈 깜짝할 사이에

★★★★☆ _0664

territory

[térətɔ̀ːri]

ⓝ 영역, 영토

» Spanish territory 스페인 영토
» leased territory 조차지(租借地)

❑ The poison took instant effect.
그 독은 즉시 효과를 드러냈다.

❑ He was shot down in enemy territory.
그는 적의 영토에서 총에 맞았다.

부 instantly 즉시로	비슷 sudden 갑작스러운	반대 eternity 영원
형 territorial 영토의	비슷 section 구역	비슷 province 지역

★★★☆☆ _0665

twin

[twin]

ⓝ 쌍둥이, 한 쌍 중 하나

» identical twins 일란성 쌍둥이
» a twin brother 쌍둥이 형제의 한 명

★★★☆☆ _0666

spice

[spais]

ⓝ 양념, 향신료

» fragrant spice 향기로운 향신료
» season food with spice 음식에 양념을 치다

❑ They are the parents of four-year-old twins.
그들은 네살박이 쌍둥이의 부모이다.

❑ Spices are widely used in Indian cooking.
인도 요리에서 향신료는 폭넓게 쓰인다.

비슷 equal 동일한	반대 different 다른	참고 clone 복제 생물
형 spicy 향긋한	비슷 condiment 조미료	참고 savor 맛을 내다

★★★★☆ _0667

sacred

[séikrid]

ⓐ 신성한, 종교적인

» a sacred promise 신성한 약속
» a sacred hymn 찬송가

★★★☆☆ _0668

orbit

[ɔ́ːrbit]

ⓝ 궤도, 항로

» the Earth's orbit 지구의 궤도
» put a satellite in orbit 인공위성을 궤도에 올려놓다

❑ They visited the sacred places of Islam.
그들은 이슬람의 성지를 방문했다.

❑ The spacecraft is now in orbit round Venus.
그 우주선은 이제 금성 주위 궤도를 돌고 있다.

명 sacredness 신성불가침	비슷 holy 신성한	반대 vulgar 속물적인
형 orbital 궤도의	비슷 circuit 순회	비슷 course 과정

★★★★☆ _0669

deceive

[disíːv]

ⓥ 속이다, 사기치다

» be deceived by appearances 외모에 속다
» a person easily deceived 잘 속는 사람

★★★★☆ _0670

quote

[kwout]

ⓥ 인용하다, 예를 들다

» quote a verse from Shakespeare 셰익스피어 작품에서 1줄 인용하다
» quote a whole sentence 전문을 인용하다

❑ I was deceived by his uniform - I thought he was a police officer.
그 사람 제복에 속았어. 난 그 사람이 경찰인 줄 알았지 뭐야.

❑ He's always quoting from the Bible.
그는 항상 성경 구절을 인용한다.

명 deception 사기	비슷 cheat 속이다	비슷 swindle 속이다
명 quotation 인용	비슷 cite 인용하다	참고 refer 참조하다

★★★☆☆ _0671

rival

[ráivəl]

1. ⓝ 경쟁자, 적수
2. ⓐ 경쟁관계의, 경쟁하는

» political rivals 정치적 적수
» a rival company 경쟁회사

★★★★☆ _0672

crawl

[krɔːl]

ⓥ 기어가다, 살금살금 다가가다

» crawl on hands and knees 네 발로 기다
» Cars crawl along bumper to bumper. 차들이 정체되어 기어가다.

❑ The two girls were rivals for Jack's attention.
그 두 소녀는 잭의 관심을 끌기 위해 서로 경쟁하는 사이였다.

❑ The child crawled across the floor.
아기가 마루 위를 기어가고 있었다.

명 rivalry 경쟁	비슷 competitor 경쟁자	반대 partner 동료
형 crawly 으스스한	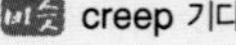 비슷 creep 기다	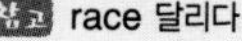 참고 race 달리다

★★★★☆ _0673

drag

[dræg]

ⓥ (질질) 끌다, 당기다

» drag a cow into a barn 소를 외양간에 끌어넣다
» drag a big stone out of the quarry 채석장에서 큰 돌을 끌어내다

★★★★★ _0674

execute

[éksikjùːt]

1. ⓥ 수행하다, 성취하다
2. ⓥ 사형을 집행하다

» execute a purpose 목적을 수행하다
» execute a person as a murder 살인자로 처형하다

❑ Pick the chair up instead of dragging it behind you!
의자를 뒤에 놓고 질질 끌지 말고, 들어라!

❑ He was executed for treason.
그는 반역죄로 처형되었다.

비슷 pull 잡아당기다	비슷 draw 끌다	비슷 haul 끌어당기다
명 execution 실행	형 executive 실행의	비슷 practice 실행하다

★★★★★ _0675

inspect

[inspékt]

ⓥ 조사하다, 검사하다

» inspect a used car 중고차를 검사하다
» inspect the government offices 국정감사를 실시하다

★★★★☆ _0676

flexible

[fléksəbəl]

1. ⓐ 휘어지는, 구부릴 수 있는
2. ⓐ 융통성 있는, 유연한

» flexible plastic 휘기 쉬운 플라스틱
» a flexible plan 융통성 있는 계획

❏ I got out of the car to inspect the damage.
나는 피해를 조사하기 위해 차에서 내렸다.

❏ Rubber is a flexible substance.
고무는 유연한 물질이다.

명 inspection 정밀검사 비슷 examine 조사하다 반대 overlook 간과하다
비슷 elastic 탄력 있는 비슷 adaptable 융통성있는 반대 fixed 고정된

★★★★☆ _0677

concrete

[kάnkri:t]

1. ⓐ 굳어진, 고체화한
2. ⓐ 현실의, 구체적인

» concrete blocks 콘크리트 블록
» a concrete evidence 구체적인 증거

★★★★★ _0678

surrender

[səréndər]

ⓥ 넘겨주다, 항복하다

» surrender the fort to the enemy 적에게 요새를 내주다
» surrender oneself to justice 자수하다

❑ To solve this problem, we'll need concrete facts, not vague ideas.
이 문제를 풀기 위해서는 막연한 생각보다 구체적 사실이 필요하다.

❑ They would rather die than surrender.
그들은 항복하느니 죽기를 원했다.

비슷 solid 굳어진　비슷 real 실제의　반대 abstract 추상적인
비슷 submit 복종하다　비슷 yield 양보하다　반대 resist 저항하다

★★★★☆ _0679

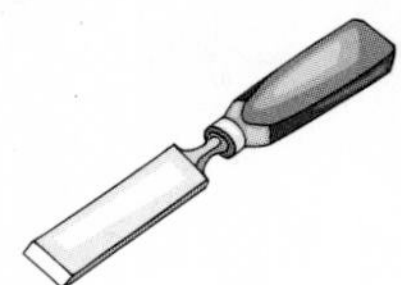

carve

[kɑːrv]

1. ⓥ 조각하다, 새기다
2. ⓥ (고기를) 얇게 썰다, 베다

» carve a design in wood 나무에 모양을 새기다
» carve a roast turkey 칠면조 통구이 고기를 베어내다

★★★★★ _0680

loan

[loun]

1. ⓝ 대출, 대부금, 빚, 차관
2. ⓥ 빌려주다

» a student loan 학자금 대출
» a private loan 사채

❑ He carved her name on the wall.
그는 벽에 그녀의 이름을 새겼다.

❑ She's trying to get a $50,000 loan to start her own business.
그녀는 사업을 시작하기 위해 5만 달러의 대출을 얻으려 하고 있다.

명 carver 조각가  비슷 chisel 조각하다  비슷 sculpture 조각하다

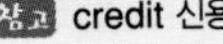 참고 credit 신용 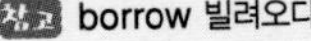 참고 borrow 빌려오다 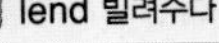 참고 lend 빌려주다

★★★☆☆ _0681

heir

[εər]

ⓝ 상속인, 계승자

» an heir to an estate 유산 상속인
» an heir to the throne 왕위 계승자

★★★★★ _0682

embrace

[imbréis]

1. ⓥ 포옹하다, 껴안다
2. ⓥ 받아들이다

» embrace a child 아이를 꼭 껴안다
» embrace the Muslim religion 회교에 귀의하다

❑ Their fourth child was the long-awaited male heir.
그들의 네 번째 아이는 오랫동안 기다리던 남자 상속자였다.

❑ She embraced her son tenderly.
그녀는 아들을 포근히 감싸안았다.

동 inherit 상속하다	형 heirless 상속인이 없는	비슷 inheritor 상속자
명 embracement 포옹	비슷 include 포함하다	비슷 hug 꼭 껴안다

★★★★★ _0683

vessel

[vésəl]

ⓝ 배, 그릇, 용기

» a passenger vessel 여객선
» a weak vessel 약한 그릇(믿을 수 없는 사람)

★★★☆☆ _0684

contradict

[kὰntrədíkt]

1. ⓥ 부정하다, 반박하다
2. ⓥ 모순되다

» contradict his statement 그의 진술을 반박하다
» contradict oneself 모순된 말을 하다

❑ They filled a large cooking vessel with vegetables.
그들은 커다란 요리용 그릇에 야채를 가득 채웠다.

❑ Don't contradict your father!
아버지께 말대꾸하지 마!

비슷 boat 배 비슷 ship 배 비슷 craft 항공기, 선박
명 contradiction 부정, 모순 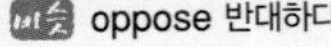 비슷 oppose 반대하다 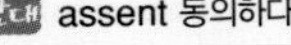 반대 assent 동의하다

★★★☆☆ _0685

era [íərə] ⓝ 시대, 연대, 기원

» the Shilla era 신라시대
» a new era 신기원

★★★☆☆ _0686

pause [pɔːz] 1. ⓥ 중단하다, 잠시 멈추다 2. ⓝ 중지, 중단

» pause for breath 한숨 돌리다
» talk without a pause 끊임없이 지껄이다

비슷 epoch 시대 | 비슷 period 시대 | 비슷 age 시대
비슷 quit 그만두다 | 비슷 recess 휴식 | 반대 continue 계속하다

★★★★☆ _0687

marvelous [máːrvələs] ⓐ 놀라운, 신기한

» a marvelous memory 놀라운 기억력
» What a marvelous idea! 놀라운 생각이구나!

★★★☆☆ _0688

earthquake [ə́ːrθkwèik] ⓝ 지진

» a submarine earthquake 해저 지진
» the disastrous earthquake in Kobe 비참한 고베 지진

명 marvel 경이 | 비슷 wonderful 훌륭한 | 반대 terrible 끔찍한
비슷 quake 지진 | 비슷 shock 충격, 지진 | 참고 vibration 진동

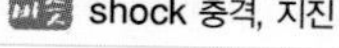

★★★☆☆ _0689

dialect [dáiəlèkt] ⓝ 방언, 사투리

» speak in the local dialect 지방 사투리로 말을 하다
» broad Kyeongsang-do dialect 억센 경상도 사투리

★★★★★ _0690

fate [feit] ⓝ 운명, 숙명, 팔자

» by an irony of fate 운명의 장난으로
» the master of one's fate 자기 운명을 개척하는 사람

비슷 jargon 은어, 사투리 | 비슷 idiom 관용어, 방언 | 비슷 vernacular 방언
형 fatal 치명적인 | 비슷 destiny 운명 | 반대 chance 기회

★★★★☆ _0691

reluctant [rilʌ́ktənt] ⓐ 마음에 내키지 않는

» reluctant consent 마지못해 하는 승낙
» be reluctant to be photographed 사진 찍기를 꺼리다

★★★★☆ _0692

mission [míʃən] 1. ⓝ 사절, 사명, 임무 2. ⓝ 전도, 선교

» dispatch an economic mission 경제사절을 파견하다
» an extremely important mission 막중한 임무

명 reluctance 싫음 | 비슷 hesitant 주저하는 | 반대 eager 갈망하는
명 missionary 선교사 | 비슷 task 임무 | 비슷 duty 의무

★★★☆☆ _0693

funeral [fjú:nərəl] ⓝ 장례식

» a state funeral 국장
» hold a funeral 장례식을 거행하다

★★★★☆ _0694

refine [rifáin] 1. ⓥ 정제하다 2. ⓥ 세련되게 하다

» refine crude oil 원유를 정제하다
» refine the language 말을 다듬다

비슷 burial 매장(식)	참고 requiem 위령곡	참고 ritual 의식
명 refinement 정제	비슷 improve 개량하다	비슷 purify 정화하다

★★★★☆ _0695

derive [diráiv] 1. ⓥ 이끌어내다 2. ⓥ 파생하다

» derive pleasure from conversation 대화에서 즐거움을 얻다
» derive from the Greek 그리스어에서 파생하다

★★★★☆ _0696

visible [vízəbəl] ⓐ 눈에 보이는, 명백한

» a visible ray 가시광선
» her highly visible makeup 눈에 띄는 그녀의 화장

명 derivation 파생	비슷 obtain 획득하다	비슷 acquire 얻다
명 vision 시력	비슷 obvious 명백한	반대 invisible 눈에 보이지 않는

★★★★★ _0697

complicate [kámpləkèit] ⓥ 복잡하게 하다

» complicate matters 일을 복잡하게 만들다
» become complicated 복잡해지다

★★★★☆ _0698

stuff [stʌf] 1. ⓝ 재료, 상품, 물건 2. ⓥ 속을 채워넣다

» green stuff 야채류
» stuff a doll with cotton 인형 속을 면으로 채우다

명 complication 복잡 | 비슷 confuse 혼란시키다 | 반대 simplify 단순하게 하다
비슷 fill 채우다 | 비슷 material 재료 | 비슷 substance 물질

★★★★★ _0699

distinct [distíŋkt] ⓐ 구별되는, 뚜렷한

» distinct speech 똑똑한 말
» a distinct leaning toward conservation 뚜렷한 보수적 경향

★★★★☆ _0700

inevitable [inévitəbəl] ⓐ 피할 수 없는

» The Inevitable Decline of Empire 피할 수 없는 제국의 쇠퇴
» an inevitable result 필연적 결과

명 distinction 구별 | 비슷 clear 명확한 | 반대 vague 모호한
비슷 fatal 피할 수 없는 | 비슷 unavoidable 불가피한 | 반대 avoidable 피할 수 있는

Review Test 7

1 다음 각 단어의 알맞은 뜻을 연결하시오.

1. tribe	새끼를 낳다
2. odd	빼앗다
3. awkward	착수하다
4. launch	충돌
5. rob	어색한
6. dominate	이상한
7. collapse	부족
8. breed	붕괴하다
9. bump	지배하다
10. alert	주의 깊은

» **Answers**

1. 부족 **2**. 이상한 **3**. 어색한 **4**. 착수하다 **5**. 빼앗다 **6**. 지배하다
7. 붕괴하다 **8**. 새끼를 낳다 **9**. 충돌 **10**. 주의 깊은

2 다음 빈 칸에 알맞은 단어를 보기에서 골라 쓰시오.

revive	panic	fate	mission
alien	vehicle	era	philosophy

1. deductive ____________ 연역 철학
2. the Shilla ____________ 신라시대
3. illegal ____________ 불법 체류 외국인
4. recreational ____________
   레크리에이션용 차량
5. by an irony of ____________
   운명의 장난으로
6. an economic ____________ 경제공황
7. dispatch an economic ____________
   경제사절을 파견하다
8. ____________ memories
   기억을 되살리다

» **Answers**

1. philosophy **2**. era **3**. alien **4**. vehicle **5**. fate **6**. panic
7. mission **8**. revive

3 다음 빈 칸에 알맞은 단어를 보기에서 골라 쓰시오.

surrender	contradict	heir
despair	refer	paused

1. Does this information ___________ to me?
   이 정보가 저와 관련이 있나요?
2. He ___________ and thought for a moment.
   그는 잠깐 동안 말을 멈추고 생각에 잠겼다.
3. Don't ___________! We'll find a way out!
   실망하지 마! 방법이 있을 거야!
4. Don't ___________ your father!
   아버지께 말대꾸하지 마!
5. Their fourth child was the long-awaited male ___________.
   그들의 네번째 아이는 오랫동안 기다리던 남자 상속자였다.
6. They would rather die than ___________.
   그들은 항복하느니 죽기를 원했다.

» **Answers**

1. refer **2**. paused **3**. despair **4**. contradict **5**. heir
6. surrender

4 다음 표시된 말의 알맞은 해석을 쓰시오.

1. an abstract concept

   ____

2. a mouse trap

   ____

3. first expedition to the North Pole

   ____

4. an instant dish

   ____

5. a sacred promise

   ____

6. quote a verse from Shakespeare

   ____

7. inspect the government offices

   ____

8. a student loan

   ____

» **Answers**

1. 개념 **2**. 덫 **3**. 탐험 **4**. 즉석의 **5**. 신성한 **6**. 인용하다 **7**. 검사하다
8. 대출

Chapter 8

함정 단어

1. 수능 만점 단어
2. 핵심 역량 단어
3. 듣기 필수 단어
4. 독해 정복 단어 (A)
5. 독해 정복 단어 (B)
6. 교과서 총정리 단어 (A)
7. 교과서 총정리 단어 (B)
8. 함정 단어
9. 시사문제 단어 (자연과학 분야)
10. 시사문제 단어 (인문사회 분야)

PREVIEW

- ❑ address
- ❑ hard
- ❑ long
- ❑ stand
- ❑ right
- ❑ people
- ❑ loiter
- ❑ arm
- ❑ arms
- ❑ object
- ❑ lie
- ❑ major
- ❑ respect
- ❑ book
- ❑ miss
- ❑ passage
- ❑ field
- ❑ check
- ❑ might
- ❑ run
- ❑ touch
- ❑ manner
- ❑ manners
- ❑ character
- ❑ part
- ❑ move
- ❑ train
- ❑ spring
- ❑ lead
- ❑ order
- ❑ close
- ❑ plant
- ❑ grade
- ❑ nature
- ❑ lot
- ❑ dish
- ❑ store
- ❑ hold
- ❑ patient
- ❑ hand
- ❑ ball
- ❑ letter
- ❑ school
- ❑ company
- ❑ mine
- ❑ blow
- ❑ safe
- ❑ custom
- ❑ customs
- ❑ present
- ❑ break
- ❑ face
- ❑ quarter
- ❑ success
- ❑ succession
- ❑ draw
- ❑ raise
- ❑ tear
- ❑ picture
- ❑ pictures
- ❑ pretty
- ❑ party
- ❑ bright
- ❑ fair
- ❑ race
- ❑ well
- ❑ good
- ❑ goods
- ❑ spell
- ❑ lean
- ❑ proof
- ❑ press
- ❑ figure
- ❑ subject
- ❑ fine
- ❑ stick
- ❑ stale
- ❑ abroad
- ❑ fire
- ❑ count
- ❑ lend
- ❑ borrow
- ❑ somebody
- ❑ nobody
- ❑ bear
- ❑ interest
- ❑ state
- ❑ will
- ❑ free
- ❑ head
- ❑ simple
- ❑ sound
- ❑ very
- ❑ remain
- ❑ remains
- ❑ rough
- ❑ tough
- ❑ practice
- ❑ regard
- ❑ sort

★★★★☆ _0701

address

[ədrés]

1. ⓝ 주소
2. ⓝ 연설, 인사말
3. ⓥ 연설하다, 말하다

» a permanent address 본적
» a opening address 개회사

★★★☆☆ _0702

hard

[hɑːrd]

1. ⓐ 딱딱한, 굳은
2. ⓐ 어려운, 열심인

» hard mineral 딱딱한 광물
» a hard worker 노력가, 근면한 사람

❏ He addressed me politely.
그는 공손하게 말을 걸었다.

❏ Korean is hard for foreigner to learn.
한국어는 외국인들이 배우기 어렵다.

명 addressee 수취인	비슷 speech 연설하다	참고 zip code 우편번호
부 hardly 좀처럼 ~않다	반대 soft 부드러운	반대 lazy 게으른

★★★★☆ _0703

long

[lɔːŋ]

1. ⓐ 긴
2. ⓥ 갈망하다, 간절히 바라다

» Cleopatra's long nose 클레오파트라의 높은 코
» long for her arrival 그녀의 도착을 고대하다

★★★★☆ _0704

stand

[stænd]

1. ⓥ 서다
2. ⓥ 참다, 견디다
3. ⓝ 정지, 매점, 대

» stand an attack 공격을 견디다
» a music stand 악보대

❑ It's been a long time since we met last.
꽤 오랜만이군요.

❑ I can't stand to hear the child crying.
어린애 우는 소리는 참을 수가 없다.

명 length 길이	비슷 look forward to 고대하다	 반대 short 짧은
비슷 rise 서다	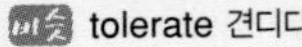 비슷 tolerate 견디다	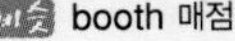 비슷 booth 매점

★★★☆☆ _0705

right

[rait]

1. ⓐ 오른쪽의, 올바른, 정당한
2. ⓝ 권리, 올바름

» a right opinion 정당한 의견
» the Bill of Rights 권리장전

★★★☆☆ _0706

people

[pí:pl]

1. ⓝ 사람 (복수형: people)
2. ⓝ 민족, 국민 (복수형: peoples)

» people's opinion 여론
» the people of China 중국 인민

❑ Is this glove a right or a left?
이 장갑은 오른짝이냐 왼짝이냐?

❑ People say that he is guilty.
사람들은 그가 유죄라고 한다.

형 righteous 정의로운	반대 left 왼쪽의	참고 dexterous 솜씨 좋은
비슷 person (1명의) 사람	비슷 race 민족	참고 guy 친구, 자네

★★★★★ _0707

loiter

[lɔ́itər]

ⓥ 빈둥거리다, 게으름 피우다

» loiter with intent (범죄 목적으로) 배회하다
» loiter about this place 이 근처를 왔다갔다하다

★★★☆☆ _0708

arm

[ɑːrm]

ⓝ 팔, 팔걸이

» a baby in arms 아직 걷지 못하는 아기
» arm in arm 서로 팔을 끼고

❑ A suspicious fellow is loitering around the house.
괴한이 집 주위를 어슬렁거리고 있다

❑ She held the tiny baby in her arms.
그녀는 팔로 자그마한 아기를 안고 있었다.

명 loiterer 게으름뱅이 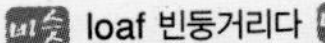 비슷 loaf 빈둥거리다 반대 industrious 부지런한
명 armchair 안락의자, 이론뿐인 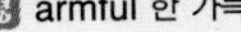 형 armful 한 가득  참고 elbow 팔꿈치

★★★★☆ _0709

arms

[ɑːrmz]

ⓝ 무기, 병기

» in arms 무장하여
» an arms race 군비확장경쟁

★★★★★ _0710

object

[ɑ́bdʒikt]

1. ⓝ 물체, 대상
2. ⓝ 목적, 목표
3. ⓥ 반대하다

» a tiny object 조그마한 물건
» object to the proposal 그 제안에 반대하다

❑ He put his arms.
그는 무기를 착용했다.

❑ They rushed to the scene with the object of rescuing the victims.
그들은 희생자들을 구조할 목적으로 급히 현장으로 갔다.

명 army 육군	형 armed 무장한	비슷 weapon 무기
명 objection 반대, 반감	형 objective 객관적인	비슷 motive 목적

★★★★☆ _0711

lie

[lai]

1. ⓝ 거짓말, 남을 속이는 것
2. ⓥ 거짓말하다, 속이다
3. ⓥ 눕다, 놓여 있다

» a white lie 선의의 거짓말
» lie in bed 잠자리에 들다

★★★★☆ _0712

major

[méidʒər]

1. ⓐ 중요한, 다수의
2. ⓥ 전공하다

» a major decision 중대한 결정
» major in math 수학을 전공하다

- ❑ Our eyes may lie to us.
  우리는 눈에 속는 경우가 종종 있다.
- ❑ UN has played a major role in the peace process.
  UN은 평화 유지 과정에 중요한 역할을 해왔다.

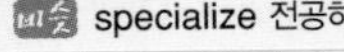

명 liar 거짓말쟁이	비슷 deceive 속이다	반대 truth 진실
명 majority 대다수	비슷 specialize 전공하다	반대 minor 소수의, 부전공

★★★★★ _0713

respect

[rispékt]

1. ⓥ 존경하다, 존중하다
2. ⓝ 관계, 관련

» respect his honesty 그의 성실함을 존경하다
» in all respects 어느 면으로나

★★★★☆ _0714

book

[buk]

1. ⓝ 책, 장부
2. ⓥ 예약하다, 기록하다

» keep books 장부에 적다, 기장하다
» book a seat on a train 기차의 좌석을 예약하다

❑ You should show more respect for your parents.
너는 부모님에게 좀더 존경을 표해야 한다.

❑ Please open your books.
책을 펴주세요.

형 respective 각각의	비슷 admire 존경하다	반대 disregard 무시하다
비슷 reserve 예약하다	참고 bookworm 책벌레	참고 bookkeeper 부기계원

★★★★☆ _0715

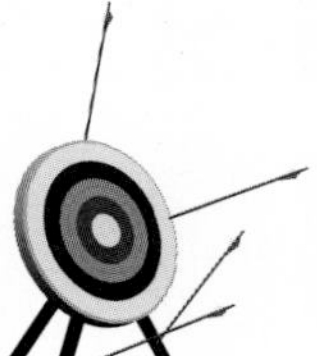

miss

[mis]

1. ⓥ 놓치다, 빗맞히다
2. ⓥ 그리워하다

» miss the mark with the arrow 화살이 과녁을 비켜나다

» missing you 너를 그리워하며

★★★☆☆ _0716

passage

[pǽsidʒ]

1. ⓝ 통과, 통행
2. ⓝ 구절, 단락

» a bird of passage 철새

» a passage from Shakespeare 셰익스피어의 한 구절

❏ The hurricane just missed our city.
허리케인은 우리 도시를 살짝 비켜갔다.

❏ There's a passage to the side of the house, leading to the garden. 그 집의 옆쪽에 정원으로 가는 통로가 있다.

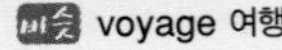

비슷 overlook 간과하다	비슷 fail 실패하다	반대 notice 주목하다
명 passenger 승객	비슷 voyage 여행	참고 sentence 문장

★★★★☆ _0717

field

[fiːld]

1. ⓝ 들, 벌판
2. ⓝ 분야, 영역

» a grassy field 초지
» the field of education 교육분야

★★★★☆ _0718

check

[tʃek]

1. ⓥ 확인하다, 점검하다
2. ⓝ 수표, 전표

» check a translation against the original 번역물을 원본과 대조하다
» a personal check 개인수표

- ❑ He is preeminent in his own field.
  그는 자신의 전문분야에서 뛰어나다.
- ❑ Check the contents of the pockets.
  호주머니 속에 든 것을 조사하시오.

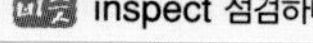
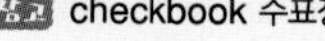

비슷 sphere 분야, 구체	비슷 area 영역	참고 fielder 외야수와 내야수
비슷 test 점검하다	비슷 inspect 점검하다	참고 checkbook 수표장

★★★★☆ _0719

might

[mait]

1. ⓝ 능력, 힘, 세력
2. ⓥ may의 과거

» Might is right. 힘이 정의다.
» He might come. 그가 올지도 모른다.

★★★★☆ _0720

run

[rʌn]

1. ⓥ 달리다, 급히 가다
2. ⓥ 경영하다

» run up to Seoul 서울에 급히 올라가다
» run a hotel 호텔을 경영하다

❑ It might be finished by Thursday.
그것은 아마 목요일에 끝날 것이다.

❑ I ran to see what was the matter.
나는 무슨 일인가 하고 달려갔다.

형 mighty 강력한	비슷 power 힘	반대 weakness 약함
명 runner 달리는 사람	명 runaway 도망자	반대 walk 걷다

★★★★☆ _0721

manner

[mǽnər]

1. ⓝ 방식, 관례
2. ⓝ 태도, 기품

» a strange manner of speaking 묘한 말투
» a kind manner 친절한 태도

★★★☆☆ _0722

manners

[mǽnərz]

1. ⓝ 풍습, 관습
2. ⓝ 예의범절, 몸가짐

» a comedy of manners 풍속 희극
» good manners 좋은 버릇

❑ She spoke to the children gently, as was her manner.
그녀는 평소와 같은 태도로 아이들에게 상냥하게 말했다.

❑ Manners are stronger than law.
관습은 법보다 강하다.

비슷 way 방식	비슷 attitude 태도	참고 mannerism 매너리즘
형 mannerless 버릇 없는	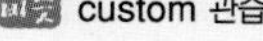 비슷 custom 관습	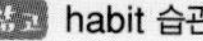 참고 habit 습관

★★★★★ _0723

touch

[tʌtʃ]

1. ⓥ 만지다, 손을 대다
2. ⓥ 감동시키다
3. ⓝ 만지기, 접촉

» touch the exhibits 전시품에 손을 대다
» a very touching story 매우 감동적인 이야기

★★★★★ _0724

character

[kǽriktər]

1. ⓝ 성격, 특징
2. ⓝ 등장인물, 배역
3. ⓝ 문자, 서체

» the American character 미국인 기질
» Chinese characters 한자(漢字)

❑ You can look at them but please don't touch them.
감상만 하시고 만지지는 말아주세요.

❑ It would be very out of character of her to lie.
거짓말하는 것은 그녀의 성격과 잘 맞지 않는다.

참고 touch-me-not 봉선화 | 참고 touchstone 시금석 | 비슷 move 감동시키다
명 characteristic 특성 | 비슷 feature 특징 | 비슷 letter 문자

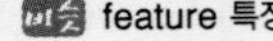
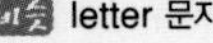

★★★★☆ _0725

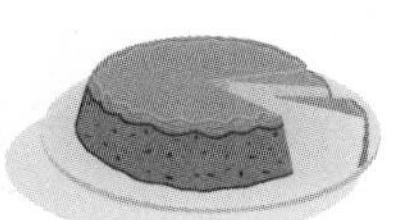

part

[pɑːrt]

1. ⓝ 부분, 파편, 역할
2. ⓥ 헤어지다, 분할하다

» the middle part of 19th century 19세기 중엽
» part one's hair in the middle 한가운데 가리마를 타다

★★★★★ _0726

move

[muːv]

1. ⓥ 움직이다, 이사하다
2. ⓥ 감동시키다

» move to a strange place 낯선 고장으로 이사가다
» be moved to tears 감격의 눈물을 흘리다

❑ That's only part of the problem.
그것은 문제의 일부일 뿐이다.

❑ She's moving into a new apartment.
그녀는 새 아파트로 이사를 간다.

형 partial 공정치 못한 | 비슷 role 역할 | 반대 meet 만나다
명 movement 동작, 움직임 | 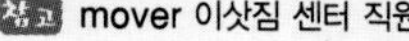 참고 mover 이삿짐 센터 직원 | 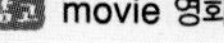 참고 movie 영화

★★★☆☆ _0727

train

[trein]

1. ⓝ 기차, 전차
2. ⓥ 훈련시키다, 길들이다

» travel in a train 기차여행을 하다
» train a child to obey 아이를 순종하도록 훈육하다

★★★☆☆ _0728

spring

[spriŋ]

1. ⓝ 봄, 샘, 근원
2. ⓥ 튀다, 뛰어오르다

» hot spring 온천
» spring to attention 벌떡 일어나 차려 자세를 취하다

❑ I took the train to London.
나는 런던으로 가는 기차를 탔다.

❑ He gave a spring.
그는 팔짝 뛰었다.

명 trainer 훈련 지도자
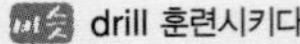
비슷 drill 훈련시키다
참고 subway 지하철
비슷 leap 뛰어오르다
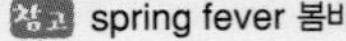
참고 spring fever 봄바람
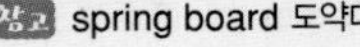
참고 spring board 도약대

★★★★☆ _0729

lead

[liːd]

1. ⓥ 인도하다, 이끌다
2. ⓝ 납 [led]

» lead the team to victory 팀을 승리로 이끌다
» dull as lead 납처럼 무거운

★★★★★ _0730

order

[ɔ́ːrdər]

1. ⓥ 명령하다, 주문하다
2. ⓝ 순서, 차례, 질서

» order a taxi by telephone 전화로 택시를 부르다
» in chronological order 연대순으로

❑ You lead and we'll follow.
당신이 인도하시면 우리는 따르겠습니다.

❑ The commander ordered his men to advance.
사령관은 부하에게 전진하라고 명령했다.

명 leader 지도자 | 형 leading 선도적인 | 비슷 guide 이끌다
형 orderly 질서정연한 | 비슷 instruction 명령 |  반대 follow 따르다

★★★★★ _0731

close

[klouz]

1. ⓥ 닫다, 끝마치다
2. ⓐ 가까운, 친한 [klous]

» close a discussion 토의를 종결하다
» close cooperation 긴밀한 협력

★★★★☆ _0732

plant

[plænt]

1. ⓝ 식물
2. ⓝ 공장, 설비, 장치

» garden plants 원예식물
» a chemical plant 화학공장

❑ Suddenly the door closed.
갑자기 문이 닫혔다.

❑ Have you watered the plants?
식물에 물 줬니?

반대 open 열다 · 반대 distant 먼 · 참고 close call 구사일생
명 plantation 거대 농장, 식민 · 비슷 factory 공장 · 반대 animal 동물

★★★★☆ _0733

grade

[greid]

1. ⓝ 학년, 등급
2. ⓝ 성적, 평점

» grade B eggs B등급 달걀
» make outstanding grades in science 과학에서 우수한 평점을 받다

★★★☆☆ _0734

nature

[néitʃər]

1. ⓝ 자연, 물질계
2. ⓝ 천성, 본성, 성향

» the order of nature 자연의 이치
» the nature of humankind 인간의 본성

❑ A major in the army is one grade higher than a captain.
육군 소령은 대위보다 한 계급 높다.

❑ It's human nature to want to be loved.
사랑받기를 원하는 것은 인간의 본성이다.

형 gradual 점차적인 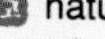 step 등급 비슷 credit 학점
형 natural 자연의 참고 natural resources 천연자원 부 naturally 당연하게

★★★★☆ _0735

lot

[lɑt]

1. *ad.* 대단히, 몹시
2. ⓝ 많음, 다수
3. ⓝ 제비뽑기, 추첨, 몫

» a lot more 훨씬 많은
» choose turns by lot 추첨으로 순번을 정하다

★★★★☆ _0736

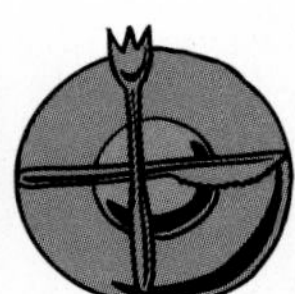

dish

[diʃ]

1. ⓝ 접시, 식기
2. ⓝ 요리, 음식

» a vegetable dish 큰 야채 접시
» one's favorite dish 좋아하는 음식

❑ I have an awful lot to do.
할 일이 산더미처럼 많다.

❑ They enjoyed the dishes offered.
그들은 차려진 요리를 맛있게 먹었다.

명 lottery 복권	비슷 majority 다수	비슷 fate 운
비슷 vessel 그릇	비슷 food 음식	참고 dessert 후식

★★★☆☆ _0737

store

[stɔːr]

1. ⓝ 가게, 상점
2. ⓥ 저장하다

» a grocery store 식료품점
» store vegetables for the winter 월동준비로 야채를 저장하다

★★★★☆ _0738

hold

[hould]

1. ⓥ 들다, 잡다
2. ⓥ 거행하다, 베풀다
3. ⓥ 유지하다, 소유하다

» hold the child by the arm 아이의 팔을 잡다
» hold a conference 회의를 개최하다

❑ He keeps a corner drug store.
그는 길모퉁이 약국을 경영한다.

❑ He was holding a glass of wine.
그는 와인잔을 손에 들고 있었다.

명 storage 컴퓨터 저장장치 비슷 save 저장하다  참고 store keeper 상점 주인
명 holdings 소유물 참고 holdup 노상강도 행위 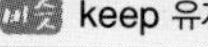 비슷 keep 유지하다

★★★★★ _0739

patient

[péiʃənt]

1. ⓐ 참을성 있는, 인내심 있는
2. ⓝ 환자

» be patient with children 아이들을 참을성 있게 대하다
» isolate a patient 환자를 격리하다

hand

[hænd]

1. ⓝ 일손, 노동자, 솜씨
2. ⓥ 건네주다, 보내다

» a hired hand 고용 노동자
» hand a person a check 수표를 건네주다

❑ One must be patient with children.
아이들은 참을성을 가지고 대해야 한다.

❑ Many hands make light work.
일손이 많으면 일이 편하다.

비슷 persevering 인내하는
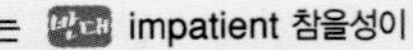

반대 doctor 의사

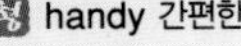

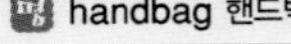

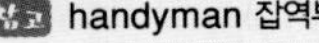

★★☆☆☆ _0741

ball

[bɔːl]

1. ⓝ 공
2. ⓝ 무도회

» a ball of water 물방울
» a fancy ball 가장 무도회

★★★★☆ _0742

letter

[létər]

1. ⓝ 편지, 서한
2. ⓝ 문자, 글자

» an initial letter 머리 글자
» a capital letter 대문자

❑ The cat curled itself into a ball.
고양이는 자기 몸을 말아서 공처럼 만들었다.

❑ Professor Kim wrote a letter of recommendation for me.
김 교수님이 나를 위해 추천장을 써주셨다.

명 ballroom 무도회장	참고 banquet 연회	참고 balloon 풍선, 기구
형 lettered 학식이 있는	비슷 character 글자	참고 letter of credit 신용장

★★★☆☆ _0743

school

[sku:l]

1. ⓝ 학교, 교습소
2. ⓝ 학파, 양식

» the Stoic school 스토아 학파
» the modern school 근대학파

★★★★★ _0744

company

[kʌ́mpəni]

1. ⓝ 회사, 상사
2. ⓝ 동료, 일행

» stockholders in a company 회사의 주주들
» get into bad company 나쁜 동료들과 사귀다

❑ Jack enters an elementary school.
잭은 초등학교에 입학한다.

❑ He works at an insurance company.
그는 보험회사에 다닌다.

비슷 academy 학원	비슷 sect 학파, 분파	참고 school year 학기
비슷 conglomerate 대기업	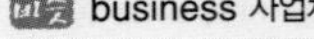 비슷 business 사업체	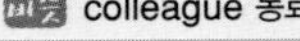 비슷 colleague 동료

★★★☆☆ _0745

mine

[main]

1. ⓝ 나의 것
2. ⓝ 광산

» prolong this damned life of mine 모진 목숨을 이어가다
» a gold mine 금광

★★★★☆ _0746

blow

[blou]

1. ⓥ 바람이 불다, 입김을 불다
2. ⓝ 일격, 타격

» blow against wind 역풍이 불다
» a blow in the stomach 배에 맞은 일격

❑ It is mine to help him.
그를 돕는 것은 저의 일입니다.

❑ A cool sea breeze was blowing.
시원한 바다바람이 불었다.

명 miner 광부　명 mineral 광석, 광천수　참고 excavate 굴착하다
명 blower 송풍기, 허풍선이　비슷 puff 입김을 불다　비슷 stroke 타격

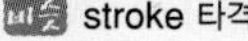

★★★★★ _0747

safe

[seif]

1. ⓐ 안전한, 위험이 없는
2. ⓝ 금고, 저장고

» a safe place to swim 안심하고 수영할 수 있는 곳

» safe cracker 금고털이

★★★☆☆ _0748

present

[prézənt]

1. ⓝ 현재, 지금
2. ⓝ 선물(하다)
3. ⓐ 자리에 있는, 출석한

» up to the present 현재까지는

» a present of a ruby ring 루비반지 선물

❑ Air travel is generally quite safe.
비행기 여행은 일반적으로 매우 안전하다.

❑ What is your present occupation?
당신의 현재 직업은 무엇입니까?

명 safety 안전 | 비슷 riskless 위험이 없는 | 비슷 strongbox 금고

명 presentation 발표 |  비슷 gift 선물 | 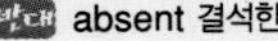 반대 absent 결석한

★★★★★ _0749

custom

[kʌ́stəm]

1. ⓝ 관습, 풍습, 습관
2. ⓐ 주문의, 맞춤의

» the custom of wearing black at funerals
장례식에 검은 옷을 입는 관습

» custom clothes 맞춤옷 / a custom tailor 맞춤 양복점

★★★☆☆ _0750

customs

[kʌ́stəmz]

ⓝ 세관, 관세

» customs clearance 통관 수속

» get through the customs 세관을 통과하다

❑ She made a custom of getting up early in the morning.
그녀는 일찍 일어나는 습관이 있다.

❑ The customs service is very hard.
관세업무는 매우 힘들다.

명 customer 단골	형 customary 관습상의	반대 ready-made 기성품의
형 customsfree 무관세의	형 customary 습관적인	참고 VAT 부가가치세

★★★★☆ _0751

break

[breik]

1. ⓥ 깨다, 부수다
2. ⓝ 중단, 휴식시간

» break the old Japanese traditions 일본의 오래된 관습을 깨뜨리다

» a coffee break 커피시간

★★★★☆ _0752

face

[feis]

1. ⓝ 얼굴, 외관
2. ⓥ 직면하다, 맞서다

» lose face 체면을 잃다

» face the future 미래에 맞서다

❑ They had to break a window to get in.
그들은 안으로 들어가기 위해 창문을 깰 수밖에 없었다.

❑ She's got a long, thin face.
그녀는 길고 마른 얼굴을 가졌다.

명 breakfast 아침	비슷 recess 휴식	참고 break-even 손익분기
형 facial 얼굴의	참고 face-lifting 성형수술	비슷 confront 직면하다

★★★☆☆ _0753

success

[səksés]

ⓝ 성공, 입신, 출세

» the secret of success 성공의 비결
» make a success of life 출세하다

★★★★☆ _0754

succession

[səkséʃən]

ⓝ 연속, 계승, 상속

» a succession of errors 실패의 연속
» succession to the Presidency 대통령직의 승계

❑ Her success is due to hard work and determination.
그녀의 성공은 열심히 일한 것과 결단력 덕분이다.

❑ He drew on the cigarette several times in quick succession.
그는 담배를 조급하게 연속해서 피웠다.

동 succeed 성공하다	형 successful 성공적인	반대 failure 실패
형 succeeding 계속되는	참고 succession duty 상속세	반대 termination 종료

★★★★☆ _0755

quarter

[kwɔ́ːrtər]

1. ⓝ 1/4, 1분기, 15분
2. ⓝ 지역, 지구

» three quarters 4분의 3
» a poor quarter of the town 도시의 빈민가

★★★★☆ _0756

draw

[drɔː]

1. ⓥ 그리다, 묘사하다
2. ⓥ 끌다, 꺼내다

» draw animals from life 동물을 보고 그리다
» draw a sword 칼을 뽑다

- ❏ 25 is a quarter of a hundred.
  25는 100의 4분의 1이다.
- ❏ She drew a picture of a tree.
  그녀는 나무 그림을 그렸다.

참고 quarterly 계간지	참고 half 1/2, 30분	비슷 district 지구
명 drawer 서랍	참고 drawing 선 그림	참고 painting 채색 그림

★★★★★ _0757

raise

[reiz]

1. ⓥ 높이 들다, 올리다
2. ⓥ 기르다, 재배하다

» raise the standard of living 생활수준을 높이다
» raise cattle and sheep 소와 양을 기르다

★★★★★ _0758

tear

[tɛər]

1. ⓝ 눈물, 슬픔 [tiər]
2. ⓥ 찢다, 잡아뜯다

» grammar without tears 눈물없이 쉽게 배울 수 있는 문법
» tear the envelope open 봉투를 찢어 열다

❑ He saw a policeman raise a rifle.
그는 경찰이 소총을 들어 겨누는 것을 보았다.

❑ She blinks away her tears.
그녀는 눈을 깜박거려 눈물을 감춘다.

비슷 lift 올리다	비슷 cultivate 재배하다	반대 lower 내리다
참고 teardrop 눈물 방울	참고 tear gas 최루 가스	비슷 cleave 쪼개다

★★★★☆ _0759

picture

[píktʃər]

1. ⓝ 그림, 사진
2. ⓥ 그리다, 상상하다

» sit for a picture 자신의 초상화를 그리게 하다
» picture life in ancient civilization 고대문명의 생활을 상상하다

★★★☆☆ _0760

pictures

[píktʃərz]

ⓝ 영화

» the Hollywood pictures 할리우드 영화
» a silent pictures 무성영화

❑ She's got pictures of pop stars all over her bedroom wall.
그녀는 자신의 침실 벽 곳곳에 팝스타들의 사진을 붙였다.

❑ This film is the Hollywood pictures of cowboy life.
이 영화는 카우보이의 생활을 담은 할리우드 영화이다.

형 picturesque 그림 같은	비슷 photo 사진	비슷 imagine 상상하다
명 picturedom 영화계	참고 picture goer 영화팬	참고 picture hall 영화관

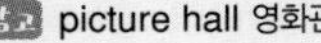

★★★☆☆ _0761

pretty

[príti]

1. ⓐ 예쁜, 귀여운
2. *ad.* 매우, 상당히

» a pretty woman 귀여운 여인
» be pretty short of money 몹시 돈에 쪼들리다

★★★☆☆ _0762

party

[pɑ́ːrti]

1. ⓝ 파티, 연회
2. ⓝ 당, 일파, 일행

» a dancing party 댄스 파티
» a political party 정당

❑ She earns a pretty sum.
그녀는 상당한 돈을 번다.

❑ I enjoyed a lavish party tonight.
나는 오늘밤 성대한 파티에서 놀았다.

청 pretty-pretty 지나치게 꾸민 비슷 cute 귀여운 비슷 considerable 상당한
명 partygoer 파티에 자주 가는 사람 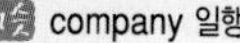 gathering 모임 비슷 company 일행

★★★★☆ _0763

bright

[brait]

1. ⓐ 밝은, 빛나는
2. ⓐ 영리한, 똑똑한

» a bright student 총명한 학생
» a bright and gay child 즐겁고 발랄한 아이

★★★★☆ _0764

fair

[fɛər]

1. ⓐ 공정한, 정정당당한
2. ⓝ 박람회, 전시회

» for a fair price 공정한 가격으로
» a world fair 만국 박람회

❑ The room is small but bright.
이 방은 작지만 밝다.

❑ That's not fair. You always go first!
공평하지 않아. 항상 네가 먼저잖아.

동 brighten 밝게 하다 | 비슷 smart 영리한 | 반대 dull 우둔한
비슷 impartial 공평한 | 반대 unfair 불공평한 | 비슷 exhibition 전시회

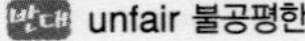
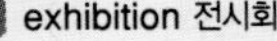

★★★☆☆ _0765

race

[reis]

1. ⓝ 경주, 경쟁
2. ⓝ 인종, 민족, 씨족

» an arms race 군비확장경쟁
» the Korean race 한민족

★★★☆☆ _0766

well

[wel]

1. *ad.* 잘, 아주, 대단히
2. ⓝ 샘, 우물, 원천

» All's well that ends well. 끝이 좋으면 만사가 좋다.
» a well of wisdom 지혜의 샘

❑ She's of the Caucasian race.
그녀는 백인이다.

❑ She looks well.
그녀는 좋아 보인다.

명 racer 경주자	형 racial 인종의	참고 racialism 인종주의
비슷 nicely 좋게	비슷 spring 샘	비슷 source 원천

★★★★☆ _0767

good

[gud]

1. ⓐ 좋은, 훌륭한
2. ⓝ 선, 미덕, 장점

» a good year for apple 사과의 풍년
» knowledge of good and evil 선악의 인식

★★★☆☆ _0768

goods

[gudz]

1. ⓝ 상품, 화물
2. ⓝ 재산, 소유물

» goods in stock 재고품
» lose all household goods in the fire 불로 모든 가재를 잃다

❑ Did you have a good time at the party?
파티에서 즐거운 시간 가졌니?

❑ These are essential goods.
이것들은 필수품들이다.

명 goodness 선량
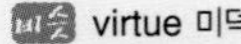
비슷 virtue 미덕
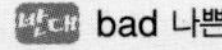
반대 bad 나쁜
비슷 freight 화물
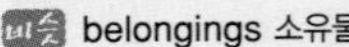
비슷 belongings 소유물
비슷 cargo 화물

★★★☆☆ _0769

spell

[spel]

1. ⓥ 철자를 쓰다
2. ⓝ 주문, 마법

» spell one's name full 이름을 생략하지 않고 쓰다
» put a person under the spell 남에게 마법을 걸다

★★★★☆ _0770

lean

[liːn]

1. ⓥ 기대다, 의지하다
2. ⓐ 야윈, 살 빠진, 빈약한

» lean against a wall 벽에 기대다
» a lean meal 영양분이 없는 식사

❑ How do you spell that?
저것은 철자를 어떻게 씁니까?

❑ She leaned forward and whispered in my ear.
그녀는 앞으로 몸을 기울여 내 귀에 대고 속삭였다.

동 spellbind 주문을 걸다　명 spelling 철자　참고 syllable 음절
비슷 rely 의지하다　반대 stout 뚱뚱한　반대 fat 기름기가 많은

★★★★★ _0771

proof

[pru:f]

1. ⓝ 증거, 증명
2. ⓐ 견디는, ~의 작용을 받지 않는

» hard proof 확실한 증거
» a water-proof coat 방수 코트

★★★★☆ _0772

press

[pres]

1. ⓥ 누르다, 밀다
2. ⓝ 출판, 신문

» press down the pedals 페달을 밟다
» the yellow press 선정적인 신문

❏ My landlord has asked for proof that I'm employed.
집주인은 내가 직장이 있다는 증거를 요청했다.

❏ Press the button to start the machine.
기계를 작동시키려면 버튼을 누르세요.

동 prove 증명하다	동 proofread 교정을 보다	비슷 evidence 증거
명 pressure 압력	참고 press release 보도자료	비슷 push 밀다

★★★★★ _0773

figure

[fígjər]

1. ⓝ 도형, 형상, 숫자
2. ⓥ 계산하다, 생각하다

» a plane figure 평면도
» be very good at figures 계산을 잘하다

★★★★☆ _0774

subject

[sʌ́bdʒikt]

1. ⓝ 주제, 과목
2. ⓐ 영향을 받기 쉬운, 지배를 받는

» the subject of the debate 토론의 주제
» a subject people 피지배 민족

❑ Figure to yourself a happy family, secure in their own home.
안정적이고 행복한 당신의 가정과 집을 상상해보세요.

❑ Chemistry is my favorite subject.
화학은 내가 가장 좋아하는 학과목이다.

형 figurative 구상(具象)의	비슷 number 숫자	비슷 suppose 생각하다
명 subjection 종속	비슷 theme 주제	비슷 liable 영향을 받기 쉬운

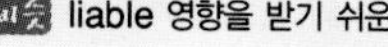

★★★★☆ _0775

fine

[fain]

1. ⓐ 좋은, 우수한
2. ⓝ 벌금, 과료

» a fine dress 아름다운 드레스
» a parking fine 주차위반 과태료

★★★★☆ _0776

stick

[stik]

1. ⓝ 막대기, 지팡이
2. ⓥ 붙이다, 찌르다

» a blindman's stick 맹인의 지팡이
» stick a stamp on a letter 편지에 우표를 붙이다

❑ He's a fine musician.
그는 좋은 음악가이다.

❑ Anne stuck a picture of her boyfriend on the wall.
앤은 자기 남자친구 사진을 벽에 붙였다.

비슷 exquisite 더없이 훌륭한	비슷 penalty 벌금	반대 inferior 열등한
명 sticker 스티커	비슷 cling 달라붙다	비슷 adhere 달라붙다

★★★★★ _0777

stale

[steil]

ⓐ 싱싱하지 못한, 부패한

» stale fish 물간 생선
» stale beer 김빠진 맥주

★★★★☆ _0778

abroad

[əbrɔ́:d]

1. *ad.* 널리 퍼져, 광범위하게
2. *ad.* 외국에, 해외로

» a rumor gets abroad 소문이 사방에 퍼지다
» study abroad 유학하다

❏ The rice was kept in the warehouse so long that it got stale.
쌀을 창고에 오래 두어 신선하지 않게 되었다.

❏ He goes abroad a lot with his job.
그는 직업상 자주 해외로 나간다.

명 staleness 부패	비슷 rotten 부패한	반대 fresh 신선한
비슷 overseas 해외로	비슷 widely 넓게	반대 secretly 비밀리에

★★★☆☆ _0779

fire

[faiər]

1. ⓝ 불, 정열
2. ⓥ 해고하다, 파면하다

» a speech lacking fire 열의 없는 연설
» You're fired. 너는 해고야.

★★★★☆ _0780

count

[kaunt]

1. ⓥ 세다, 계산하다
2. ⓥ 간주하다, 탓으로 돌리다

» count heads 인원수를 세다
» be counted as dead 죽은 것으로 간주되다

❑ There is no smoke without fire.
아니 땐 굴뚝에 연기 날까.

❑ She began to count the students.
그녀는 학생들 수를 세기 시작했다.

비슷 dismiss 해고하다 참고 fire fighter 소방관 참고 firefly 반딧불
형 countable 셀 수 있는 형 uncountable 셀 수 없는 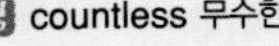 형 countless 무수한

★★★★☆ _0781

lend

[lend]

ⓥ 빌려주다, 대여하다

» lend a book 책을 빌려주다
» lend money at interest 이자를 받고 돈을 빌려주다

★★★★★ _0782

borrow

[bɑ́rou]

ⓥ 빌려오다, 차용하다

» borrow a word from Latin 라틴어에서 단어를 차용하다
» borrow heavily abroad 외채를 많이 빌어쓰다

❑ She lent me her car for the weekend.
그녀는 주말에 자기 차를 나에게 빌려주었다.

❑ I borrowed the book from my sister.
나는 내 여동생에게 책을 빌려왔다.

명 lender 빌려주는 사람	비슷 rent 임대하다	참고 lease 임대하다
명 borrowing 차용어	참고 loan 대부하다	참고 possess 가지다

★★★☆☆ _0783

somebody

[sʌ́mbὰdi]

1. ⓝ 누군가, 어떤 사람
2. ⓝ 상당한 인물, 대단한 사람

» somebody to love 사랑할 그 누구
» think oneself to be somebody 스스로 잘났다고 생각하다

★★☆☆☆ _0784

nobody

[nóubὰdi]

1. ⓝ 아무도
2. ⓝ 보잘것없는 인물, 하찮은 사람

» have nobody to talk to 말벗이 없다
» somebodies and nobodies 유명 무명의 사람들

❑ We need somebody younger to do the job.
그 일을 할 더 젊은 누군가가 필요하다.

❑ Everybody's business is nobody's business.
공동책임은 무책임이다.

비슷 someone 어떤 사람
비슷 prominent figure 거물
참고 anybody 아무나
참고 every "Tom, Dick and Harry" 장삼이사

★★★★★ _0785

bear [bɛər]
1. ⓥ 참다, 견디다
2. ⓥ (새끼를) 낳다

» bear the sorrow 슬픔을 견디다
» three children borne by Diana 다이애너가 낳은 세 아이들

★★★★☆ _0786

interest [íntərəst]
1. ⓝ 흥미, 관심
2. ⓝ 이자, 이익

» a man with wide interest 다방면에 흥미를 가진 사람
» annual interest 연리

비슷 endure 참다 | 비슷 deliver 출산하다 | 참고 bear 곰
형 interesting 재미있는 | 형 interested 흥미가 있는 | 비슷 benefit 이익

★★★★☆ _0787

state [steit]
1. ⓝ 상태, 지위, 국가
2. ⓥ 진술하다, 공표하다

» a liquid state 액체상태 / a welfare state 복지국가
» state one's views 자기 견해를 말하다

★★★★☆ _0788

will [wil]
1. ⓝ 의지, 소망
2. ⓝ 유언(하다), 유언장

» iron will 철석 같은 의지
» according to father's will 아버지의 유언에 따라

명 statement 진술 | 비슷 position 지위 | 비슷 declare 선언하다
형 willing 기꺼이 ~하는 | 형 willful 고집이 센 | 비슷 hope 소망

★★★☆☆ _0789

free [friː]

1. ⓐ 자유로운, 구속받지 않은
2. ⓐ 무료의, 공짜의

» a free decision 자유결정
» a free pass 무료 승차권

★★★☆☆ _0790

head [hed]

1. ⓝ 머리, 두뇌, 지도자
2. ⓥ 향해 가다, 나아가다

» the head of school 학교장
» head west 서쪽을 향해 가다

명 freedom 자유 비슷 careless 신경을 쓰지 않는 반대 charged 돈을 받는
형 heady 무모한 부 ahead 앞쪽에 참고 headhunter 스카우트 담당자

★★★★☆ _0791

simple [símpəl]

1. ⓐ 단순한, 단일의
2. ⓐ 검소한, 꾸밈없는

» a simple question 단순한 질문
» the simple life 검소한 생활

★★★★☆ _0792

sound [saund]

1. ⓝ 소리, 음향
2. ⓐ 건전한, 건강한

» Sound and Fury 음향과 분노(윌리엄 포크너의 소설)
» a sound mind in a sound body 건전한 신체에 건전한 정신

동 simplify 쉽게 만들다 명 simplicity 간소함 부 simply 단지
참고 sound proof 방음의 참고 noise 소음 비슷 healthy 건강한

★★★★★ _0793

remain [riméin] ⓥ 남다, 머무르다

» remain unmarried 결혼하지 않고 독신으로 있다
» remain abroad 외국에 머무르다

★★★★☆ _0794

remains [riméinz] ⓝ 유적, 유물, 유족

» remains of the Stone Age 석기시대의 유물
» the remains of the deceased 유족

명 remainder 나머지 | 비슷 stay 머무르다 | 반대 leave 떠나다
비슷 relics 유물 | 비슷 vestige 흔적 | 비슷 ruins 유적

★★★★☆ _0795

rough [rʌf] 1. ⓐ 거칠거칠한, 사나운 2. ⓐ 대략의

» rough hands 거친 손 / rough weather 악천후
» a rough outline 줄거리

★★★☆☆ _0796

tough [tʌf] 1. ⓐ 강인한, 억센 2. ⓐ 질긴

» tough steel 단단한 금속
» a steak as tough as leather 가죽처럼 질긴 스테이크

부 roughly 대략 | 비슷 rugged 거친, 울퉁불퉁한 | 반대 detailed 상세한
비슷 strong 강인한 | 비슷 stubborn 고집불통의 | 반대 gentle 부드러운

★★★☆☆ _0797

very [véri]

1. *ad.* 매우, 대단히
2. ⓐ 바로 그, 정말로

» very useful animals 매우 유용한 동물들
» drink to the very last drop 마지막 한 방울까지 마시다

★★★★★ _0798

practice [prǽktis]

1. ⓝ 연습, 훈련, 실천
2. ⓥ 연습하다, 개업하다

» chorus practice 합창연습
» practice dentistry 치과의원을 개원하다

비슷 pretty 매우 | 비슷 extremely 극히 | 비슷 exceedingly 대단히
비슷 training 훈련 | 비슷 open 개업하다 | 반대 idle 빈둥빈둥 놀다

★★★★★ _0799

regard [rigáːrd]

1. ⓥ 간주하다, 생각하다
2. ⓝ 안부, 관련, 고려

» regard a thing as dangerous 위험한 것으로 생각하다
» Give him my regards. 그에게 안부 전해주십시오.

★★★☆☆ _0800

sort [sɔːrt]

1. ⓝ 종류, 타입
2. ⓥ 분류하다, 구분하다

» boys of nice sorts 마음씨 좋은 소년들
» sort watermelons by size 수박을 크기별로 분류하다

전 regarding ~에 관해서 | 형 regardless 관심 없는 | 비슷 consider 고려하다
비슷 kind 종류 | 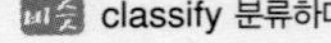 비슷 classify 분류하다 | 반대 blend 섞다

Review Test 8

1 다음 각 단어의 알맞은 뜻을 연결하시오.

1. arms	저장하다
2. respect	학파
3. manners	세관
4. lead	인도하다
5. grade	문자
6. store	광산
7. letter	학년
8. school	풍습
9. mine	존경하다
10. customs	무기

» **Answers**

1. 무기 **2**. 존경하다 **3**. 풍습 **4**. 인도하다 **5**. 학년 **6**. 저장하다 **7**. 문자 **8**. 학파 **9**. 광산 **10**. 세관

2 다음 빈 칸에 알맞은 단어를 보기에서 골라 쓰시오.

race	fair	raise	lean
pictures	succession	face	break

1. a coffee ____________ 커피 시간
2. lose ____________ 체면을 잃다
3. a ____________ of errors
   실패의 연속
4. ____________ the standard of living
   생활수준을 높이다
5. the Hollywood ____________
   할리우드 영화
6. for a ____________ price
   공정한 가격으로
7. the Korean ____________
   한민족
8. ____________ against a wall 벽에 기대다

» **Answers**

1. break **2**. face **3**. succession **4**. raise **5**. pictures **6**. fair
7. race **8**. lean

3 다음 빈 칸에 알맞은 단어를 보기에서 골라 쓰시오.

subject	abroad	grade
remain	tough	fired

1. Only a few hundred of these animals ______________ today.
   이 동물들은 단지 수백 마리만이 오늘날 남아 있다.
2. Starting a new job can be ______________.
   새로운 일을 시작하는 것은 힘들다.
3. He goes ______________ a lot with his job.
   그는 직업상 자주 해외로 나간다.
4. You're ______________. 너는 해고야.
5. Chemistry is my favorite ______________.
   화학은 내가 가장 좋아하는 학과목이다.
6. A major in the army is one ______________ higher than a captain.
   육군 소령은 대위보다 한 계급 높다.

» **Answers**

1. remain **2**. tough **3**. abroad **4**. fired **5**. subject **6**. grade

4 다음 표시된 말의 알맞은 해석을 쓰시오.

1. a parking fine

____

2. practice dentistry

____

3. a permanent address

____

4. a hard worker

____

5. a music stand

____

6. annual interest

____

7. white lie

____

8. liquid state

____

» **Answers**

1. 벌금 **2**. 개업하다 **3**. 영구적인 **4**. 열심히 **5**. (악보)대 **6**. 1년의
7. 거짓말 **8**. 상태

Chapter 9

시사문제 단어
(자연과학 분야)

1. 수능 만점 단어
2. 핵심 역량 단어
3. 듣기 필수 단어
4. 독해 정복 단어 (A)
5. 독해 정복 단어 (B)
6. 교과서 총정리 단어 (A)
7. 교과서 총정리 단어 (B)
8. 함정 단어
9. 시사문제 단어 (자연과학 분야)
10. 시사문제 단어 (인문사회 분야)

Preview

- ❑ fabric
- ❑ globe
- ❑ cell
- ❑ symptom
- ❑ protein
- ❑ cripple
- ❑ mineral
- ❑ leather
- ❑ bronze
- ❑ clinic
- ❑ acid
- ❑ choke
- ❑ frame
- ❑ flame
- ❑ log
- ❑ brick
- ❑ flash
- ❑ immune
- ❑ sanitary
- ❑ illuminate
- ❑ lighten
- ❑ garbage
- ❑ fortune
- ❑ shine
- ❑ twinkle
- ❑ rectangular
- ❑ square
- ❑ blush
- ❑ pale
- ❑ escape
- ❑ chase
- ❑ timber
- ❑ ladder
- ❑ galaxy
- ❑ comet
- ❑ exotic
- ❑ bunch
- ❑ tray
- ❑ jar
- ❑ survive
- ❑ doom
- ❑ canal
- ❑ gulf
- ❑ prairie
- ❑ oasis
- ❑ summit
- ❑ canyon
- ❑ dew
- ❑ mist
- ❑ dusk
- ❑ marble
- ❑ quake
- ❑ blizzard
- ❑ typhoon
- ❑ mammal
- ❑ cub
- ❑ ape
- ❑ den
- ❑ nerve
- ❑ vegetarian
- ❑ mushroom
- ❑ wither
- ❑ dove
- ❑ hawk
- ❑ gender
- ❑ animate
- ❑ tissue
- ❑ rib
- ❑ vein
- ❑ artery
- ❑ pulse
- ❑ belly
- ❑ bacteria
- ❑ pharmacy
- ❑ surgeon
- ❑ antibiotic
- ❑ dose
- ❑ condense
- ❑ proportion
- ❑ sphere
- ❑ circulation
- ❑ desert
- ❑ season
- ❑ extinct
- ❑ element
- ❑ stiff
- ❑ beam
- ❑ dimension
- ❑ peculiar
- ❑ vapor
- ❑ Fahrenheit
- ❑ centigrade
- ❑ component
- ❑ synthesize
- ❑ organism
- ❑ moss
- ❑ infection
- ❑ plague
- ❑ virus
- ❑ amid

★★★☆☆ _0801

fabric

[fǽbrik]

ⓝ 직물, 천, 짜임새

» woolen fabrics 모직물
» thick coarse fabric 투박한 옷감

★★★★☆ _0802

globe

[gloub]

ⓝ 지구, 구, 천체

» the terrestrial globe 지구
» the four corners of the globe 전세계 구석구석

❑ The family is part of the fabric of society.
가정은 사회를 구성하는 한 부분이다.

❑ This event is being watched by 200 million people around the globe. 이 사건을 전세계 2억명의 사람들이 지켜보고 있다.

비슷 textile 직물	비슷 structure 구조	참고 manufacture 제조
비슷 sphere 구	비슷 orb 구	참고 celestial 천체의

★★★☆☆ _0803

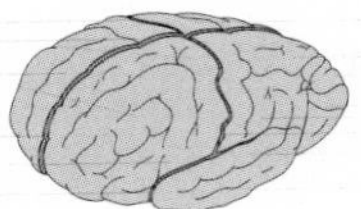

cell

[sel]

1. ⓝ 세포, 조직
2. ⓝ 독방, 암자

» cells of the brain 뇌세포
» Communist cell 공산당 세포(조직)

★★★★★ _0804

symptom

[símptəm]

ⓝ 증상, 징조, 조짐

» allergic symptom 알레르기 증상
» symptoms of malaria 말라리아 증상

❑ He died alone in a condemned cell.
그는 사형수 독방에서 홀로 죽었다.

❑ The drinking was just a symptom of his general unhappiness.
음주는 그의 불행을 나타내는 한 가지 증상일 뿐이었다.

명 cellar 지하실	참고 solitary cell 독방	참고 tissue 조직
비슷 indication 징조	비슷 omen 전조	참고 influenza 유행성 감기

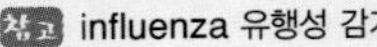

★★★☆☆ _0805

protein

[próuti:in]

ⓝ 단백질

» highly protein food 단백질이 많은 음식
» animal protein 동물성 단백질

★★★☆☆ _0806

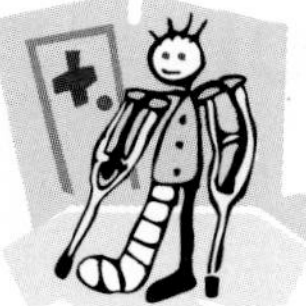

cripple

[krípl]

ⓝ 신체 장애자, 불구자

» an emotional cripple 정서 장애자
» a war cripple 상이 용사

❑ Protein helps your body to grow and be healthy.
단백질은 몸을 성장하게 하고, 건강하게 해준다.

❑ His son was crippled by a riding accident.
그의 아들은 차 사고로 불구자가 되었다.

참고 carbohydrate 탄수화물	참고 iron 철분	참고 intake 섭취량
비슷 the disable 신체장애자	참고 injury 손상	참고 crutch 목발

★★★☆☆ _0807

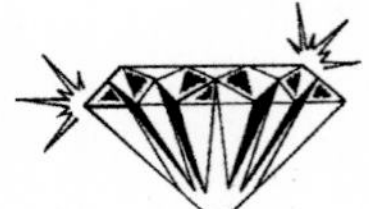

mineral

[mínərəl]

ⓝ 광물, 광석, 무기물

» mineral water 생수
» a mineral right 광업권

★★★☆☆ _0808

leather

[léðər]

ⓝ 가죽, 가죽제품

» a leather pocketbook 가죽 지갑
» tanned leather 무두질한 가죽

❑ The region's rich mineral include oil, gold, and aluminium.
그 지역의 풍부한 광물자원에는 석유, 금과 알루미늄이 포함된다.

❑ Leather is used to make things such as shoes and bags.
가죽은 신발이나 가방을 만드는 데 사용된다.

비슷 ore 광석	참고 resources 자원	참고 inorganic 생활기능이 없는
비슷 hide 짐승의 가죽	참고 strap 가죽끈	참고 durable 튼튼한

★★★☆☆ _0809

bronze

[brɔnz]

ⓝ 청동, 브론즈

» Bronze Age 청동기 시대
» a bronze statue 청동상

★★★★☆ _0810

clinic

[klínik]

ⓝ 진찰실, 진료소, 상담소

» a maternity clinic 산부인과
» a fashion clinic 패션 상담소

❑ He got a bronze medal.
그는 동메달을 땄다.

❑ She always goes to a skin clinic.
그녀는 항상 피부과에 다닌다.

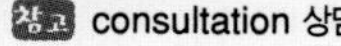

참고 brass 놋쇠 참고 alloy 합금 참고 copper wire 구리철사
형 clinical 임상의 참고 consultation 상담 참고 examine 진찰하다

★★★★☆ _0811

acid

[ǽsid]

1. ⓝ 산, 신것
2. ⓐ 산의, 신맛 나는, 신랄한

» acid test 산화 테스트
» an acid reaction 산성반응

★★★★☆ _0812

choke

[tʃouk]

ⓥ 질식시키다, 숨막히게 하다

» choke on the rice 밥에 목이 메다
» choke to death 질식사하다

❑ He ate acid fruits.
그는 신맛이 나는 과일을 먹었다.

❑ Children can choke on peanuts.
아이들은 땅콩으로도 질식할 수 있다.

비슷 sour 신
비슷 strangle 질식시키다
비슷 sarcastic 빈정대는
비슷 suffocate 질식시키다

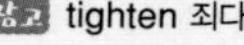

참고 vinegar 식초
참고 tighten 죄다

★★★★☆ _0813

frame

[freim]

ⓝ 틀, 액자, 뼈대

» a picture frame 그림 액자
» a window frame 창문틀

★★★☆☆ _0814

flame

[fleim]

1. ⓝ 불꽃, 정열
2. ⓥ 타오르다

» a blue flame 시퍼런 불빛
» her old flame 그녀의 옛 연인

❑ He has a horse of a good strong frame.
그는 체구가 좋고 튼튼한 말을 가지고 있다.

❑ The whole building was soon in flames.
빌딩 전체가 금세 화염에 휩싸였다.

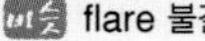

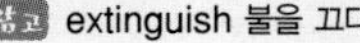

비슷 skeleton 골격	비슷 framework 뼈대, 골조	참고 contrive 고안하다
비슷 blaze 불꽃	비슷 flare 불길	참고 extinguish 불을 끄다

★★★☆☆ _0815

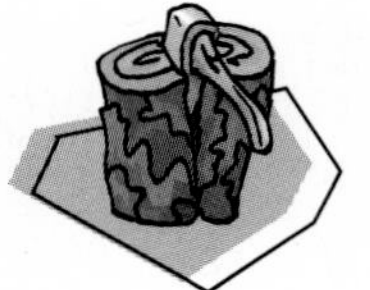

log

[lɔːg]

1. ⓝ 통나무
2. ⓝ 항해 일지

» logs for the fire 불을 피우기 위한 통나무
» log in (컴퓨터) 사용 개시하다

★★★☆☆ _0816

brick

[brik]

ⓝ 벽돌

» a brick wall 벽돌 벽
» a house built of brick 벽돌로 지은 집

❑ It's as easy as rolling off a log.
그 일은 통나무 굴리는 일처럼 아주 쉽다.

❑ Tom has a house built of brick.
톰은 벽돌집을 가지고 있다.

참고 twig 작은 가지 참고 voyage 항해 참고 split 쪼개다
참고 lay (벽돌을) 쌓다 참고 marble 대리석 참고 block 토막

★★★☆☆ _0817

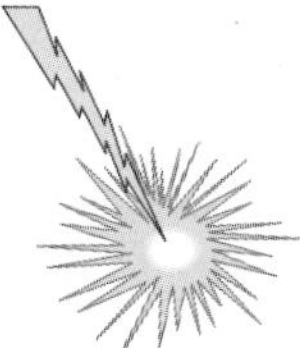

flash

[flæʃ]

ⓝ 섬광, 순간 번쩍임

» flash a light into my eye 눈에 빛이 번쩍하다
» news flash 뉴스 특보
» a flash of wit 재치의 번득임

★★★☆☆ _0818

immune

[imjúːn]

ⓐ 면역이 된, 면역의

» immune reaction 면역반응
» immune from punishment 처벌이 면제된

❑ Why did that guy flash his headlight at me?
저 남자는 왜 헤드라이트를 내 쪽에 비추는 거지?

❑ Pregnant women should make sure they are immune to measles.
임산부들은 발진성 질병에 면역성이 있는지 확인해보아야 한다.

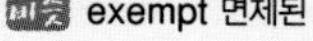

비슷 twinkling 반짝임	비슷 glitter 반짝이다	참고 flashlight 손전등
명 immunity 면제, 면역	비슷 exempt 면제된	참고 antibody 항체

★★★★☆ _0819

sanitary

[sǽnətèri]

1. ⓐ 위생의, 위생적인
2. ⓝ 공중변소

» a sanitary engineer 공중위생기사
» a sanitary cup 위생컵

★★★★★ _0820

garbage

[gά:rbidʒ]

ⓝ 쓰레기, 찌꺼기

» the heap of garbage 쓰레기 더미
» garbage in, garbage out. 무가치한 것을 넣으면 무가치한 것이 나온다.

❑ That kitchen is not sanitary.
저 부엌은 위생적이지 않다.

❑ Can somebody take out the garbage?
누가 쓰레기를 갖다 버려줄 수 있니?

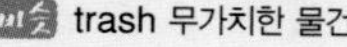
명 sanitation 공중위생
비슷 trash 무가치한 물건

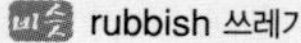
비슷 hygienic 위생상의
비슷 rubbish 쓰레기

반대 foul 더러운
참고 sweep 청소하다

★★★★☆ _0821

lighten

[láitn]

1. ⓥ 밝게 하다, 비추다
2. ⓥ 가볍게 하다, 덜어주다

» lighten the color 색깔을 연하게 하다
» lighten a tax 세금을 덜어주다

★★★★☆ _0822

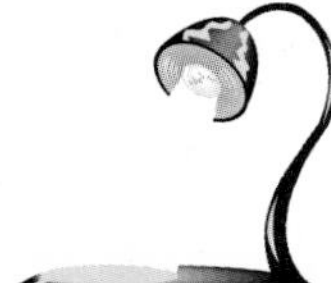

illuminate

[ilú:mənèit]

1. ⓥ 비추다, 밝게 하다
2. ⓥ 계몽하다, 교화하다

» illuminated wall 조명을 받는 벽
» illuminate young students 젊은 학생들을 계몽하다

❑ The sky begins to lighten before daybreak.
하늘은 해뜨기 전에 밝아지기 시작한다.

❑ Their faces were momentarily illuminated with pleasure.
그들의 얼굴은 잠시동안 기뻐서 환해졌다.

명 lightning 번개	비슷 reduce 덜어주다	참고 lighthouse 등대
명 illumination 조명	비슷 enlighten 계몽하다	반대 obscure 어둡게 하다

★★★☆☆ _0823

twinkle

[twíŋkəl]

ⓥ 반짝이다, 빛나다

» stars that twinkle in the sky 하늘에 반짝이는 별
» in the twinkle of an eye 눈 깜박할 사이에

★★★★☆ _0824

shine

[ʃain]

ⓥ 빛나다, 빛나게 하다

» shine in the sun 햇빛을 받아 빛나다
» shine in school 학업성적이 뛰어나다

❏ The lights of the town twinkled in the distance.
마을의 불빛이 멀리서 반짝거렸다.

❏ The leaves of the tree are shining with dew.
나뭇잎이 이슬에 젖어 반짝이고 있다.

비슷 sparkle 불꽃을 튀기다 | 참고 flicker 명멸하다 | 참고 starlight 별빛의
형 shiny 빛나는 | 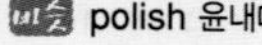 비슷 polish 윤내다 | 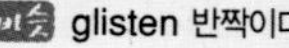 비슷 glisten 반짝이다

★★★☆☆ _0825

square

[skwɛər]

1. ⓝ 정사각형, 네모진 것
2. ⓝ 네모꼴 광장

» a tiny square of mirror 작은 사각 거울
» Times Square 뉴욕의 타임스 광장

★★☆☆☆ _0826

rectangular

[rektǽŋgjulər]

ⓐ 직사각형의
cf. rectangle 직사각형

» a rectangular solid 직사각형 입방체
» rectangular coordinates 직각 좌표

- ❑ He had a boutique on Trafalgar Square.
  그는 트라팔가 광장에 부티크를 열었다.
- ❑ He sleeps in a rectangular room.
  그는 직사각형 방에서 잔다.

비슷 plaza 광장	참고 shape 모양	참고 division 구획
참고 angular 모난	참고 triangular 삼각형의	참고 right angle 직각

★★★★☆ _0827

pale

[peil]

ⓐ 창백한, 핏기 없는

» a pale complexion 창백한 안색
» the pale moon 어스름 달

★★★☆☆ _0828

blush

[blʌʃ]

1. ⓥ 얼굴을 붉히다
2. ⓝ 얼굴 붉힘, 홍조

» blush like a school girl 여학생처럼 얼굴을 붉히다
» blush scarlet 홍당무가 되다

❑ You look a bit pale - are you all right?
약간 창백해 보이는군요. 괜찮으세요?

❑ He blushed with shame.
그는 수치심에 얼굴을 붉혔다.

비슷 faint 희미한  참고 fair 얼굴이 하얀 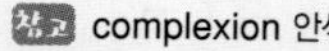 참고 complexion 안색
비슷 redden 얼굴이 빨개지다 참고 brush 붓 참고 dimple 보조개

★★★★★ _0829

chase

[tʃeis]

ⓥ 추적하다, 쫓아내다

» chase a rabbit 토끼를 몰다
» chase a person off 남을 쫓아내다

★★★★★ _0830

escape

[iskéip]

ⓥ 도망치다, 피하다

» narrowly escape death 간신히 죽음을 면하다
» escape punishment 처벌을 피하다

❑ The dog was chasing a rabbit.
개가 토끼를 쫓고 있었다.

❑ The two killers escaped from prison last night.
두 명의 살인자가 어젯밤 감옥에서 탈출했다.

비슷 pursue 쫓다	비슷 trace 추적하다	참고 trap 덫
비슷 flee 도망치다	비슷 elude 벗어나다	참고 predicament 곤경

★★★☆☆ _0831

ladder

[lǽdər]

ⓝ 사다리

» the ladder to success 성공으로 가는 사다리
» climb up a ladder 사다리를 올라가다

★★★☆☆ _0832

timber

[tímbər]

ⓝ 목재, 재목

» a log of timber 통나무
» standing timber 입목

❑ He who would climb the ladder must begin at the bottom.
천릿길도 한 걸음부터.

❑ They cut down timber.
그들은 입목을 베었다.

참고 path 통로 | 참고 shortcut 지름길 |  hierarchy 계급제
비슷 lumber 재목 | 참고 plank 두꺼운 판자 | 참고 sawmill 제재소

★★☆☆☆ _0833

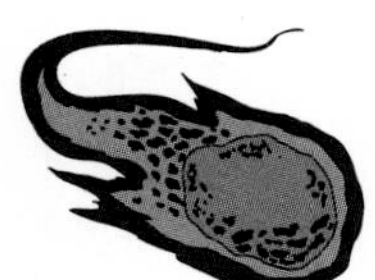

comet

[kάmit]

ⓝ 혜성

» long tail of a comet 혜성의 긴 꼬리
» Harry comet 해리 혜성

★★★☆☆ _0834

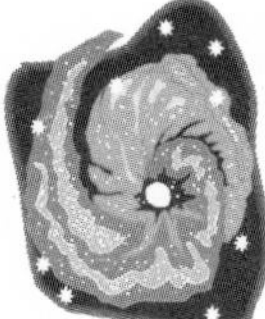

galaxy

[gǽləksi]

ⓝ 은하수, 은하계

» a galaxy far away 머나먼 은하수
» the peace of galaxy 은하계의 평화

❑ That is the tail of a comet.
저것이 혜성의 꼬리야.

❑ Galaxy is a very large group of stars held together.
은하수란 매우 큰 규모로 별들이 모여 있는 것을 말한다.

비슷 meteor 유성	참고 planet 행성	참고 heavenly 하늘의
비슷 Milky Way 은하수	참고 gravitation 중력	참고 system 계(界)

★★★★★ _0835

fortune

[fɔ́ːrtʃən]

1. ⓝ 행운, 운명
2. ⓝ 재산, 부, 큰돈

» the fortune of war 무운
» a man of fortune 재산가

★★★★★ _0836

exotic

[igzátik]

1. ⓐ 이국적인, 외래의
2. ⓐ 신기한, 흥미로운

» exotic beverages 외국산 음료
» an exotic Gypsy melody 매혹적인 집시 선율

❑ Every man is the maker of his own fortune.
운명은 자기가 개척하는 것이다.

❑ He gave an exotic flower from Asia to her.
그는 그녀에게 아시아산의 이국적인 꽃을 주었다.

형 fortunate 운 좋은	비슷 lot 운명	비슷 wealth 부
비슷 foreign 외국의	비슷 alien 외래의	참고 enchant 매혹하다

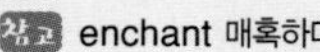

★★★★☆ _0837

bunch

[bʌntʃ]

ⓝ 다발, 송이, 더미

» a bunch of grapes 한 송이의 포도
» a bunch of books 한 무더기의 책

★★★☆☆ _0838

tray

[trei]

ⓝ 쟁반, 접시

» a breakfast tray 아침밥을 담은 쟁반
» the rim of a tray 접시의 가두리

❑ He handed me a bunch of flowers.
그는 나에게 꽃 한 다발을 건넸다.

❑ This is a serving tray.
이것은 요리를 나르는 쟁반이다.

비슷 bundle 묶음 비슷 cluster 송이  비슷 parcel 꾸러미
비슷 plate 접시 비슷 saucer 받침접시 참고 bowl 사발

★★★☆☆ _0839

jar

[dʒɑːr]

ⓝ 단지, 병

» a jar of peanut butter 땅콩 버터 병

» a jar of pickle 피클 한 병

★★★★★ _0840

survive

[sərváiv]

ⓥ 생존하다, 살아남다

» survive one's children 자식들보다 오래 살다

» survive a shipwreck 배의 좌초에서 살아남다

- [ ] He's trying to find a jar of jam.
  그는 잼이 담긴 병을 찾고 있다.
- [ ] These plants survived the terrible drought.
  이들 식물은 그 지독한 가뭄에도 살아남았다.

비슷 pot 단지 참고 container 그릇 참고 lid 뚜껑

명 survival 생존 비슷 outlive 오래 살다 반대 succumb 굴복하다

★★★★☆ _0841

doom

[duːm]

ⓝ 운명, 비운

» an evil doom 불길한 운명
» a sign of doom and decay 파멸의 징조

★★★☆☆ _0842

canal

[kənǽl]

ⓝ 운하, 수로

» the Suez Canal 수에즈 운하
» the construction of the canal 운하건설

❑ This is a sign of doom and decay.
이것은 파멸의 징조이다.

❑ Canal is an artificial river built for boats to travel.
운하는 배가 통행하도록 만들어진 인공의 강이다.

비슷 destiny 운명	참고 ordain 운명짓다	참고 gloom 어둠
비슷 waterway 수로	참고 artificial 인조의	참고 shore 물가

★★★☆☆ _0843

gulf

[gʌlf]

ⓝ 만
cf. bay (작은) 만

» the Gulf of Mexico 멕시코만
» a big gulf between the rich and the poor 빈부의 현격한 차이

★★★☆☆ _0844

prairie

[prέəri]

ⓝ 평원, 초원, 목초지

» a prairie fire 요원의 불길
» Prairie Provinces 캐나다 서부의 초원지대

❑ There is a growing gulf between the rich and the poor.
부자와 가난한 사람들 사이의 골이 갈수록 깊어지고 있다.

❑ Prairie is a large, flat area of land in North America.
프레리는 북미의 넓고 평평한 지대를 말한다.

비슷 chasm 깊고 넓은 틈	참고 peninsular 반도의	참고 gulp 꿀꺽 마시다
비슷 plain 평지	비슷 savanna 대초원	비슷 meadow 초원

★★☆☆☆ _0845

oasis

[ouéisis]

ⓝ 오아시스, 휴식처

» an oasis in the desert 사막의 오아시스(위안이 되는 것)
» Tashkent, a city built on an oasis 오아시스에 건설된 도시, 타슈켄트

★★★★★ _0846

summit

[sʌ́mit]

1. ⓝ 꼭대기, 정상, 절정
2. ⓝ 최고위 회담, 정상회담

» the summit of mountain 산꼭대기
» a summit talk 정상회담

❑ The cafe was an oasis in the busy, noisy city.
그 카페는 바쁘고 시끄러운 도시에서 오아시스와 같았다.

❑ The climbers hope to reach the summit before nightfall.
등반가들은 해가 지기 전에 정상에 닿기를 바랐다.

참고 spring 샘 | 참고 fountain 원천, 샘 | 참고 wilderness 황야
비슷 peak 최고점 | 비슷 crown 절정 | 비슷 zenith 정점

★★★☆☆ _0847

canyon

[kǽnjən]

ⓝ (깊은) 계곡, 협곡

» Grand Canyon 그랜드 캐년
» Kings Canyon National Parks 킹스 캐년 국립공원

★★★★☆ _0848

dew

[djuː]

ⓝ 이슬, 물방울

» drops of dew 이슬방울
» a life as fleeting as the dew on the grass
풀잎에 맺힌 이슬처럼 덧없는 인생

❑ Canyon is a deep valley with very steep sides.
협곡은 매우 가파른 경사면으로 이루어진 깊은 골짜기이다.

❑ The dew falls in early morning.
이슬은 이른 아침에 내린다.

비슷 valley 계곡	참고 slope 비탈	참고 inclination 경사
형 dewy 이슬 맺힌	참고 drop 한 방울	참고 due 지불기일이 된

★★★☆☆ _0849

mist

[mist]

ⓝ 안개, 김, 흐릿함

» a thick mist 짙은 안개
» a mist of sea spray 안개 같은 바다의 물보라

★★★☆☆ _0850

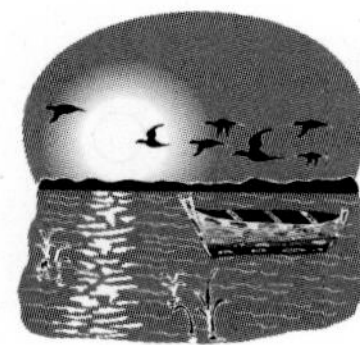

dusk

[dʌsk]

ⓝ 황혼, 어둠, 땅거미

» from dawn till dusk 새벽부터 해질 때까지
» in the dusk of evening 어스름 저녁에

❑ The mist has cleared off.
안개가 걷혔다.

❑ She always sleeps till dusk is deepening.
그녀는 항상 땅거미가 질 때까지 잔다.

비슷 haze 안개	참고 moist 축축한	참고 float 떠돌다
비슷 twilight 황혼	반대 daylight 낮	참고 husk 껍질

★★★☆☆ _0851

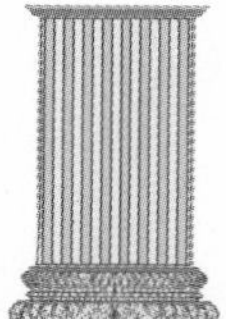

marble

[mɑ́ːrbəl]

ⓝ 대리석, 구슬

» a marble statue 대리석 상
» play marbles 구슬치기 하다

★★★★☆ _0852

quake

[kweik]

1. ⓥ 덜덜 떨다, 흔들리다
2. ⓝ 진동, 떨림, 지진

» quake with terror 무서워서 와들와들 떨다
» Hitchcock's tales to make you quake and quiver
오들오들 떨게 만드는 히치콕의 이야기

❑ This is a statue in marble.
이것은 대리석으로 만든 입상이다.

❑ He is quaking with cold.
그는 추위로 떨고 있다.

참고 limestone 석회암
명 earthquake 지진
참고 marvel 놀라운 일
형 quakeproof 내진의

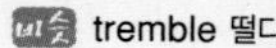

참고 polish 윤내다
비슷 tremble 떨다

★★★★☆ _0853

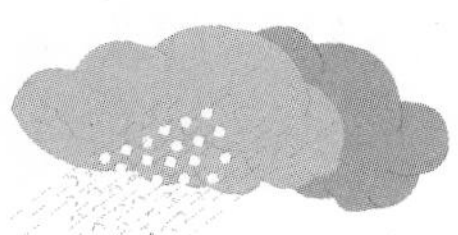

blizzard

[blízərd]

ⓝ 심한 눈보라

» blizzard in Alaska 알래스카의 심한 눈보라
» lost in the blinded blizzard 앞이 안 보이는 눈보라 속에서 길을 잃다

★★★☆☆ _0854

typhoon

[taifúːn]

ⓝ 태풍

» the eye of a typhoon 태풍의 눈
» issue a typhoon warning 태풍 경보를 발하다

❏ This town is covered with snow after passing blizzard.
이 마을은 눈보라가 지나간 후 눈으로 덮혔다.

❏ Typhoon is a violent storm with very strong winds.
태풍은 매우 강한 바람을 동반한 강렬한 폭풍이다.

비슷 snowstorm 눈보라
비슷 cyclone 사이클론
참고 rage 사나움
참고 violent 격렬한

참고 severe 맹렬한
참고 tropical 열대의

★★★★☆ _0855

mammal

[mǽməl]

ⓝ 포유동물

» the first Xeroxed mammal 최초로 복제된 포유동물
» a marine mammal trainer 해양 포유동물 조련사

★★★★☆ _0856

cub

[kʌb]

ⓝ (야수의) 새끼, 풋내기

» an unlicked cub 버릇없는 젊은이
» a bear's cub 곰 새끼

❏ Whale is a mammal.
고래는 포유동물이다.

❏ He is cubbish. So people don't like him
그는 버릇이 없다. 그래서 사람들은 그를 좋아하지 않는다.

참고 mammoth 거대한 것 참고 feed 양육하다 참고 breed 새끼를 낳다
반대 expert 숙련자 참고 lamb 새끼양 참고 cube 입방체

★★★★☆ _0857

ape

[eip]

ⓝ 유인원, 원숭이

» play the ape 남의 흉내를 내다
» the thinking ape 생각하는 원숭이

★★★☆☆ _0858

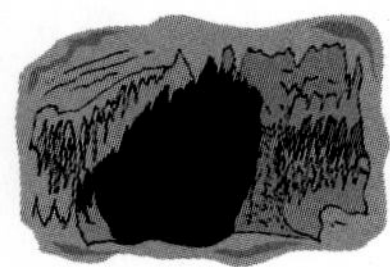

den

[den]

ⓝ 동굴, 우리, 누추한 곳

» dens of misery 빈민가
» a surprise raid on a gambling den 도박장에 대한 불시 습격

❑ He grins like an ape.
그는 이를 드러내고 히죽거린다.

❑ Here is a lions' den.
이곳은 사자 굴이다.

참고 evolve 진화하다 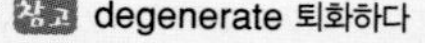 참고 degenerate 퇴화하다 참고 degrade 지위를 낮추다
비슷 cave 동굴 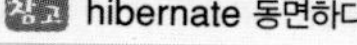 참고 hibernate 동면하다 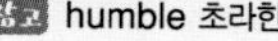 참고 humble 초라한

★★★★☆ _0859

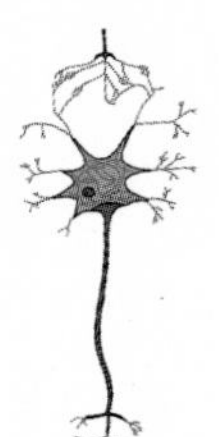

nerve

[nəːrv]

1. ⓝ 신경 (조직)
2. ⓝ 용기, 담력

» optic nerves 시신경
» a man of nerve 담대한 사나이

★★★☆☆ _0860

vegetarian

[vèdʒətέəriən]

ⓝ 채식주의자

» a vegetarian restaurant 채식주의자 식당
» a vegetarian pizza 채식주의자를 위한 피자

❑ I'd get the nerve up to invite her to a movie.
나는 용기를 내어 그녀를 영화에 초대하겠다.

❑ All her children are vegetarian.
그녀의 자녀들은 모두 채식주의자이다.

형 nervous 신경과민의	비슷 courage 용기	비슷 bravery 용감
명 vegetable 식물	참고 surfeit 너무 먹다	참고 nutrition 영양섭취

★★★☆☆ _0861

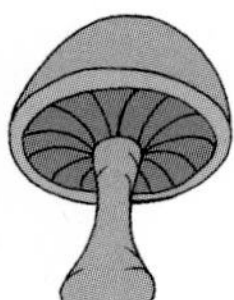

mushroom

[mʌ́ʃruːm]

ⓝ 버섯

» mushrooms after rain 우후죽순
» mushroom color 엷은 노랑기를 띤 갈색

★★★★☆ _0862

wither

[wíðər]

ⓥ 시들다, 말라버리다

» flowers wither 꽃이 시들다
» feeling of sympathy wither 동정심이 희박해지다

❑ He ordered pasta with wild mushrooms.
그는 야생버섯이 든 파스타를 주문했다.

❑ If a plant withers, it becomes dry and starts to die.
식물이 시든다는 말은 그 식물이 마르고 죽기 시작한다는 말이다.

비슷 fungus 균류	참고 poisonous 유독한	참고 delicious 맛있는
비슷 fade 바래다	비슷 shrivel 오그라들다	참고 sprout 싹이 나다

★★★☆☆ _0863

dove

[dʌv]

ⓝ 비둘기, 평화주의자

» a dove politician 온건파 정치인
» gentle as a dove 유순한

★★★☆☆ _0864

hawk

[hɔːk]

ⓝ 매, 사기꾼, 강경파

» a hawk and a dove 매와 비둘기 (강경파와 온건파)
» a hawk nose 뾰족한 코

- [ ] She is as gentle as a dove.
  그녀는 비둘기처럼 유순하다.
- [ ] There is a hawk's den.
  저기 매의 우리가 있다.

비슷 pigeon 비둘기	참고 meek 유순한	참고 moderate 온건한
비슷 falcon 매	참고 stubborn 완고한	참고 deception 속임

★★★★☆ _0865

gender

[dʒéndər]

ⓝ 성

» the masculine (feminine) gender 남성 (여성)
» trans-gendered people 성전환자

★★★★★ _0866

animate

[ǽnəmèit]

1. ⓥ 살리다, 생기를 주다
2. ⓐ 생기 있는, 살아 있는, 기운찬

» animate a person with a kind word 친절한 말로 격려하다
» animate beings 살아 있는 것들

❑ Gender is a very sensitive subject.
성은 매우 민감한 주제이다.

❑ The dance was animated by the song.
춤은 노래로 신바람이 났다.

참고 masculine 남성적인 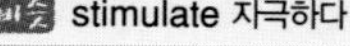 참고 feminine 여성다운 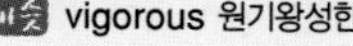 참고 distinction 구별
비슷 vitalize 생명을 주다 비슷 stimulate 자극하다 비슷 vigorous 원기왕성한

★★★☆☆ _0867

tissue

[tíʃuː]

ⓝ 조직, 화장지

» muscle tissue 근육조직
» toilet tissue 화장지

★★★☆☆ _0868

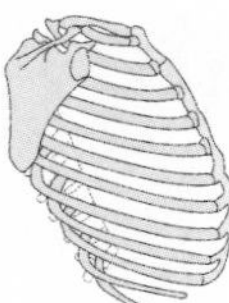

rib

[rib]

ⓝ 늑골, 갈비뼈

» tickle a person in the ribs 남의 옆구리를 간질이다
» a rib of beef 쇠고기 갈비살

❑ Brain tissues are the most important to human.
두뇌조직은 인간에게 가장 중요하다.

❑ He pokes a person in the ribs.
그는 넌지시 옆구리를 찔러 알린다.

참고 culture 배양하다 | 참고 muscular 근육의 | 참고 issue 논점
참고 spine 등뼈 | 참고 skeleton 골격 | 참고 rob 강탈하다

★★★☆☆ _0869

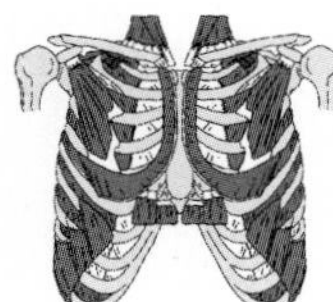

vein

[vein]

1. ⓝ 정맥
2. ⓝ 기질, 성질, 성향

» the pulmonary vein 폐정맥
» a vein of stubbornness 완고한 성격

★★★☆☆ _0870

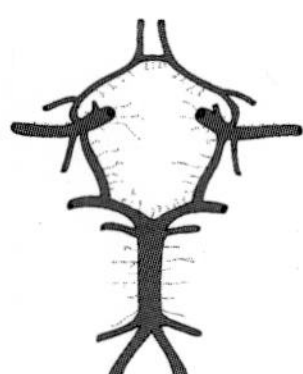

artery

[ɑ́:rtəri]

1. ⓝ 동맥
2. ⓝ 간선도로

» the main artery 대동맥
» an artery of trade 상업의 중추

❏ The blood of kings flowed in his veins.
그의 혈관에는 왕의 피가 흐르고 있었다.

❏ This is the main artery.
이것이 대동맥이다.

비슷 temper 기질	참고 tube 관	참고 vain 헛된
참고 blood vessel 혈관	참고 highway 간선도로	참고 trunk 간선

★★★☆☆ _0871

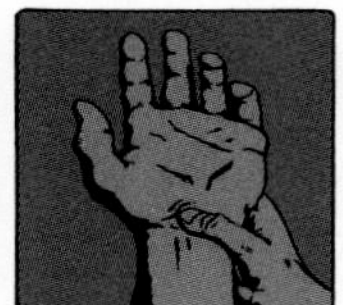

pulse

[pʌls]

ⓝ 맥박, 진동

» pulse rate 맥박수
» The pulse is normal. 맥박이 정상이다.

★★★★☆ _0872

belly

[béli]

ⓝ 배, 복부

» belly button 배꼽
» lie on the belly 엎드려 자다

❑ She put her fingers on my wrist to take my pulse.
그녀는 내 손목에 손가락을 대고 맥박을 쟀다.

❑ We went on our bellies.
우리는 포복하여 나아갔다.

참고 vibration 떨림	참고 quiver 흔들리다	참고 rate 속도
비슷 stomach 위, 배	참고 stomachache 복통	참고 appetite 식욕

★★★☆☆ _0873

bacteria

[bæktíəriə]

ⓝ 박테리아, 세균

» cultivation of bacteria 균 배양
» the propagation of bacteria 박테리아 번식

★★★★☆ _0874

pharmacy

[fάːrməsi]

ⓝ 약국, 조제술, 약학
cf. pharmacist 약사

» a doctor of pharmacy 약학박사
» the entry barriers in the pharmacy business 제약업계의 진입 장벽

❑ Are these are harmless bacteria or virulent bacteria?
이것들은 무해한 박테리아인가 유해한 박테리아인가?

❑ Where is a pharmacy?
약국이 어디입니까?

비슷 germ 세균	참고 injurious 유해한	참고 sterilize 살균하다
비슷 drugstore 약국	참고 medicine 약	참고 prescription 처방

★★★★☆ _0875

surgeon

[sə́ːrdʒən]

ⓝ 외과의사

cf. surgery 외과, 수술

» a surgeon with the hands of God 신의 손을 가진 외과의사

» a Singaporean female surgeon 싱가폴인 여성 외과의사

★★★★☆ _0876

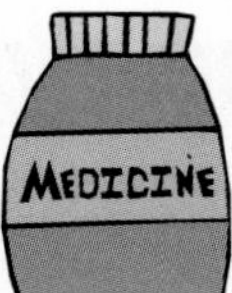

antibiotic

[æ̀ntibaiάtik]

ⓝ 항생물질

» appropriate antibiotic therapy 적절한 항생제 치료

» antibiotics being sold commercially 시판되고 있는 항생제

❑ Jack is a surgeon.
잭은 외과의사이다.

❑ He is taking antibiotics for an ear infection.
그는 중이염에 걸려서 항생제를 먹는다.

형 surgical 수술의	반대 physician 내과의사	참고 operation 수술
명 antibiosis 항생작용	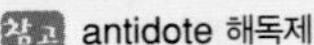 참고 antidote 해독제	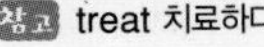 참고 treat 치료하다

★★★★★ _0877

dose

[dous]

ⓝ 1회 복용량, 한 첩

» a dose of medicine 1회 복용약
» a fatal dose 치사량

★★★★★ _0878

condense

[kəndéns]

ⓥ 농축하다, 요약하다

» condense vapor into water 수증기를 응축하여 물로 만들다
» condense an article into two pages 사설을 2페이지로 요약하다

❑ What is the recommended dose?
적정 복용량이 어떻게 됩니까?

❑ Condense your arguments into a few major points.
논점을 몇 가지로 요약하시오.

비슷 dosage 투약, 복용량 | 참고 cough 기침 | 참고 prescribe 처방하다
비슷 abbreviate 줄여쓰다 | 비슷 compress 요약하다 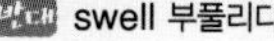 | 반대 swell 부풀리다

★★★★☆ _0879

proportion

[prəpɔ́ːrʃən]

ⓝ 비율, 비례

» proportion of three to one 1대 3의 비율
» a sense of proportion 균형감각

★★★★☆ _0880

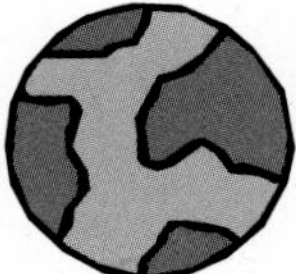

sphere

[sfiər]

1. ⓝ 구, 행성, 천체
2. ⓝ 범위, 영역, 계층

» music of the spheres 천상의 음악
» remain within one's sphere 본분을 지키다

❑ The room is long in proportion to its width.
그 방은 폭에 비하여 길다.

❑ He can keep within his proper sphere.
그는 그의 본분을 지킬 줄 안다.

형 proportional 비례하는	비슷 balance 균형	비슷 comparison 비교
비슷 ball 구	비슷 domain 세력 범위	비슷 area 지역

★★★★☆ _0881

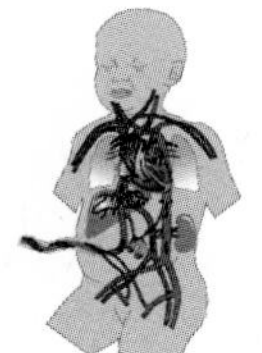

circulation

[sə̀ːrkjuléiʃən]

1. ⓝ 순환, 유통
2. ⓝ 발행부수, 대출부수

» the circulation of the blood 혈액순환
» a circulation of a million 1백만부 발행

★★★★☆ _0882

desert

[dézəːrt]

1. ⓝ 사막, 황무지
2. ⓥ 버리다, 포기하다 [dizə́ːrt]

» the Sahara Desert 사하라 사막
» desert one's husband 남편을 저버리다

❑ Exercise improves your circulation.
운동은 혈액순환을 개선해 줍니다.

❑ The enemy deserted their city.
적은 그들의 도시를 포기했다.

형 circular 순환성의	비슷 copy 부수	참고 edition 판(版)
비슷 wilderness 황무지	비슷 barren 불모지	참고 dessert 디저트

★★★☆☆ _0883

season

[síːzən]

1. ⓝ 계절, 철
2. ⓥ 양념 치다, 간 맞추다

» the rainy season 장마철
» season a dish with salt 소금으로 간을 맞추다

★★★★☆ _0884

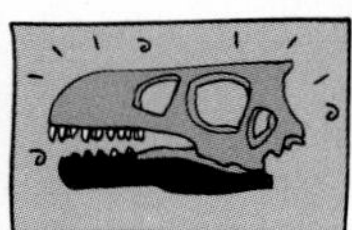

extinct

[ikstíŋkt]

ⓐ 사라진, 멸종된, 폐지된

» an extinct animal 멸종된 동물
» an extinct volcano 활동을 멈춘 화산

❑ It was a dull football season this year.
이번 축구 시즌은 지루했다.

❑ All hope was extinct.
모든 희망이 사라졌다.

형 seasonal 계절의	명 seasoning 조미료	비슷 flavor 맛을 내다
동 extinguish 끄다	참고 vanish 없어지다	참고 flourish 번성하다

★★★★☆ _0885

element [éləmənt] ⓝ 요소, 원소, 성분

» the elements of a sentence 문장의 구성요소
» The Fifth Element 제5원소

★★★★☆ _0886

stiff [stif]

1. ⓐ 뻣뻣한, 경직된
2. ⓐ 어려운, 심한

» a stiff collar 빳빳한 칼라
» a stiff work 어려운 일

형 elementary 기본적인 / 비슷 factor 요소, 요인 / 비슷 constituent 성분
동 stiffen 경직시키다 / 비슷 rigid 단단한 / 반대 hospitable 공손한

★★★☆☆ _0887

beam [bi:m]

1. ⓝ 광선
2. ⓝ 들보, 빔

» a laser beam 레이저 광선
» mote and beam 티끌과 대들보 (작은 결점, 큰 결점)

★★★★☆ _0888

dimension [diménʃən] ⓝ 차원, 부피

» a temple of vast dimension 굉장히 큰 절
» the fourth dimension 제4차원

비슷 gleam 어스레한 빛 / 참고 radiant 눈부신 / 참고 pillar 기둥
비슷 extent 넓이 / 비슷 measure 치수 / 비슷 bulk 부피

★★★☆☆ _0889

peculiar [pikjúːljər]

1. ⓐ 독특한
2. ⓐ 고유한

» a style peculiar to Hemingway 헤밍웨이 특유의 문체
» her own peculiar charm 그녀만의 매력

★★★☆☆ _0890

vapor [véipər]

ⓝ 증기, 안개

» the vapor from the volcano 화산에서 분출되는 증기
» a vapor bath 증기 목욕

명 peculiarity 특성 | 비슷 characteristic 독특한 | 반대 ordinary 평범한
비슷 fog 짙은 안개 | 비슷 steam 증기 | 참고 fluid 유동성의

★★★☆☆ _0891

Fahrenheit [fǽrənhàit]

ⓐ 화씨의
(섭씨 0도는 화씨 32도)

» 110 degrees Fahrenheit 화씨 110도
» F. stands for Fahrenheit. F.는 Fahrenheit의 약자이다

★★★☆☆ _0892

centigrade [séntəgrèid]

ⓐ 섭씨의

» 20 degrees centigrade 섭씨 20도
» Water freezes at 0 degree centigrade. 물은 섭씨 0도에서 언다

참고 degree (온)도 | 참고 scale 저울 | 참고 thermometer 온도계
참고 grade 등급 | 참고 temperature 온도 | 참고 centimeter 센티미터

★★★★☆ _0893

component [kəmpóunənt] ⓝ 구성요소

» an automotive component supplier 자동차 부품 공급자
» the component parts 구성요소

★★★★★ _0894

synthesize [sínθəsàiz] ⓥ 합성하다

» synthesize traditional values 전통적 가치들을 아우르다
» synthesize a human gene 인간 유전자를 합성하다

명 composition 구성	비슷 element 요소	참고 compound 합성하다
명 synthesis 종합	반대 analyze 분해하다	참고 combine 결합시키다

★★★★☆ _0895

organism [ɔ́ːrgənìzəm] ⓝ 유기체, 생물

» the first complete analysis of an organism
유기체에 대한 최초의 완전 분석

★★★☆☆ _0896

moss [mɔːs] ⓝ 이끼

» rocks covered with moss 이끼 낀 바위
» moss animals, aquatic organisms 수생 유기체인 이끼벌레

형 organic 유기체의	참고 microscopic 극히 미세한	참고 biology 생물학
형 mossy 이끼 낀	참고 fern 양치류	참고 swamp 늪

★★★★★ _0897

infection [infékʃən] ⓝ 감염, 오염

» an ear infection 중이염
» an throat infection 편도선염

★★★★☆ _0898

plague [pleig]

1. ⓝ 역병, 페스트
2. ⓝ 재앙, 재난

» a plague of rats 페스트
» a plague of war 전쟁의 재앙

형 infectious 전염성의 | 참고 contagious 옮기 쉬운 | 참고 disease 병
비슷 epidemic 전염병 | 참고 vexation 속상함 | 참고 nuisance 성가심

★★★☆☆ _0899

virus [váiərəs] ⓝ 바이러스, 병원체

» aids virus 에이즈 바이러스
» a kind of virus disease 일종의 바이러스성 질환

★★★☆☆ _0900

amid [əmíd] *prep.* 한복판에, 둘러싸여

» amid tears 눈물을 흘리면서
» amid shouts of dissents 반대의 아우성 속에서

비슷 influenza 유행성 감기 | 참고 vaccinate 예방접종하다 | 참고 vomit 구토하다
비슷 among ~사이에 | 비슷 surrounded by ~에 싸여 | 참고 heart 중심부

Review Test 9

1 다음 각 단어의 알맞은 뜻을 연결하시오.

1. fabric	넓이
2. symptom	면역이 된
3. cripple	얼굴을 붉히다
4. stiff	뻣뻣한
5. acid	목재
6. beam	증상
7. immune	직물
8. blush	산성
9. dimension	광선
10. timber	신체 장애자

» **Answers**

1. 직물 **2**. 증상 **3**. 신체 장애자 **4**. 뻣뻣한 **5**. 산성 **6**. 광선
7. 면역이 된 **8**. 얼굴을 붉히다 **9**. 넓이 **10**. 목재

2 다음 빈 칸에 알맞은 단어를 보기에서 골라 쓰시오.

protein	twinkle	stiff	cells
bunch	galaxy	summit	pale

1. a ____________ far away
   머나먼 은하수
2. a ____________ of grapes
   한 송이의 포도
3. ____________ of the brain 뇌세포
4. animal ____________ 동물성 단백질
5. a ____________ collar 빳빳한 칼라
6. stars that ____________ in the sky
   하늘에서 반짝이는 별
7. a ____________ complexion 창백한 안색
8. the ____________ of mountain 산꼭대기

» **Answers**

1. galaxy **2**. bunch **3**. cells **4**. protein **5**. stiff **6**.twinkle
7. pale **8**. summit

3 다음 빈 칸에 알맞은 단어를 보기에서 골라 쓰시오.

den	moss	quaking
blizzard	dusk	vapor

1. ____________ is a many small drops of liquid in the air.
   안개는 공기 중에 있는 아주 작은 수많은 액체 방울이다.

2. She always sleeps till ____________ is deepening.
   그녀는 항상 땅거미가 질 때까지 잔다.

3. He is ____________ with cold.
   그는 추위로 떨고 있다.

4. This town is covered with snow after passing ____________.
   이 마을은 눈보라가 지나간 후 눈으로 덮여 버렸다.

5. Here is a lions' ____________.
   이곳은 사자 굴이다.

6. A rolling stone gathers no ____________.
   구르는 돌은 이끼가 끼지 않는다.

» **Answers**

1. vapor **2.** dusk **3.** quaking **4.** blizzard **5.** den **6.** moss

4 다음 표시된 말의 알맞은 해석을 쓰시오.

1. flowers wither

   ____

2. trans-gendered people

   ____

3. muscle tissue

   ____

4. the pulmonary vein

   ____

5. the main artery

   ____

6. a dose of medicine

   ____

7. a sense of proportion

   ____

8. the circulation of the blood

   ____

» **Answers**

1. 시들다 **2**. 성전환자 **3**. 근육조직 **4**. 정맥 **5**. 동맥 **6**. 1회 복용량
7. 균형감각 **8**. 순환

Chapter 10

시사문제 단어 (인문사회 분야)

1. 수능 만점 단어
2. 핵심 역량 단어
3. 듣기 필수 단어
4. 독해 정복 단어 (A)
5. 독해 정복 단어 (B)
6. 교과서 총정리 단어 (A)
7. 교과서 총정리 단어 (B)
8. 함정 단어
9. 시사문제 단어 (자연과학 분야)
10. 시사문제 단어 (인문사회 분야)

PREVIEW

- ☐ sermon
- ☐ typical
- ☐ chairman
- ☐ throne
- ☐ official
- ☐ tyrant
- ☐ lethal
- ☐ fatal
- ☐ democracy
- ☐ performance
- ☐ trial
- ☐ stationery
- ☐ myth
- ☐ legend
- ☐ skillful
- ☐ riddle
- ☐ erase
- ☐ savage
- ☐ prestige
- ☐ sin
- ☐ self-confidence
- ☐ self-control
- ☐ wit
- ☐ random
- ☐ deliberate
- ☐ gossip
- ☐ episode
- ☐ prose
- ☐ poetry
- ☐ symbolize
- ☐ satire
- ☐ author
- ☐ novel
- ☐ discipline
- ☐ semester
- ☐ theme
- ☐ scholar
- ☐ proverb
- ☐ phrase
- ☐ moreover
- ☐ likewise
- ☐ budget
- ☐ loss
- ☐ asset
- ☐ department
- ☐ index
- ☐ task
- ☐ wealth
- ☐ poverty
- ☐ luxury
- ☐ bulletin
- ☐ elementary
- ☐ personal
- ☐ caprice
- ☐ sly
- ☐ punctual
- ☐ nostalgia
- ☐ slang
- ☐ tutor
- ☐ oath
- ☐ fake
- ☐ bonus
- ☐ corporate
- ☐ epic
- ☐ lyric
- ☐ ceramic
- ☐ chronological
- ☐ antique
- ☐ millennium
- ☐ update
- ☐ dilemma
- ☐ chaos
- ☐ marital
- ☐ spouse
- ☐ metropolis
- ☐ enterprise
- ☐ statesman
- ☐ congress
- ☐ masterpiece
- ☐ insight
- ☐ adolescence
- ☐ pregnant
- ☐ widow
- ☐ commute
- ☐ senator
- ☐ embassy
- ☐ basis
- ☐ scarcely
- ☐ rarely
- ☐ former
- ☐ latter
- ☐ metaphor
- ☐ centennial
- ☐ bias
- ☐ ideology
- ☐ idol
- ☐ monopoly
- ☐ mayor
- ☐ colony
- ☐ tuition

★★★☆☆ _0901

sermon

[sə́ːrmən]

ⓝ 설교, 강론, 훈화

» an impressive sermon 감명적인 설교
» sermons in stones 돌의 교훈 (자연의 교훈)

★★★★☆ _0902

typical

[típikəl]

ⓐ 전형적인, 특징적인, 특유의

» the typical businessman of Canada 캐나다의 전형적인 기업가
» a typical Korean 전형적인 한국인

❏ Priest gives a sermon in church.
목사는 교회에서 설교를 한다.

❏ This style of painting is typical of Monet.
이 그림의 기법은 전형적인 모네 스타일이다.

동 sermonize 설교하다 비슷 preach 설교하다 비슷 lecture 강론하다
명 type 정형 비슷 representative 대표적인 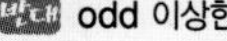 반대 odd 이상한

★★★★☆ _0903

chairman

[tʃέərmən]

ⓝ 의장, 회장, 사회자

» the Chairman of Committees 위원회 위원장
» the late Chairman Mao 고 모택동 주석

★★★☆☆ _0904

throne

[θroun]

ⓝ 왕위, 권좌, 왕권

» orders from the throne 왕명, 칙명
» power behind the throne 막후의 실력자

❑ Tom is the chairman of this meeting.
톰은 이 모임의 사회자이다.

❑ He came to the throne in 1936.
그는 1936년에 왕위에 앉았다.

비슷 president 회장
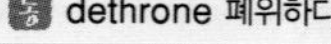
비슷 supervisor 감독
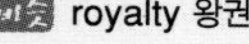
반대 subordinate 하급자
동 enthrone 왕위에 올리다
동 dethrone 폐위하다
비슷 royalty 왕권

★★★★☆ _0905

official

[əfíʃəl]

1. ⓝ 관리, 공무원
2. ⓐ 공식적인, 공무상의

» a public official 공무원
» an official trip 공무 출장

★★★☆☆ _0906

tyrant

[táiərənt]

ⓝ 폭군, 전제군주

» Thirty Tyrants 30참주 (기원전 405년 무렵 아테네를 지배한 집정관들)
» right of self-defense against a tyrant 폭군에 대항하는 자기방어권

❑ This is an official document.
이것은 공식적인 문서이다.

❑ My boss is a real tyrant.
내 상사는 정말 폭군이다.

명 office 임무	비슷 director 관리자	반대 casual 임시의
명 tyranny 전제군주	비슷 overlord 지배자	반대 slave 노예

★★★★☆ _0907

lethal

[líːθəl]

ⓐ 죽음의, 치명적인

» lethal weapons 죽음의 무기 (핵무기)
» a lethal attack 필살의 공격

★★★★★ _0908

fatal

[féitl]

ⓐ 죽음의, 중요한

» fatal disease 불치병
» fatal wound 치명상

❑ She ate a lethal dose of a sleeping pill.
그녀는 수면제 치사량을 복용했다.

❑ Lack of oxygen is fatal to most animals.
산소 부족은 대부분의 동물에게 치명적인 것이다.

비슷 fatal 치명적인 비슷 mortal 죽어야 할 운명의 반대 immortal 불사의
명 fate 숙명 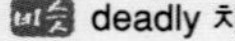 비슷 deadly 치명적인 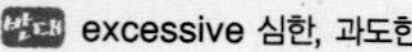 반대 excessive 심한, 과도한

★★★☆☆ _0909

democracy

[dimάkrəsi]

ⓝ 민주주의, 민주정치

» a constitution based on democracy 민주주의에 입각한 헌법
» democracy versus communism 민주주의 대 공산주의

★★★★☆ _0910

performance

[pərfɔ́ːrməns]

1. ⓝ 공연, 연주
2. ⓝ 수행, 실행, 성취

» a performance of Othello 오델로 공연
» the performance of one's duties 직무의 수행

❏ He has an inherent sense of democracy.
그에게는 타고난 민주주의적 감각이 있다.

❏ Let's go to see a performance of Shakespeare's Hamlet.
셰익스피어의 햄릿 공연을 보러 가자.

참고 socialism 사회주의 참고 communism 공산주의 참고 dictatorship 독재정권
동 perform 실행하다 비슷 achievement 성취

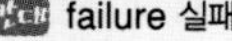

반대 failure 실패

★★★★★ _0911

trial

[tráiəl]

1. ⓝ 재판, 심판
2. ⓝ 시험, 시운전, 시도
3. ⓝ 시련, 고난, 고뇌

» a criminal trial 형사재판
» run a trial of machine 기계의 시운전을 하다
» a time of trial 시련의 시기

★★★☆☆ _0912

stationery

[stéiʃənəri]

ⓝ 문방구, 편지지
cf. stationary 움직이지 않는

» a stationery store 문방구점
» stationery and envelops 편지지와 봉투

❑ The two men are now on trial for attempted murder.
두 남자가 지금 살인미수로 고소되어 재판 중이다.

❑ Where is the nearest stationery?
여기서 가장 가까운 문구점은 어디입니까?

동 try 시도하다	비슷 endeavor 시도	반대 frustration 좌절
참고 bookstore 서점	참고 bakery 제과점	참고 booth 매점

★★★★★ _0913

myth

[miθ]

ⓝ 신화

» the Greek myths 그리스 신화
» the Dangun foundation myth 단군 건국 신화

★★★☆☆ _0914

legend

[lédʒənd]

ⓝ 전설, 구전, 민간전승

» Indian legends 인디언 전설
» Argentine soccer legend Maradona 아르헨티나 축구 신화 마라도나

❑ I really like the Roman myth.
나는 로마 신화를 정말 좋아한다.

❑ She's writing a book on the legends of King Arthur.
그녀는 아더 왕의 전설에 관한 책을 쓰는 중이다.

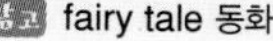
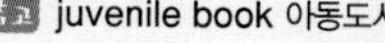

형 mythic 신화의	비슷 fable 우화	반대 fact 사실
형 legendary 믿기 어려운	참고 fairy tale 동화	참고 juvenile book 아동도서

★★★★★ _0915

skillful

[skílfəl]

ⓐ 솜씨 좋은, 숙련된, 능숙한

» a skillful performer on the piano 피아노를 잘 치는 연주자
» a highly skilled specialist 기술이 매우 좋은 전문가

★★★☆☆ _0916

riddle

[rídl]

ⓝ 수수께끼, 난제

» solve a riddle 수수께끼를 풀다
» the riddles of the universe 우주의 수수께끼

☐ He is extremely skillful in writing Chinese characters.
그는 한자 쓰는 데에 무척 솜씨가 좋다.

☐ Scientists may have solved the riddle of Saturn's rings.
과학자들은 아마 토성 고리의 수수께끼를 풀었을 것이다.

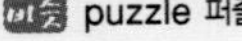
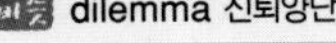

명 skill 솜씨	비슷 professional 전문의	반대 amateurish 서투른
비슷 mystery 신비	비슷 puzzle 퍼즐	비슷 dilemma 진퇴양난

★★★★★ _0917

erase

[iréiz]

ⓥ 지우다, 삭제하다

» erase a blackboard 칠판을 지우다
» erase a name from a list 이름을 명부에서 지우다

★★★★☆ _0918

savage

[sǽvidʒ]

1. ⓐ 난폭한, 잔인한
2. ⓝ 야만인, 미개인

» savage animals 야수
» savage people 미개인
» savage customs 미개인의 풍습

❑ Erase the last thirty seconds.
마지막 30초 동안 말한 부분을 지워주시오.

❑ There are savage people in the some island.
어떤 섬에는 미개인들이 산다.

명 eraser 지우개 비슷 remove 제거하다 비슷 obliterate 흔적을 없애다
비슷 barbaric 야만적인 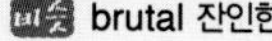 brutal 잔인한 반대 tame 온순한

★★★★★ _0919

prestige

[prestíːʒ]

ⓝ 위신, 명성

» a job with some prestige 명망있는 직업
» promote the national prestige 국가 위신을 고양하다

★★★★☆ _0920

sin

[sin]

ⓝ 죄(악), 과실, 잘못

» original sin 원죄
» commit a sin 죄악을 범하다

❑ His company has gained international prestige.
그의 회사는 세계적인 명성을 얻었다.

❑ You've only got one life and it's a sin to waste it.
인생은 한 번뿐이기 때문에 인생을 허비하는 것은 죄다.

비슷 reputation 명성   비슷 renown 명성   비슷 fame 명성
형 sinful 죄 많은   비슷 evil 악   반대 virtue 미덕

★★★★☆ _0921

self-confidence

[sélfkάnfədəns]

ⓝ 자신감, 자신과잉

» a man without self-confidence 자신 없는 사람
» be full of self-confidence 자신만만하다

★★★☆☆ _0922

self-control

[sélfkəntróul]

ⓝ 자제, 극기

» lose one's self-control 자제심을 잃다
» a man lacking self-control 자제력 없는 사람

❑ He is always full of self-confidence.
그는 항상 자신감에 가득 차 있다.

❑ Self-control is the ability to control your emotions and actions.
자제심이란 당신의 감정과 행동을 잘 조절하는 능력을 말한다.

비슷 faith 신념 비슷 superiority 우월  반대 inferiority 열등
비슷 temperance 절제  비슷 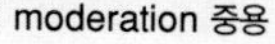 moderation 중용 비슷 self-restraint 절제

★★★★☆ _0923

wit

[wit]

ⓝ 기지, 재치

» a man of wit 기지가 있는 사람
» a man of slow wit 머리 회전이 느린 사람

★★★★★ _0924

random

[rǽndəm]

ⓐ 임의로, 되는 대로, 계획 없이

» a random shot 마구잡이 사격
» a random coupling 일시적으로 맺어진 사랑

❑ She is a woman of great intelligence and wit.
그녀는 매우 똑똑하고 기지가 있는 여성이다.

❑ Winners will be chosen at random.
우승자는 무작위 추첨될 것입니다.

형 witty 재치가 있는 | 비슷 comic 희극 | 비슷 humor 재치

동 randomize 임의 추출하다 | 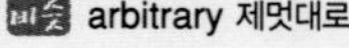 비슷 arbitrary 제멋대로 | 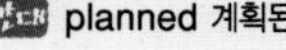 반대 planned 계획된

★★★★★ _0925

deliberate

[dilíbərət]

1. ⓐ 의도적인, 고의적인
2. ⓐ 신중한, 깊이 생각한

» deliberate mischief 고의적인 장난
» a deliberate judge 숙고 끝의 결정

★★★☆☆ _0926

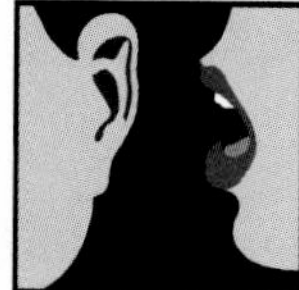

gossip

[gásip]

ⓝ 잡담, 험담, 남의 이야기

» a bit of gossip 짤막한 가십
» a lady gossip 수다스러운 여자

❑ This was a deliberate attempt by them to deceive us.
이것은 우리를 속이려는 그들의 의도적인 시도였다.

❑ There's a lot of gossip about him.
그에 관해 말들이 많다.

명 deliberation 숙고	비슷 considered 고려된	반대 accidental 우연히
명 gossiper 수다쟁이	비슷 rumor 소문	비슷 scandal 추문

★★★☆☆ _0927

episode

[épəsòud]

ⓝ 짧은 이야기, 사건, 삽화

» Star Wars Episode 2 스타워즈 에피소드 2
» a heart-rending episode 애처로운 이야기

★★★★☆ _0928

symbolize

[símbəlàiz]

ⓥ 상징하다, 나타내다

» The dove symbolizes peace. 비둘기는 평화를 상징한다.
» a symbol of youth 청춘의 심볼

❑ Did you see last week's episode of The X-Files?
너 지난주 방송분 X파일 봤니?

❑ The forsythia is the symbol of the spring.
개나리는 봄의 상징이다.

비슷 event 사건, 행사 비슷 occurrence (사건의) 발생 비슷 incident 우발적 사건
명 symbol 상징 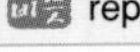 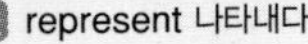 비슷 represent 나타내다 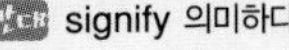 반대 signify 의미하다

★★★☆☆ _0929

poetry

[póuitri]

ⓝ 운문, 시

» lyric poetry 서정시 / dramatic poetry 극시
» poetry of William Blake 윌리엄 브레이크의 시

★★★☆☆ _0930

prose

[prouz]

ⓝ 산문

» poetry and prose 시와 산문
» turn a verse into prose 운문을 산문으로 고치다

❑ I enjoy all kinds of poetry, especially love poetry.
나는 모든 종류의 시를 좋아하는데 그중 연애시가 가장 좋다.

❑ Readers love Thoreau's clear and lively prose.
독자들은 소로우의 명료하고도 살아 있는 느낌을 주는 산문을 좋아한다.

명 poet 시인	형 poetic 시적인	비슷 lyric 서정시
형 prosy 산문체의	반대 rhyme 운문	반대 verse 운문

★★★★☆ _0931

satire

[sǽtaiər]

ⓝ 풍자, 비꼬는 것

» a satire on the politics 정치에 대한 풍자
» a satire on modern civilization 현대문명에 대한 풍자

★★★★★ _0932

author

[ɔ́:θər]

ⓝ 저자, 필자

» author of biography of Mac Arthur 맥아더 전기의 저자
» the Author of our being 조물주

❑ This book shows us about a satire on the politics of the day.
이 책은 당시 정치에 대한 풍자를 우리에게 잘 보여준다.

❑ She is a popular author of children's fiction.
그녀는 유명한 아동소설 작가이다.

동 satirize 풍자하다  parody 패러디  criticism 비평
동 authorize 권한을 부여하다 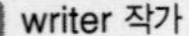 writer 작가 비슷 creator 창조자

★★★☆☆ _0933

novel

[nάvəl]

ⓝ 소설

» the modern novel 현대소설
» the 20th century American novel 20세기 미국소설

★★★★★ _0934

discipline

[dísəplin]

1. ⓝ 훈련, 수양, 단련
2. ⓝ 규율, 기강
3. ⓥ 훈련하다, 규율을 지키게 하다

» a motto for school discipline 교훈
» military discipline 군기, 군율

❑ Have you read any good novels lately?
당신은 최근에 어떤 좋은 소설을 읽었습니까?

❑ Teacher should impose strict discipline on an erratic student.
선생님은 탈선 청소년에게 호된 징계를 가해야 한다.

명 novelist 소설가	비슷 fiction 소설	비슷 storybook 소설
비슷 training 훈련	비슷 drill 훈련하다 	비슷 regulation 규율

★★★☆☆ _0935

semester

[siméstər]

ⓝ (2학기제의) 학기

» the first semester 1학기
» the coming school semester 다음 학기

★★★★☆ _0936

theme

[θiːm]

ⓝ 주제, 테마

» the theme of the meeting 회의 주제
» the theme of a music 음악의 테마

❏ When does your new semester begin?
언제 새 학기가 시작하니?

❏ The theme of loss runs through most of his novels.
상실이라는 주제는 그의 소설들 모두를 일관하고 있다.

비슷 session 학기, 회기중
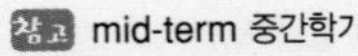
참고 mid-term 중간학기
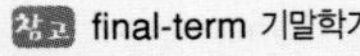
참고 final-term 기말학기

비슷 agenda 토론의제
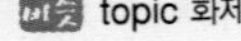
비슷 topic 화제
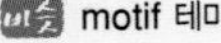
비슷 motif 테마

★★★★☆ _0937

scholar

[skάlər]

ⓝ 학자, 장학생

» a Milton scholar 밀턴 연구가
» a classical scholar 고전학자

★★★★☆ _0938

department

[dipά:rtmənt]

ⓝ 부, 과, 분야

» the public relations department 홍보부
» in every department of one's life 생활의 모든 분야에서

❑ He is a productive scholar.
그는 왕성하게 활동하는 학자다.

❑ No one can beat me in the memory department.
나는 기억력 분야에서는 누구에게도 지지 않는다.

형 scholarly 학구적인	명 scholarship 장학금	비슷 professor 교수
동 depart 분리하다	비슷 branch 지점	참고 agency 대리점

★★★★★ _0939

phrase

[freiz]

ⓝ 어구, 숙어, 관용구

» in a phrase 한마디로
» a thesaurus of English phrases 영어 숙어의 보고

★★★☆☆ _0940

proverb

[prάvəːrb]

ⓝ 속담, 격언, 금언

» as the proverb goes 속담에 있듯이
» the Proverbs 성경의 '잠언'

❑ Speak in simple phrases, please.
알기 쉬운 말로 해주세요.

❑ It's an ancient Chinese proverb.
그것은 고대 중국의 속담이다.

청 phrasal 구의	비슷 expression 표현	비슷 idiom 관용구
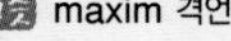 비슷 maxim 격언	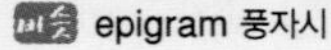 비슷 epigram 풍자시	비슷 saying 속담

★★★☆☆ _0941

likewise

[láikwàiz]

ad. 또한, 마찬가지로

» I should get a check-up, and you likewise.
나는 건강진단을 받아야 해, 그리고 너도 그래.

★★★☆☆ _0942

moreover

[mɔːróuvər]

ad. 게다가, 더구나

» a fool, moreover a coward 바보에다가 겁쟁이이기까지 하다

» Moreover, it began to rain. 게다가 비까지 내리기 시작했다.

- [ ] Your brother studies hard, and you should do likewise.
네 형은 공부를 열심히 하잖니, 너도 그래야 해.

- [ ] It is a cheap and, moreover, effective way.
그것은 비용도 적게 드는데다가 효과적인 방법이다.

비슷 either 또한	비슷 also 또한	반대 otherwise 반대로
비슷 as well 마찬가지로	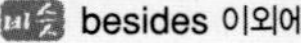 비슷 besides 이외에	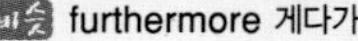 비슷 furthermore 게다가

★★★★★ _0943

loss

[lɔːs]

ⓝ 손실, 손해

» loss in the stock market 주식시장에서의 손해
» cover the loss 결손을 메우다

★★★★☆ _0944

asset

[ǽset]

ⓝ 자산, 재산

» assets and liabilities 자산과 부채
» real assets 부동산
» cultural assets 문화재

❑ He didn't suffer much loss in the stock market.
주식시장에서 그는 별로 손해를 보지 않았다.

❑ He'll be a great asset to the team.
그는 그 팀의 대단히 큰 자산이 될 것이다.

동 lose 잃다	비슷 defeat 패배	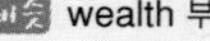 반대 victory 승리
비슷 property 재산	비슷 benefit 이익	비슷 wealth 부

★★★★★ _0945

budget

[bʌ́dʒit]

ⓝ 예산, 경비, 생활비

» a budget committee 예산위원회
» a vacation budget of $300 300달러의 휴가비

★★★☆☆ _0946

index

[índeks]

ⓝ 색인, 표시, 목록

» an alphabetical index 알파벳 순서의 색인
» a library index 장서 목록

❑ The committee budgeted $ 12,000 a year for building repairs.
위원회는 건물 수리에 연간 12,000달러의 예산을 짰다.

❑ Look up 'heart disease' in the index.
색인에서 '심장병'을 찾으세요.

평 revenue & expenditure 세입과 세출 비슷 fund 기금 비슷 allowance 수당
비슷 catalog 목록 비슷 list 리스트 참고 inventory 상품 목록

★★★★☆ _0947

task

[tæsk]

ⓝ 업무, 과업, 직무

» task force team 과업추진팀 (기동부대)
» undertake a great task 큰일을 맡다

★★★★☆ _0948

wealth

[welθ]

ⓝ 부, 재산

» the wealth of a country 국가의 부
» a man of wealth 재산가

❑ I was given the task of sorting out all the stuff in the garage.
나는 차고에 있는 잡동사니를 모두 분류하는 일을 맡았다.

❑ He enjoyed his new wealth and status.
그는 자신에게 새로 생긴 재산과 지위를 즐겼다.

비슷 responsibility 책임	비슷 assignment 과제	참고 chore 허드렛일
비슷 luck 행운	비슷 fortune 부	비슷 riches 부, 재물

★★★★☆ _0949

poverty

[pávərti]

ⓝ 가난, 빈곤, 결핍

» poverty of spirit 정신의 빈곤
» live in poverty 가난하게 살다

★★★★☆ _0950

luxury

[lʌ́kʃəri]

ⓝ 사치, 호사

» live in luxury 사치스럽게 살다
» luxury hotel 최고급 호텔

❑ When poverty comes in at the doors, love leaps out at the windows. 가난이 찾아오면 사랑이 달아난다.

❑ I need necessaries before luxuries.
나는 사치품보다는 필수품이 필요하다.

비슷 distress 고뇌, 빈곤	비슷 meagerness 부족	반대 abundance 풍부
형 luxurious 사치스러운	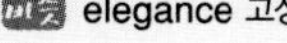 비슷 elegance 고상	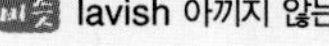 비슷 lavish 아끼지 않는

★★★★☆ _0951

bulletin

[búlətin]

ⓝ 게시, 공시, 정기보고

» bulletin board 게시판
» issue a bulletin twice a year 연 2회 회보를 발간하다

★★★★★ _0952

elementary

[èləméntəri]

ⓐ 초보의, 초급의

» elementary education 기초교육
» elementary school 초등학교

❑ Check a bulletin board.
게시판을 확인하세요.

❑ I only have an elementary knowledge of physics.
나는 물리학에 대해 기초지식만을 가지고 있다.

비슷 report 보고 비슷 announcement 발표 비슷 notice 통지
비슷 fundamental 기초의 비슷 introductory 입문의  advanced 고등의

★★★★★ _0953

personal

[pə́ːrsənəl]

ⓐ 개인의, 사사로운, 일신상의

» a personal matter 개인적인 일
» a personal call 개인적인 방문

 _0954

caprice

[kəpríːs]

ⓝ 변덕, 급변

» caprice of Fortune 운명의 여신의 변덕
» with a sudden caprice 갑자기 생각이 바뀌어서

- [ ] Please ensure you take all personal belongings with you.
  꼭 개인 소지품을 챙기시길 바랍니다.
- [ ] Her refusal to go is a mere caprice.
  그녀가 가고 싶지 않다고 한 것은 변덕에 불과하다.

비슷 individual 개인의	비슷 private 개인의	반대 public 공공의
비슷 fancy 변덕	비슷 impulse 충동, 변덕	비슷 notion 관념, 변덕

★★★★☆ _0955

sly

[slai]

ⓐ 교활한, 음흉한

» sly as a fox 여우처럼 교활한
» a sly smile 교활한 웃음

★★★★★ _0956

punctual

[pʌ́ŋktʃuəl]

ⓐ 정확한, 시간을 지키는

» punctual as the clock 시간을 엄수하는
» punctual to the minute 1분도 어기지 않는

❑ She said with a sly smile.
그녀는 교활한 웃음을 지으며 말했다.

❑ He is always punctual to the minute.
그는 항상 1분도 어기지 않고 시간을 지킨다.

비슷 cunning 교활한  비슷 shifty 교활한 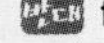 반대 frank 솔직한

명 punctuality 시간엄수  비슷 regular 정기적인 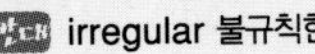 반대 irregular 불규칙한

★★★★☆ _0957

nostalgia

[nɑstǽldʒiə]

ⓝ 향수, 과거를 그리워함

» suffer from nostalgia 향수에 젖다
» invoke the audience`s curiosity and nostalgia 청중의 호기심과 향수를 유발하다

★★★☆☆ _0958

slang

[slæŋ]

ⓝ 속어, 비속어

» soldier's slang 군대에서 쓰는 속어
» slang expression 속어표현

- [ ] He suffers from nostalgia for his college days.
  그는 대학시절을 떠올리며 향수에 젖는다.
- [ ] Don't use a slang!
  속어를 사용하지 마!

형 nostalgic 고향을 그리워하는 비슷 homesickness 향수병 비슷 longing 갈망
형 slangy 속어적인 비슷 jargon 전문어 반대 standard 표준어의

★★★★☆ _0959

tutor

[tjúːtər]

ⓝ 가정교사, 지도교수

» Helen Keller's tutor 헬렌 켈러의 가정교사
» study exclusively under a tutor 개인 교습을 받다

★★★☆☆ _0960

oath

[ouθ]

ⓝ 맹세, 서약, 선서

» swear an oath of office 취임 선서하다
» a false oath 거짓맹세

❑ I have a private tutor for French.
나는 프랑스어를 위해 가정교사를 두었다.

❑ They refused to take an oath of loyalty to the king.
그들은 왕에게 충성을 맹세하기를 거부했다.

형 tutorial 가정교사의	 비슷 instructor 지도자	참고 student teacher 교생
비슷 vow 맹세	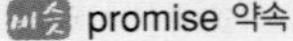 비슷 promise 약속	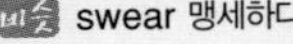 비슷 swear 맹세하다

★★★★☆ _0961

fake

[feik]

1. ⓥ 위조하다, 속이다
2. ⓝ 가짜, 위조품, 사기꾼

» a fake smile 억지웃음
» fake an alibi 알리바이를 조작하다

★★☆☆☆ _0962

bonus

[bóunəs]

ⓝ 보너스, 상여금, 덤

» cost-of-living bonus 물가상승에 따른 특별수당
» no claims bonus 자동차 보험의 무사고 할인

❏ He sells a fake fur.
그는 가짜 모피를 판다.

❏ All employees received a bonus.
모든 종업원들이 보너스를 받았다.

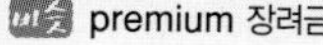
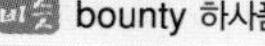

비슷 copy 복사	비슷 forge 위조하다	비슷 counterfeit 위조하다
비슷 reward 보상, 사례금	비슷 premium 장려금	비슷 bounty 하사품

★★★☆☆ _0963

lyric

[lírik]

ⓝ 서정시

» lyric poetry 서정시
» lyric drama 가극

★★★★☆ _0964

epic

[épik]

1. ⓝ 서사시
2. ⓐ 서사시의, 서사적인

» an epic, Iliad and Odyssey 서사시, 일리아드와 오디세이
» an epic novel 서사시적 소설

❑ He is a lyric poet.
그는 서정 시인이다.

❑ Epic is very long and contains a lot of action.
서사시는 매우 길고 많은 사건들을 담고 있다.

비슷 verse 시구   비슷 rhyme 압운시   참고 prose 산문시

비슷 descriptive 서술적인   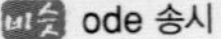 비슷 ode 송시   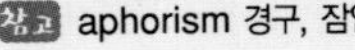 참고 aphorism 경구, 잠언

★★★★☆ _0965

corporate

[kɔ́:rpərit]

ⓐ 법인의, 단체의

» a body corporate 법인단체
» corporate rights 법인권

★★★★☆ _0966

ceramic

[sərǽmik]

ⓐ 도자기의, 요업의

» a ceramic cup 자기잔
» ceramic manufactures 요업제품

- ☐ It's a corporate responsibility.
  그것은 공동의 책임이다.
- ☐ He made a ceramic pot by himself.
  그는 도자기 항아리를 혼자서 만들었다.

명 corporation 법인, 회사	비슷 common 공동의	반대 private 개인의
비슷 china 도자기	비슷 porcelain 자기	참고 jar 항아리

★★★★★ _0967

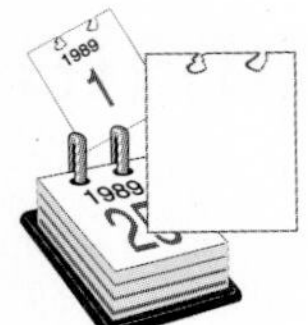

chronological

[krὰnəlάdʒikəl]

ⓐ 연대순의, 날짜순의

» in chronological order 연대순으로
» a chronological table 연대표

★★★★☆ _0968

antique

[æntíːk]

ⓐ 고대의, 과거의, 고풍의

» an antique shop 골동품점
» antique cars 구시대의 자동차

❑ Your homework should be written in chronological order.
숙제는 연대순으로 써야 합니다.

❑ His home is full of valuable antiques.
그의 집에는 값비싼 골동품들이 많다.

명 chronicle 연대기	비슷 periodical 시대적으로	참고 chronic 만성적인
명 antiquity 고대	비슷 ancient 옛날의	참고 curio 골동품

★★★★☆ _0969

millennium

[miléniəm]

ⓝ 천년간, 천년기

» the new Millennium morning 새 천년의 아침
» the Millennium Democratic Party 새천년민주당

★★★★★ _0970

update

[ʌpdéit]

1. ⓥ 최신식으로 새롭게 하다
2. ⓝ 최신정보, 최신판

» update computer program 최신 컴퓨터 프로그램으로 깔다
» update worn-out equipment 낡은 장비를 새것으로 교체하다

☐ Let's celebrate the new millennium!
새 천년을 축하합시다.

☐ We've just updated our website.
우리는 방금 웹사이트를 최신식으로 고쳤다.

참고 anniversary 기념일, 1주년 참고 annual 일년간의 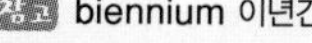 참고 biennium 이년간
형 up-to-date 최신의 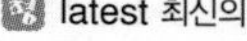 형 latest 최신의 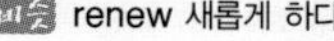 비슷 renew 새롭게 하다

★★★★☆ _0971

ideology

[àidiálədʒi]

ⓝ 이념, 이데올로기

» the political ideology in our times 우리 시대의 정치이념
» a difference in ideology between two 둘 사이의 이념 차이

★★★★☆ _0972

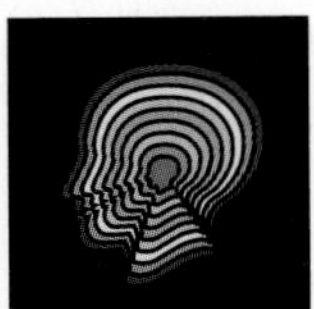

chaos

[kéiɑs]

ⓝ 혼란, 혼돈, 무질서

» in chaos 지독한 혼란상
» fall into chaos 혼돈 상태에 빠지다

❑ This book explains socialist ideology very well.
이 책은 사회주의 이념을 잘 설명하는 책이다.

❑ The country's at war and everything is in chaos.
그 나라는 전쟁으로 모든 것이 혼란에 빠졌다.

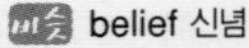

비슷 idea 생각 | 비슷 belief 신념 | 비슷 doctrine 교리, 주의
형 chaotic 혼란스러운 | 비슷 disorder 무질서 | 반대 order 질서

★★★☆☆ _0973

marital

[mǽrətl]

ⓐ 결혼의, 부부의

» take marital vows 부부 서약을 하다
» marital portion 결혼 지참금

★★★★☆ _0974

spouse

[spaus]

ⓝ 배우자, 부부

» advertise for a spouse 구혼 광고를 하다
» the heavy factors in choosing a spouse 배우자 선택의 중요한 요소

- ☐ Tom and Jane took marital vows about 3 years ago.
  톰과 제인은 3년 전쯤 부부의 서약을 하였다.
- ☐ Spouse is a companion for life.
  배우자란 인생의 동반자이다.

부 maritally 부부로서 　비슷 conjugal 부부의 　비슷 husbandly 남편의
명 spousal 결혼 　비슷 partner 배우자 　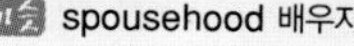 비슷 spousehood 배우자

★★★☆☆ _0975

metropolis

[mitrápəlis]

ⓝ 대도시, 수도, 중심지

» a metropolis of religion 종교의 중심지
» a giant metropolis 거대도시

★★★★★ _0976

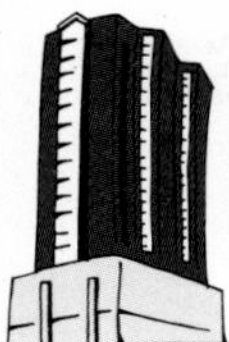

enterprise

[éntərpràiz]

1. ⓝ 기업, 회사
2. ⓝ 사업, 사업계획

» a private enterprise 개인기업
» embark on a new enterprise 새로운 사업을 시작하다

❑ Jerusalem is a metropolis of religion.
예루살렘은 종교의 중심지이다.

❑ He works at a government enterprise.
그는 공공기업에서 일한다.

형 metropolitan 수도의  비슷 megalopolis 거대도시 비슷 capital 수도
비슷 project 계획 사업  비슷 venture 모험적 사업  비슷 undertaking 사업

★★★☆☆ _0977

statesman

[stéitsmən]

ⓝ 정치가

» Lincoln, a great statesman 위대한 정치가 링컨
» immoral relations with a statesman 정치인과의 부도덕한 관계

★★★★☆ _0978

congress

[kɑ́ŋgris]

ⓝ 의회, 국회, 학회

» the Library of Congress 미 국회도서관
» a medical congress 의학학회

❑ Statesman must listen to their voice.
정치가는 그들의 소리를 들어야만 한다.

❑ Congress met for the first time in 1789.
(미국) 의회가 1789년 처음으로 개회했다.

비슷 politician 정치가　참고 diplomat 외교관　참고 officer 공무원
비슷 national assembly 국회　비슷 parliament 의회　비슷 conference 회의

★★★★☆ _0979

masterpiece

[mǽstərpìːs]

ⓝ 대표작, 걸작, 명작

» Mona Lisa, Leonardo's masterpiece 레오나르도의 대표작, 모나리자
» an immortal masterpiece 불후의 명작

★★★★★ _0980

insight

[ínsàit]

ⓝ 통찰력, 식견

» a critic of great insight 통찰력이 탁월한 비평가
» an insight into the future 장래를 내다보는 안목

❑ 'Mona Lisa' is widely regarded as Leonardo da Vinci's masterpiece. 모나리자는 레오나르도 다빈치의 대표작으로 널리 알려져 있다.

❑ The book provides a fascinating insight into the world of art. 그 책은 예술의 세계에 흥미로운 통찰을 독자들에게 제공한다.

비슷 masterwork 걸작  비슷 canon 정전 (正典) 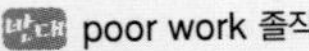 반대 poor work 졸작

형 insightful 통찰력 있는  비슷 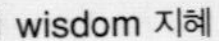 wisdom 지혜 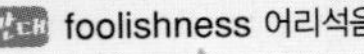 반대 foolishness 어리석음

★★★★☆ _0981

adolescence

[æ̀dəlésəns]

ⓝ 청소년기, 사춘기

» precious memories about my adolescence
내 청소년기의 값진 추억들

» childhood and adolescence 아동기와 청소년기

★★★★☆ _0982

pregnant

[prégnənt]

ⓐ 임신한

» be seven months pregnant 임신 7개월이다

» a pregnant cow 새끼를 밴 소

❑ Adolescence is a difficult time in one's life.
청소년기는 인생에서 어려운 시기이다.

❑ She's five months pregnant.
그녀는 임신 5개월이다.

동 adolesce 청년기를 지내다 비슷 youth 청춘 비슷 teenager 10대 청소년
명 pregnancy 임신 비슷 prolific 다산의 참고 birth 출생

★★★☆☆ _0983

widow

[wídou]

ⓝ 미망인, 과부

» Mr. Kim's widow 김씨의 미망인
» a war widow 전쟁 미망인
» a fishing widow 낚시 과부

★★★★★ _0984

commute

[kəmjú:t]

ⓥ 통근하다, 통학하다

» commute by subway 지하철로 통근하다
» a commuter ticket 정기 승차권

☐ My sister was widowed by the war.
내 여동생은 전쟁으로 과부가 되었다.

☐ He commutes from Incheon to Seoul.
그는 인천에서 서울로 통근한다.

반대 widower 홀아비 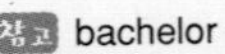 참고 bachelor 독신남 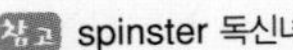 참고 spinster 독신녀

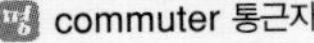 명 commuter 통근자  비슷 exchange 교환하다 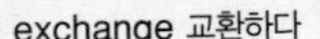  참고 transfer (차를) 갈아타다

★★★☆☆ _0985

senator [sénətər] ⓝ 상원의원, 국회의원

» Senator Edward Kennedy 에드워드 케네디 상원의원
» Republican senator R. Lugar R. 루가 공화당 상원의원

★★★★☆ _0986

embassy [émbəsi] ⓝ 대사관, 사절단

» a third secretary at the U.S. Embassy in Seoul
주한 미대사관 삼등 서기관

형 senatorial 상원의 명 senatorship 상원의 직 반대 representative 하원의원
명 ambassador 대사 비슷 diplomacy 외교 참고 consul 영사

★★★☆☆ _0987

scarcely [skɛ́ərsli] 1. *ad.* 겨우 2. *ad.* 거의 ~이 아닌

» scarcely thirty people 불과 30명 정도의 사람
» scarcely keep off hunger 기아를 모면하다

★★★☆☆ _0988

rarely [rɛ́ərli] *ad.* 드물게, 좀처럼 ~않다

» He is rarely late for school. 그는 좀처럼 학교에 지각하지 않는다.
» Such a thing rarely happens. 이런 일은 드물다.

명 scarcity 부족 비슷 almost 거의 반대 completely 완전히
형 rare 드문 비슷 hardly 거의 ~않다 반대 often 종종

★★★★☆ _0989

former [fɔ́ːrmər] ⓐ 먼저의, 전자의

» his former wife 그의 전처
» in former times 옛날에는

★★★★☆ _0990

latter [lǽtər] ⓐ 나중의, 후자의

» the latter half 후반부
» the latter 10 days of May 5월 하순

비슷 previous 이전의	비슷 earlier 이전의	반대 future 미래의
부 lately 근래에	비슷 last 끝의	참고 current 현재의

★★★★☆ _0991

basis [béisis] ⓝ 기초, 기준, 토대

» the basis of argument 논거
» a job on a part time basis 파트타임 기준의 일

★★★☆☆ _0992

metaphor [métəfɔ̀ːr] ⓝ 은유

» poetic metaphor 시적 은유
» mixed metaphor 혼재된 은유

형 basic 기초의	비슷 base 기반	비슷 core 핵심
형 metaphorical 은유적인	비슷 figure 비유	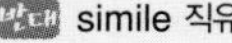 반대 simile 직유

★★★☆☆ _0993

centennial [senténiəl] ⓐ 100년제의

» the centennial celebration of Beethoven's birth
베토벤 탄생 100주년 기념 축하

★★★★☆ _0994

bias [báiəs] ⓝ 편견, 선입견, 선호

» a man of a strong musical bias 음악적 편향이 강한 사람
» without bias and without favor 편견 편애 없이, 공평무사하게

명 centenary 100년간 참고 bicentenary 200년간의 참고 jubilee 50년제, 희년
비슷 leaning 기울기, 편애 비슷 tendency 경향 비슷 inclination 경향, 기울기

★★★★☆ _0995

dilemma [dilémə] ⓝ 딜레마, 진퇴양난

» a diplomatic dilemma 외교적 딜레마
» be in a dilemma 궁지에 몰리다

★★★★☆ _0996

idol [áidl] ⓝ 우상, 신상

» Guus Hiddink, an idol to millions of Korean
히딩크, 수백만 한국인의 우상

형 dilemmatic 딜레마의 비슷 difficulty 어려움 반대 solution 해결책
동 idolize 우상화하다 비슷 fetish 물신 비슷 favorite 좋아하는 사람

★★★★☆ _0997

monopoly [mənɑ́pəli] ⓝ 전매, 독점

» have a monopoly on the conversation 대화를 독차지하다

» a Government monopoly 정부의 전매품

★★★☆☆ _0998

mayor [méiər] ⓝ 시장, 행정장관

» the Mayor of Seoul 서울 시장

» the Lord Mayor of London 런던 시장

동 monopolize 독점하다 형 monopolistic 독점적인 참고 exclusive 독점적인

명 mayorship 시장의 직 비슷 official 공무원 비슷 governor 도지사

★★★☆☆ _0999

colony [kɑ́ləni] ⓝ 식민지, 속령

» establish a colony 식민지를 건설하다

» the foreign colony in Seoul 서울의 외국인 거주지

★★★★☆ _1000

tuition [tjuːíʃən] ⓝ 수업료

» $ 100 tuition a year 1년에 수업료 100달러

» tuition fee 수업료

동 colonize 식민지를 만들다 비슷 possession 속령 참고 tenant 차용자, 소작인

형 tuitional 수업료의 비슷 fee 요금 비슷 payment 지불금

Review Test 10

■ 다음 각 단어의 알맞은 뜻을 연결하시오.

1. sermon	전설
2. throne	난폭한
3. fatal	예산
4. stationery	신중한
5. legend	문방구
6. savage	치명적인
7. deliberate	변덕
8. budget	왕위
9. task	설교
10. caprice	업무

» **Answers**

1. 설교 **2**. 왕위 **3**. 치명적인 **4**. 문방구 **5**. 전설 **6**. 난폭한 **7**. 신중한
8. 예산 **9**. 업무 **10**. 변덕

2 다음 빈 칸에 알맞은 단어를 보기에서 골라 쓰시오.

pregnant	idols	metropolis	chronological
oath	commute	punctual	dilemma

1. ________________ as the clock
   시간을 엄수하는
2. a false ________________ 거짓 맹세
3. in ________________ order 연대순으로
4. be in a ________________
   궁지에 빠지다
5. worship ________________
   우상 숭배
6. a ________________ of religion
   종교의 중심지
7. be seven months ________________
   임신 7개월이다
8. ________________ by subway
   지하철로 통근하다

» **Answers**

1. punctual **2**. oath **3**. chronological **4**. dilemma **5**. idols
6. metropolis **7**. pregnant **8**. commute

3 다음 빈 칸에 알맞은 단어를 보기에서 골라 쓰시오.

monopoly	lyric	statesman
antiques	insight	adolescence

1. ___________ is a difficult time in one's life.
   청소년기는 인생에서 어려운 시기이다.

2. The book provides a fascinating ___________ into the world of art.
   이 책은 예술의 세계에 흥미로운 통찰을 독자들에게 제공한다.

3. ___________ must listen to their voice.
   정치가는 국민의 소리를 들어야만 한다.

4. They have a ___________ on the postal service.
   그들은 우편 서비스업에서 독점을 하고 있다.

5. His home is full of valuable ___________.
   그의 집에는 값비싼 골동품들이 많다.

6. He is a ___________ poet.
   그는 서정 시인이다.

» **Answers**

1. adolescence **2**. insight **3**. statesman **4**. monopoly
5. antiques **6**. lyric

4 다음 표시된 말의 알맞은 해석을 쓰시오.

1. an epic novel

   ____

2. corporate rights

   ____

3. suffer from nostalgia

   ____

4. bulletin board

   ____

5. the public relations department

   ____

6. the first semester

   ____

7. lose one's self-control

   ____

8. original sin

   ____

» **Answers**

1. 서사시적 **2**. 법인권 **3**. 향수 **4**. 게시판 **5**. 부서 **6**. 학기 **7**. 자제심 **8**. 원죄

INDEX

Word Storm 10 hours

A

abandon 버리다 263
abandonment 포기 263
abbreviate 줄여쓰다 465
abdomen 배 143
ability 능력 227
able 할 수 있는 221
abolish 폐지하다 196
A-bomb 핵폭탄 264
abridge 축약하다 70
abroad 외국에 413
abrupt 갑작스러운 221
abruption 중단 221
absent 결석한 398
absolute 절대적인 54
absolutely 절대로 54
absorb 흡수하다 236
absorption 흡수 236
abstract 추상적인 257
abstraction 추상 257
absurd 부조리한 276
abundance 유복 82
academia 학계 222
academic 학문의 222
academy 학원 396
accent 강조하다 33
accept 받아들이다 53
access 접근 28
accident 사고 132
accidental 우연히 132
accompaniment 부속물 195
accompany 동반하다 195
accomplish 성취하다 22
accomplishment 달성 22
accord 조화를 이루다 130
accordingly 따라서 209
account 계산서 153
accumulate 축적하다 235
accumulation 축적 235
accumulative 축적하는 235
accuracy 정확성 89
accurate 정밀한 89
accusation 고소 254
accuse 고발하다 254
accused 피의자 254
accustom 습관들게 하다 105
accustomed 익숙해진 105
ache 아픔 142
achieve 성취하다 22
achievement 성취 483
acid 신맛나는 432
acknowledge 인지하다 56
acquaint 알게 하다 316
acquaintance 아는 사람 316
acquire 습득하다 35
acquisition 습득 35
acquittal 무죄 석방 169
across 가로질러 154
active 활발한 124
acute 예리한 298
adapt 적응시키다 234
adaptable 융통성있는 360
address 주소 375
addressee 수취인 375
adequate 알맞은 70
adhere 달라붙다 412
adieu 이별 295
adjust 조정하다 308
adjustment 조절 308
administer 관리하다 252
administration 경영 252
admire 존경하다 255
admission 허락 76
admit 인정하다 76
adolesce 청년기를 지내다 519
adolescence 청소년기 519
adopt 채택하다 234
adoption 채택 234
advance 나아가다 28
advanced 고등의 504
advantage 이점 80
advantageous 유리한 80
advent 도래 137
adverse 반대의 140
advertisement 광고 212
advise 충고하다 129
affect 영향을 미치다 56
affectation 가장 56
affection 애정 56
affective 정서적인 56
affirm 단언하다 67
after ~의 뒤에 157
age 시대 365
agency 대리점 146
agenda 안건 146
agent 대리인 146
agree 동의하다 341
agreement 동의 344
agricultural 농업의 224
agriculture 농업 224
ahead 앞쪽에 157
aircraft 항공기 187
airmail 항공우편 152
alert 주의 깊은 339
alien 이방인 327
allot 할당하다 325
allotment 할당 30
allow 허락하다 106
allowance 수당 501
alloy 합금 431
ally 동맹하다 287

INDEX

almost 거의 521
also 또한 499
altar 제단 315
alter 바꾸다 315
alteration 변경 315
alternate 번갈아 하다 232
alternation 교대 232
alternative 양자 택일의 232
amateur 비전문가 76
amateurish 서투른 486
amaze 깜짝 놀라게 하다 177
amazement 놀람 177
amazing 놀라운 177
ambassador 대사 334
ambiguous 애매한 99
ambition 열망 209
amend 수정하다 250
amid 한복판에 472
among ~사이에 472
amount 총계 179
amuse 즐겁게 하다 36
analysis 분석 196
analytical 분석적인 264
analyze 분석하다 196
ancient 옛날의 512
anguish 고뇌 275
angular 모난 439
animal 동물 390
animate 생기를 주다 459
anniversary 주기 246
announce 발표하다 206
announcement 공고 206
annoy 약올리다 75
annoyance 성가심 75
annual 1년의 338
answer 답 347
antecedent 선행하는 97
antibiosis 항생작용 464
antibiotic 항생물질 464
antibody 항체 435
anticipated 예상되는 221
antidote 해독제 464
antipathy 반감 273
antique 고대의 512
antiquity 고대 512
anxious 열망하는 306
anybody 아무나 416
ape 유인원 455
aphorism 경구 510
apologize 사과하다 17
apology 사과 17
apparent 명백한 107
appeal 간청하다 84
appear 나타나다 107
appearance 용모 39
appetite 식욕 462
appetizer 식욕을 돋구는 음식 141
applicant 지원자 245
appoint 지명하다 325
appraise 평가하다 71
apprehend 이해하다 141
approach 접근하다 28
appropriate 적당한 314
appropriation 충당 314
approval 승인 171
approve 인가하다 171
arbitrary 제멋대로 490
arch 아치형 건조물 154
archer 궁수 229
archery 양궁 229
architect 건축가 154
architectural 건축상의 154
architecture 건축 154
arctic 북극의 183
ardent 열심인 258
area 지역 466
argument 논쟁 344
arm 팔 378
armchair 안락의자 378
armed 무장한 226
armful 팔로 한 가득 378
arms 무기 379
army 육군 379
arouse 자극하다 108
arrange 배열하다 175
arrangement 정리 175
arrest 구속하다 286
arrival 도착 137
arrive 도착하다 137
arrogant 거만한 25
arrow 화살 229
artery 동맥 461
artifice 기술 263
artificial 인공의 263
ascend 올라가다 25
aspect 국면 39
assemble 조립하다 33
assent 동의하다 364
assert 단언하다 168
asset 자산 500
assign 배정하다 325
assignment 과제물 325
assist 도와주다 212
assistance 원조 212
assistant 보조자 212
associate 제휴하다 287
association 협회 287
assume 추정하다 90
assumption 가정 90
assurance 확신 92
assure 보장하다 92

astonish 깜짝 놀라게 하다 350
astonishment 놀람 350
as well 마찬가지로 499
atmosphere 대기 204
atmospheric 대기의 204
atom 원자(력) 256
atomic 원자의 256
attach 붙이다 190
attachment 부착 190
attain 달성하다 22
attempt 시도하다 47
attend 시중들다 64
attendant 안내원 281
attentive 세심한 339
attitude 태도 11
attitudinal 태도의 11
attorney 검사 116
attraction 매력 84
audible 들리는 220
audience 관객 220
aural 귀의 220
authentic 진짜의 71
authentication 인증 256
author 저자 494
authority 권위 69
authorize 권한을 부여하다 69
autograph 자필서명 251
autographic 자필의 251
availability 유용성 51
available 유용한 51
average 평균 108
avoid 피하다 241
avoidable 피할 수 있는 368
award 수여하다 277
awarder 수상자 277
aware 알고 있는 74
awareness 인식 74
awkward 서툰 326

B

bachelor 독신남 520
bacteria 박테리아 463
bad 나쁜 408
bakery 제과점 484
balance 균형 46
balanced 안정된 237
bald 대머리의 115
ball 공 395
balloon 풍선 395
ballot 투표 288
ballroom 무도회장 395
ban 금지하다 20
band 무리 338
banner 표제 157
banquet 연회 395
bar 막다 254
barbaric 야만적인 487
barely 겨우 81
barley 보리 34
barren 불모지 467
barricade 장애물 238
barrier 장벽 238
base 기반 522
basic 기초의 522
basis 기초 522
battery 포병중대 338
bay 만 336
beam 광선 469
bear 참다 417
beard 턱수염 129
bearded 수염이 난 129
beast 짐승 156
beastly 잔인한 156
befall 발생하다 105
beginner 초보자 326
behave 행동하다 27
behavior 행실 27
behind ~의 뒤에 157
belief 신념 514
belly 배 462
belonging 소유물 41
belongings 소유물 408
beneficial 유익한 26
benefit 수혜 500
beseech 간청하다 324
besides 이외에 499
bestow 수여하다 277
beware 경계하다 304
bewilder 당황하게 하다 47
bias 편견 523
bicentenary 200년간의 523
bid 명령하다 351
biennium 이년간 513
bill 계산서 153
billionaire 억만장자 183
biological 생물학의 43
biology 생물학 43
birth 출생 519
blameless 결백한 23
blank 공백 115
blaze 불꽃 433
blend 섞다 108
blizzard 심한 눈보라 453
block 블록 131
block in 가두다 131
blockade 봉쇄 131
blood vessel 혈관 461
blow 바람이 불다 397
blower 송풍기 397
blunt 무딘 298

blush 얼굴 붉히다 440
board 칠판 138
boarder 하숙생 138
boast 자랑하다 340
boastful 자랑하는 340
boat 배 364
bold 대담한 253
boldfaced 뻔뻔한 253
bonus 상여금 509
book 책 381
bookish 문학적인 222
bookkeeper 부기계원 381
bookstore 서점 484
bookworm 책벌레 381
booth 매점 376
border 가장자리 261
bore 지루하게 하다 289
bored 따분한 126
borrow 빌려오다 415
borrowing 차용어 415
botany 식물학 43
bother 괴롭히다 199
bound 튀어오르다 77
bounty 하사품 509
bow 뱃머리 91
bow 활 229
bowl 사발 445
brag 자랑하다 340
branch 지점 497
brass 놋쇠 431
brave 용기 있는 340
bravery 용감 456
break 깨다 400
breakdown 붕괴 334
break-even 손익분기 400
breakfast 아침 400
breed 새끼 낳다 335
breeze 미풍 147
brevity 간결 15
brick 벽돌 434
brief 간단한 15
bright 밝은 406
brighten 밝게 하다 406
brightness 밝음 167
brilliance 광택 225
brilliancy 광명 225
brilliant 빛나는 225
bring up 기르다 335
broaden 넓히다 193
bronze 청동 431
brush 붓 440
brutal 잔인한 311
brute 짐승 156
budget 예산 501
build 세우다 200
bulk 부피 469
bulletin 게시 504
bump 충돌 337
bunch 송이 445
bundle 묶음 151
burden 짐 146
bureau (관청의) 국 146
burial 매장(식) 191
burst 파열하다 75
bury 매장하다 191
business 사업체 396
buyer 소비자 160

C

calamity 재앙 90
calculate 계산하다 297
calculation 계산 297
calm 고요한 124
canal 운하 447
cancel 취소하다 158
cancellation 취소 158
candidacy 입후보 245
candidate 후보자 245
canon 정전 (正典) 518
canyon 계곡 450
capability 능력 221
capable 유능한 221
capital 자본 89
caprice 변덕 505
capture 사로잡다 286
carbohydrate 탄수화물 429
career 경력 328
careful 신중한 347
careless 신경쓰지 않는 347
carelessness 부주의 291
cargo 화물 408
carve 새기다 362
carver 조각가 362
casual 우연한 481
catalog 목록 501
catastrophe 대재앙 90
catch 잡다 286
categorize 범주화하다 211
category 구분 211
cattle 소 156
cause 원인 210
caution 경고하다 291
cautious 조심성 있는 291
cave 동굴 455
cease 멈추다 259
ceaseless 끊임없는 259
celebrate 축하하다 152
celestial 천체의 427
cell 세포 428
cellar 지하실 428

census 인구조사 155
centenary 100년간 523
centennial 100년간의 523
centigrade 섭씨의 470
centimeter 센티미터 470
ceramic 도자기의 511
cereal 곡식 34
ceremony 의식 202
certificate 증명서 248
certificated 유자격의 248
certify 증명하다 248
cessation 중단 259
chairman 의장 480
chance 기회 106
change 바꾸다 98
chaos 혼돈 514
chaotic 혼란스러운 514
character 특징 386
characteristic 독특한 386
characterize 특성을 묘사하다 46
charcoal 숯 315
charge 요금을 부과하다 153
charged 돈을 받는 418
charitable 자비로운 18
charity 자비 264
charm 유혹하다 289
chase 추적하다 441
chasm 깊고 넓은 틈 448
cheat 속이다 357
check 점검하다 383
checkbook 수표장 383
check-in 투숙 수속 159
check-out 퇴실 수속 159
chemical 화학의 135
chemist 화학자 135
chemistry 화학 135
chill 쌀쌀함 351
chilly 으스스한 351
china 도자기 511
chisel 조각하다 362
choke 질식시키다 432
chore 허드렛일 502
chronic 만성적으로 512
chronicle 연대기 512
chronological 연대순의 512
circuit 순회 356
circular 순환성의 467
circulation 순환 467
circumstances 상황 291
cite 인용하다 326
civil 시민의 80
civility 예의바름 80
claim 주장하다 175
claimable 요구할 수 있는 175
clan 종 323
clash 충돌 107
class 계층 261
classify 분류하다 420
clause (법률) 조항 169
clear 명확한 292
cleave 쪼개다 403
clergyperson 성직자 234
clerk 점원 139
client 의뢰인 160
climb 오르다 233
cling 달라붙다 412
clinic 진료소 431
clinical 임상의 431
clone 복제 생물 355
close 끝마치다 390
close call 구사일생 390
clouded 흐린 122
cloudy 흐린 149
clue 단서 253
clueless 단서가 없는 253
clumsiness 서투름 212
clumsy 서투른 212
cluster 송이 445
coal 석탄 315
cold 차가운 351
collapse 붕괴하다 334
colleague 동료 49
collect 모으다 235
collide 부딪히다 337
collision 충돌 107
colonize 식민지를 만들다 524
colony 식민지 524
colossal 어마어마한 101
column 세로줄 91
combination 결합 211
combine 결합하다 211
comet 혜성 443
comic 희극적인 276
command 명령하다 38
commandment 명령 38
commence 시작하다 44
comment 주석 180
commentary 주석 180
commerce 상업 212
commercial 상업적인 212
commission 위임 21
commit 저지르다 21
common 공동의 108
communism 공산주의 483
commute 통근하다 520
commuter 통근자 520
compact 조밀한 294
companion 동료 49
companionship 교우관계 49
company 회사 396

comparison 비교 466
compel 강요하다 335
compensate 보상하다 117
competence 능력 79
competent 유능한 79
competitor 경쟁자 245
complete 완전한 347
completely 완전히 521
complex 복잡한 170
complexion 안색 440
complexity 복잡성 170
complicate 복잡하게 만들다 368
complicated 복잡한 170
complication 복잡 368
compliment 칭찬 330
complimentary 칭찬하는 330
component 구성요소 471
compose 구성하다 65
composite 혼성의 65
composition 구성 65
composure 침착 197
compound 합성하다 471
comprehensive 종합적인 15
compress 요약하다 465
compulsive 강제적인 199
compute 계산하다 297
conceal 감추다,숨기다 85
concentrate 집중하다 207
concentration 집중 207
concept 개념 345
conceptual 개념의 257
conclude 결론을 내리다 44
conclusion 결론 44
concrete 구체적인 361
condense 농축하다 465
condiment 조미료 355
condone 용서하다 19
conduct 행동하다 27
confer 협의하다 87
conferee 회의 출석자 238
conference 회의 238
confess 고백하다 301
confession 자백 301
confine 한정하다 78
confirm 확인하다 99
confirmation 확정 99
confront 직면하다 241
confuse 혼란스럽게 하다 271
confusion 혼란 271
conglomerate 대기업 396
congress 의회 517
conjugal 부부의 515
connected 관계가 있는 232
connection 연결 11
conquer 정복하다 194
conqueror 정복자 194
conscious 의식하고 있는 24
consciousness 의식 24
consequence 결과 210
consequential 중대한 210
conservation 보존 239
conservatory 온실 239
conserve 보존하다 239
consider 고려하다 420
considerable 상당한 405
considered 고려된 491
conspicuous 두드러진 93
constancy 불변 201
constant 끊임없는 201
constituent 구성하는 186
constitute 구성하다 186
construct 건설하다 200
construction 건설 200
consul 영사 521
consult 참고하다 87
consultation 상담 87
consume 소모하다 66
consumer 소비자 66
consumption 소비 66
contact 접촉 11
contactable 연락 가능한 11
contagious 옮기 쉬운 471
contain 포함하다 203
container 그릇 203
contemporary 당시의 97
contentment 만족 225
context 문맥 291
continual 계속되는 201
continue 계속하다 259
contract 계약 311
contraction 단축 311
contradict 반박하다 364
contradiction 모순 364
contrary 반대의 107
contrive 고안하다 433
control 지배 44
convention 집회 238
converge 집중시키다 230
convert 전환하다 98
convict 유죄를 선고하다 169
conviction 신념 169
cooked 요리된 249
copper wire 구리철사 431
copy 복사 220
core 핵심 522
corn 옥수수 34
corporate 법인의 511
corporation 회사 511

corps 군단 338
correct 바로잡다 281
correspond 부합하다 341
correspondence 일치 341
corrupt 부패한 261
cough 기침 145
count 계산하다 414
countable 셀 수 있는 414
counter 대항하다 241
counterfeit 위조하다 71
countless 무수한 414
courage 용기 456
course 과정 289
courtesy 예의 119
cover 덮다 261
covet 몹시 탐내다 292
cowardly 겁많은 253
crack 금이 가다 349
cracked 금이 간 349
craft 기술 187
crash 충돌하다 337
crawl 기어가다 358
crawly 으스스한 358
create 창조하다 42
creator 창조자 494
credit 신용 362
creep 기다 358
crescent 초승달 82
crew 승무원 281
cripple 불구자 429
criterion 표준, 규범 194
critic 비평가 54
critical 비평의 54
criticism 비평 54
criticize 비평하다 313
crop 농작물 186
cross 가로지르다 144
crossroad 교차로 144
crosswalk 횡단보도 144
crossway 교차로 158
crown 절정 449
crucial 결정적인 257
crude 가공하지 않은 249
crude oil 원유 45
cruel 무자비한 311
cruelty 잔혹 311
crutch 목발 429
cry 울다 250
cub (야수의) 새끼 454
cube 입방체 454
cultivate 경작하다 298
cultivation 경작 298
culture 배양하다 460
cultured 교양 있는 222
cunning 교활한 506
cure 고치다 64
curio 골동품 54
curiosity 호기심 54
curious 호기심이 강한 54
curly 곱슬곱슬한 155
current 현재의 522
curriculum 교과과정 289
curve 구부러지다 155
custom 관습 399
customary 관습상의 52
customer 고객 159
customs 세관 399
customs-free 무관세의 399
cute 귀여운 405
cyclone 사이클론 453
cynical 냉소적인 159
cynicism 냉소 242

D

daily 매일의 338
danger 위험 230
darkness 어둠 167
dawn 새벽 333
daylight 낮 333
dazzle 눈부시게 하다 79
deadly 치명적인 482
deafening 귀청이 터질 것 같은 220
debate 토론하다 344
debt 빚 288
debtless 빚이 없는 288
decadal 10년간의 16
decade 10년간 16
decay 이가 썩다 143
deceive 속이다 357
decent 의젓한 25
deception 사기 357
decide 결심하다 56
decisive 결정적인 53
declare 선언하다 206
decline 기울다 107
decode 번역하다 262
decorate 꾸미다 180
decoration 장식 180
decorative 장식한 180
decrease 감소하다 30
dedicate 바치다 235
dedicated 헌신적인 235
dedication 봉헌 235
defeat 패배 258
defeatism 패배주의 258
defendant 피고의 254
defer 연기하다 32
define 정의하다 68
definite 명확한 53
definitely 확실히 54

definition 규정 68
degenerate 퇴화하다 455
degrade 지위를 낮추다 81
degree 등급 122
delay 연기하다 32
deliberate 숙고하다 87
deliberation 숙고 491
delicious 맛있는 457
delight 기쁨 174
delightful 즐거운 174
deliver 배달하다 151
demand 요구하다 63
demandable 요구할 수 있는 63
democracy 민주주의 483
demonstrate 보여주다 285
demonstration 증거 285
den 동굴 455
denial 부정 195
dense 밀집된 294
dental 이의 143
dentist 치과의사 143
deny 부정하다 195
depart 떠나다 137
department 부 497
departure 출발 137
depend 의존하다 177
deposit 예금하다 119
depositor 예금주 119
depository 창고 248
depress 낙담시키다 92
depressed 의기소침한 126
depression 불경기 92
derivation 파생 367
derive 유래하다 367
descend 내려오다 25
descendant 자손 25
descent 하강 25
describe 묘사하다 46
description 묘사 46
descriptive 서술적인 510
desert 사막 467
deserve ~할 가치가 있다 23
desirable 호감가는 209
desire 원하다 209
desolate 고독한 243
despair 절망하다 330
desperate 절망적인 124
desperately 필사적으로 124
desperation 절망 330
despite 불구하고 74
dessert 후식 141
destiny 운명 366
destroy 파괴하다 200
detach 분리하다 190
detail 세부사항 31
detailed 상세한 419
deteriorate 악화시키다 107
determination 결정 56
determine 결정하다 56
detest 증오하다 41
dethrone 폐위하다 480
develop 발달하다 181
device 장치 95
devise 고안하다 95
dew 이슬 450
dewy 이슬 맺힌 450
dexterous 솜씨 좋은 377
dialect 사투리 366
diameter 지름 154
dictatorship 독재정권 483
differ 다르다 341
different 다른 342
differentiate 구별짓다 108
difficulty 어려움 188
diffuse 흐트러뜨리다 230
dig 파내다 191
digest 소화하다 70
digestion 소화 70
dignify 위엄있게 하다 296
dignity 위엄 296
dilemma 진퇴양난 523
dilemmatic 딜레마의 523
dim 흐린 149
dimension 차원 469
diminish 줄이다 81
dimple 보조개 440
diploma 증서 248
diplomacy 외교 334
diplomat 외교관 334
direct 똑바른 160
director 관리자 481
disadvantage 손실 26
disaster 재앙 90
disastrous 재난의 90
discard 버리다 263
discern 구별하다 108
discharge 짐을 내리다 205
disciple 제자 255
discipline 단련 495
disclaim 포기하다 175
disclose 노출시키다 85
discourage 낙담시키다 125
discouragement 낙담 125
disease 병 472
disgrace 수치 188
dish 접시 392
dishearten 낙심시키다 92
dishonesty 부정직 142
dislikable 싫은 41
dislike 싫어하다 41

dismiss 해고하다 160
disorder 무질서 514
dispel 쫓아버리다 344
disperse 해산하다 22
display 전시하다 261
disposition 기질 94
dispute 논쟁 344
disregard 무시하다 381
dissociate 분리하다 287
dissociated 분리된 232
dissuade 단념시키다 125
distant 멀리 있는 12
distinct 뚜렷한 368
distinction 구별 368
distinguish 식별하다 108
distract 흩뜨리다 207
distress 고뇌 503
distressed 어려움에 처한 126
district 지역 42
distrust 불신 102
disturb 방해하다 199
diverse 다양한 342
diversity 다양성 342
divert 기분전환하다 36
division 구분 211
doctor 의사 394
doctrine 교리 514
document 서류 236
documentary 문서의 236
documentation 증거 자료 236
domain 세력 범위 466
domestic 가정의 101
dominate 지배하다 332
domination 지배 332
donate 기부하다 39
donation 기부 39
donator 기부자 39
doom 운명 447
dosage 복용량 465
dose 1회 복용량 465
double-trip 왕복의 121
dove 비둘기 458
dozen 12개 16
draft 초안 176
drag (질질) 끌다 359
drastic 격렬한 185
drastically 과감하게 185
draw 그리다 402
drawer 서랍 402
drawing 선 그림 402
dread 불안 337
dream 꿈 252
drift 표류하다 244
drifter 표류자 244
drill 훈련하다 388
drink 마시다 273
drizzle 가랑비 148
drop 한 방울 450
drought 가뭄 284
drudgery 고역 48
drug 약 305
drugstore 약국 305
due 지불 날짜가 된 219
due bill 차용증서 219
dull 우둔한 406
dullness 아둔함 227
durable 튼튼한 430
dusk 황혼 451
dutiful 충실한 172
duty 의무 172
dwell 거주하다 260
dweller 거주자 260
dwelling 거주 244
dynasty 왕조 331

E

eager 갈망하는 306
earlier 이전의 522
earnest 진지한 258
earnestness 진지 258
earthquake 지진 365
ease 쉬움 188
ecology 생태학 43
economic 경제학의 160
economical 경제적인 160
economics 경제학 160
edge 가장자리 261
edged 날이 있는 261
edition 판(版) 247
educational 교육적인 127
effect 효과 44
effective 효과적인 65
efficacious 효력있는 65
efficiency 능률 65
efficient 능률적인 65
either 또한 499
elaborate 공들여 만든 55
elastic 탄력 있는 360
elbow 팔꿈치 378
election 선거 288
elegance 우아 249
elegant 우아한 249
element 요소 469
elementary 기본적인 504
eliminate 삭제하다 192
eloquent 능변의 300
elude 벗어나다 441
e-mail 전자우편 152
embarrass 당황하게 하다 47
embarrassment 낭패 47
embassy 대사관 521
embay 만 안에 들이다 336

embrace 포옹하다 363
embracement 포옹 363
emerge 나타나다 313
emergence 출현 313
emigrate 이민하다 223
emotion 감동 103
emotional 감정의 103
emphasis 강조 33
emphasize 강조하다 33
employ 고용하다 50
employee 종업원 160
employer 고용주 50
employment 고용 50
enchant 매혹하다 444
encircle 둘러싸다 206
enclose 둘러싸다 309
enclosure 동봉 309
encounter 조우하다 241
encourage 격려하다 125
encouragement 격려 125
endanger 위험에 빠뜨리다 228
endeavor 노력하다 47
endorsement 배서 251
endure 참다 417
engage 참여하다 205
engagement 약속 205
enlarge 확장하다 88
enlighten 계몽하다 437
enlist 병적에 올리다 176
enormous 거대한, 방대한 231
enormousness 거대함 231
enough 충분한 70
enroll 등록하다 97
en route 도중에 299
ensure 확실하게 하다 92
entangle 뒤얽히게 하다 73
enterprise 기업 516
entertain 즐겁게 하다 36
entertainment 오락 36
enthrone 왕위에 올리다 480
enthusiasm 열광 275
enthusiastic 열렬한 275
entrap 함정에 빠뜨리다 348
entreat 간청하다 324
entrust 위탁하다 21
envelop 봉하다 309
envelope 봉투 150
envelopment 싸기 150
envious 부러워하는 212
envy 질투 212
epic 서사시 510
epidemic 전염병 472
epigram 풍자시 498
episode 짧은 이야기 492
epoch 시대 365
equal 동일한 355
equator 적도 181
equatorial 적도의 183
equilibrium 평형 46
era 연대 365
erase 지우다 487
eraser 지우개 487
escape 도망치다 441
escort 수행하다 195
essence 본질 210
essential 필수적인 210
establish 설립하다 22
establishment 설립 22
estimate 추측하다 208
estimation 평가 208
eternal 영원한 314
eternity 영원 314
ethical 윤리적인 35
ethics 윤리학 35
ethnic 인종의 37
ethnological 인종학적인 37
etiquette 예절 119
evacuate 철수시키다 241
evaluate 평가하다 71
evaluation 평가 71
even with 불구하고 74
event 사건 132
eventual 최후의 198
eventually 결국 198
eventuate 일어나다 198
everlasting 영원한 314
evidence 증거 253
evident 분명한 187
evil 악 294
evolution 진화 181
evolve 진화하다 181
exact 정확한 49
exaggerate 과장하다 325
exaggeration 과장 325
exalt 고무시키다 92
examination 시험 347
examine 조사하다 103
example 모범 204
excavate 굴착하다 397
exceed 초과하다 260
exceedingly 대단히 420
excel 뛰어나다 158
excellent 우수한 290
excess 초과 260
excessive 과도한 237
exchange 교환하다 520
excited 흥분한 126
excitement 흥분 120
exciting 흥분시키는 126
exclaim 외치다 250
exclamation 외침 250

exclude 제외하다 262
exclusive 독점적인 524
excursion 소풍 350
excuse 용서하다 17
execute 수행하다 359
execution 실행 359
executive 실행의 359
exempt 면제된 435
exhaust 다 써버리다 290
exhausted 지친 352
exhaustion 소모 290
exhibit 전시하다 261
exhibition 전시회 406
exist 존재하다 209
existence 존재 209
existent 현존하는 209
exotic 이국적인 444
expand 확장하다 193
expansion 확장 193
expedition 탐험 350
expenditure 세출 501
expert 전문가 76
explain 설명하다 271
explode 폭발하다 75
exploration 탐험 350
explore 탐구하다 346
explosion 폭발 75
explosive 폭약 75
export 수출하다 207
expression 표현 498
exquisite 더없이 훌륭한 249
extend 뻗치다 88
extension 연장 88
extensive 광범위한 15
extent 크기 182
external 외부의 243
extinct 멸종된 468
extinguish (불을) 끄다 239
extinguisher 소화기 239
extinguishment 소등 239
extract 짜내다 284
extreme 극단적인 190
extremely 극히 420
extremism 과격주의 190
eyewitness 목격자 56

F

fable 우화 485
fabric 직물 427
fabricate 제작하다 33
fabricated 인공의 263
face 얼굴 400
face-lifting 성형수술 400
facial 얼굴의 400
facile 손쉬운 188
facility 쉬움 188
fact 사실 485
factor 요소 85
factorize 인수분해하다 85
factory 공장 390
fade 바래다 192
faded 색바랜 192
Fahrenheit 화씨의 470
fail 실패하다 382
failure 실패 401
faint 희미한 440
fair 공정한 406
fairy tale 동화 485
faith 믿음 198
faithful 충실한 198
fake 위조하다 509
falcon 매 458
fall 무너지다 334
fall into debt 빚지다 189
falter 말더듬다 55
fame 명성 279
familiar 친밀한 299
famine 굶주림 104
fancy 환상 252
fantasy 공상 252
fare 승차요금 153
farewell 작별인사 295
farm 경작하다 298
fascinate 매혹하다 289
fascination 매혹 289
fat 뚱뚱한 282
fatal 치명적인 482
fate 운명 366
favor 호의 80
favorite 좋아하는 사람 523
favoritism 편애 36
feature 특징 179
featureless 특징 없는 179
fee 요금 524
feed 양육하다 138
feeling 기분 171
female 여성 104
feminine 여성의 271
feminist 여권 주장자 271
fern 양치류 471
fertile 비옥한 295
fertility 비옥 295
fervent 열렬한 306
festival 축제 246
festive 축제의 152
fetish 물신 523
fever 열 120
feverish 발열한 120
fiction 소설 435
field 벌판 383

fielder 외야수와 내야수 383
fierce 사나운 240
fiercely 사납게 240
fierceness 사나움 240
fight 싸우다 69
figurative 구상(具象)의 411
figure 형상 411
fill 채우다 368
final 마지막의 53
finally 마침내 198
final-term 기말학기 496
finance 재무 89
financial 재정의 89
fine 좋은 412
finish 마치다 44
fire 불 414
fire fighter 소방관 414
firefly 반딧불 414
firm 굳은 55
fixed 고정된 360
flame 불꽃 433
flare 불길 433
flash 섬광 435
flashlight 손전등 435
flavor 맛을 내다 468
flee 도망치다 441
fleeting 덧없는 262
flexible 휘어지는 360
flicker 명멸하다 438
flight 비행 117
float 떠돌다 244
flood 홍수 284
floodable 범람하기 쉬운 284
flour 밀가루 186
flourish 번창하다 231
flowing 유창한 300
flu 독감 145
fluency 유창함 300
fluent 유창한 300
fluid 유동성의 470
fly 날다 117
focus 집중하다 207
fog 안개 122
foggy 안개 낀 122
fold 접다 307
folder 문서보관철 307
folk 민속의 120
folklore 민속 120
folksy 소탈한 120
follow 따르다 389
following 다음의 105
food 음식 392
foolishness 어리석음 518
forbid 금지하다 95
forbidding 험악한 95
force 강요하다 335
forecast 예측하다 123
foreign 외국의 101
foreigner 외국인 327
foretell 예언하다 123
for fear that
~하지 않도록 315
forge 위조하다 509
form 구성하다 336
former 먼저의 522
formula 공식 336
formulate 명확히 말하다 336
formulation 공식화 336
fortnight 2주일 16
fortunate 운 좋은 444
fortune 행운 444
forward 앞으로 157
fossil 화석 (化石) 315
foul 더러운 436
found 설립하다 22
fountain 원천, 샘 333
fragile 연약한 247
fragility 부서지기 쉬움 247
fragment 파편 256
fragrance 향기 21
frail 연약한 247
frame 틀 433
framework 뼈대 433
frank 솔직한 506
free 자유로운 418
freedom 자유 418
freeze 얼게 하다 331
freight 화물 408
frequency 자주 일어남 52
frequent 빈번한 52
fresh 신선한 249
fridge 냉장고 331
friendly 호의있는 140
frivolous 천박한 208
frost 서리 144
frostbite 동상 144
frosty 쌀쌀한 351
frugal 절약하는 160
frustrate 좌절시키다 14
frustration 좌절 14
fuel 연료 45
fullness 포만 115
fund 기금 89
fundamental 기본적인 259
funeral 장례식 367
fungus 균류 457
funny 재미있는 128
furious 격노한 127
furnish 가구를 갖추다 108
furthermore 게다가 499
future 미래의 522

G

galaxy 은하수 443
gallery 화랑 349
gape 바라보다 303
garbage 쓰레기 436
gas 기체 315
gas station 주유소 45
gather 모으다 344
gathering 모임 405
gauge 측정하다 208
gaze 응시하다 303
gender 성 459
generate 발생시키다 42
generation 세대 42
generosity 관대 18
generous 관대한 18
genius 천재 227
gentle 온화한 31
genuine 진짜의 71
genuinely 진정으로 71
germ 세균 463
gift 선물 398
gigantic 거대한 231
glance 일견 342
glare 섬광 79
glaring 번쩍번쩍 빛나는 79
gleam 어스레한 빛 469
glimpse 흘끗 봄 341
glisten 반짝이다 438
glitter 반짝이다 435
globe 구 427
gloom 어둠 167
gloomy 우울한 167
goggle 물안경 128
good 좋은 408
good bye 안녕 295
goodness 선량 280
goods 상품 408
gossip 험담 491
gossiper 수다쟁이 491
govern 다스리다 252
governor 도지사 524
grab 움켜잡다 307
grade 등급 391
gradual 점차적인 391
grain 곡식 34
grant 수여하다 176
grantee 피수여자 176
grasp 움켜잡다 307
grass 풀 353
grass-roots 민중의 353
gravitation 중력 443
gravity 근엄 296
grief 슬픔 278
grieve 몹시 슬퍼하다 278
guarantee 보증하다 67
guaranty 보증 67
guide 이끌다 389
guilty 죄 있는 23
gulf 만 448
gulp 꿀꺽 마시다 273
guy 친구, 자네 377

H

habit 습관 385
habitant 주민 244
habitat 서식지 244
habitation 주거지 244
habitual 습관적인 52
hail 우박 150
hairless 머리가 없는 115
hairy 털투성이의 115
half 1/2 402
hall 홀 349
halt 정지하다 224
hand 일손 394
handbag 핸드백 394
handwriting 필기문자 300
handy 간편한 51
handyman 잡역부 394
happen 일어나다 105
happening 사건 304
happiness 즐거움 174
harbor 항구 336
hard 딱딱한 375
hardly 좀처럼 ~않다 81
harm 해치다 83
harmful 유해한 294
harmony 조화 237
harvest 추수 352
haste 서두름 197
hasten 서두르다 197
hatred 원한 202
haughty 오만한 262
haul 끌어당기다 359
hawk 매 458
hazard 위험 230
haze 안개 451
H-bomb 수소폭탄 264
head 머리 418
headache 두통 142
headhunter 스카우트 담당자 418
headline (신문의) 표제 157
heady 무모한 418
heal 치료하다 64
healing 치료 64
healthy 건강한 418
heap 무더기 178
heart 중심부 472
heavenly 하늘의 443

INDEX

heaviness 무게 169
heavy 무거운 205
heir 상속인 363
heirless 상속인이 없는 363
heritage 유산 310
hesitant 주저하는 366
hesitate 주저하다 91
hesitation 주저 91
hibernate 동면하다 455
hide 숨기다 191
hierarchy 계급제 442
highbred 명문 출신의 189
highway 간선도로 461
hinder 훼방놓다 105
hint 암시하다 19
hire 고용하다 50
hobby 취미 328
hold 잡다 393
holdings 소유물 393
holdup 노상강도 행위 393
holy 신성한 356
homemade 집에서 만든 101
homesickness 향수병 507
honest 정직한 142
honesty 정직 142
honorable 정직한 160
hope 희망하다 330
hopefulness 희망 참 242
horizon 지평선 181
horizontal 수평의 154
horrible 무서운 170
horror 공포 170
hospitable 공손한 469
hostile 적대하는 140
hostility 적개심 140
hound 추적하다 297
hug 꼭 껴안다 363
huge 거대한 101
humble 미천한 262
humid 습기 있는 246
humor 유머 128
humorous 우스운 128
hurry 서두름 197
hurt 상처를 입히다 83
husbandly 남편의 515
husk 껍질 451
hygienic 위생상의 436
hypothesis 가설 323

I

idea 관념 345
ideal 이상적인 204
idealism 이상주의 204
identical 동일한 157
ideology 이념 514
idiom 관용어 366
idle 빈둥빈둥 놀다 420
idol 우상 523
idolize 우상화하다 523
ignite 불을 붙이다 239
ignorance 무시 223
ignore 무시하다 245
illiterate 글자를 모르는 40
illogic 비논리 211
illuminate 비추다 437
illumination 조명 437
illusion 환상 252
illustrate 예증하다 278
illustration 삽화 278
illustrative 설명적인 278
imagine 상상하다 404
imbalance 불안정 46
immature 미숙한 72
immediate 즉시의 12
immigrant 이주자 327
immortal 불사의 482
immune 면역의 435
immunity 면역 435
impact 충격 107
impartial 공평한 406
impatient 참을성이 없는 394
imperial 제국의 283
implication 암시 19
implicit 암시적인 19
imply 내포하다 19
import 수입 207
important 중요한 257
importer 수입업자 207
impose 부과하다 20
imposition 부과 20
improve 개선하다 102
improvement 개선 102
impulse 충동 240
inappropriate 부적당한 314
incapable 무능한 221
incident 우발적 사건 492
inclination 경향 523
include 포함하다 262
increase 증가하다 30
independent 독립적인 177
index 색인 501
indicate 가리키다 84
indication 지적 84
indifference 무관심 275
indifferent 무정한 306
individual 개인 63
individuality 개성 63
induce 권유하다 272
industrious 부지런한 378
industry 공업 224

inevitable 부득이한 368
infancy 유년 100
infant 유아 100
infantry 보병 100
infection 감염 472
infectious 전염성의 472
inferior 열등한 316
inferiority 열등 316
infertile 불모의 295
influence 영향 44
influential 영향력 있는 44
influenza 유행성 감기 145
infrared 적외선 251
infrastructure 하부구조 251
inhabit 거주하다 260
inherit 물려받다 310
inheritance 상속 310
inheritor 상속자 363
initiate 시작하다 296
initiation 개시 296
injure 상처 입히다 83
injurious 유해한 463
injury 부상 83
inn 여인숙 159
innate 타고난 184
inner 내부의 184
innocence 순결 23
innocent 순진한 23
in order that not
~하지 않도록 315
inorganic
생활기능이 없는 430
inquire 묻다 339
inquiry 연구 339
inquisitive 호기심이 강한 54
insensitive 무감각한 24
insight 통찰력 518
insightful 통찰력 있는 518
insignificant 하찮은 205
insist 주장하다 168
insistence 주장 168
insistent 고집하는 168
inspect 검사하다 360
inspection 정밀검사 360
inspiration 영감 263
inspire 영감을 주다 314
inspirit 격려하다 125
in spite of 불구하고 17
instant 즉시의 354
instantly 즉시로 354
instead 그 대신에 14
instinct 본능 240
instinctive 본능적인 240
instinctively 본능적으로 240
institute 연구소 196
institution 설립 196
instruct 가르치다 127
instruction 가르침, 명령 127
instructive 교훈적인 127
instructor 지도자 508
insulate 절연하다 18
insult 모욕하다 330
intake 섭취량 429
integration 통합 211
integrity 성실 142
intellect 지성 94
intellectual 지적인 94
intelligent 총명한 94
intend 의도하다 106
intense 격렬한 274
intension 강화 274
intensive 집중적인 274
intent 의지 106
intention 의향 106
intentional 고의의 132
interest 흥미 417
interested 흥미가 있는 417
interesting 재미있는 417
interfere 방해하다 105
interior 내부의 243
internal 내부의 243
internality 내면성 243
interpret 해석하다 262
interpretation 해석 262
interrupt 방해하다 105
interruption 방해 105
intersect 교차하다 158
intersection 교차로 158
intersectional 교차하는 158
intimacy 친밀 299
intimate 친밀한 299
intimidate 위협하다 13
introduce 도입하다 207
introductory 입문의 504
invalid 타당치 않은 72
inventory 상품 목록 501
invest 투자하다 287
investigate 조사하다 346
investigation 조사 346
investment 투자 287
investor 투자자 287
invisible 눈에 보이지 않는 367
invoice 송장 153
involve 연루시키다 73
involvement 연루 73
iron 철분 429
ironical 비꼬는 159
irony 풍자 159
irregular 불규칙한 201
irritate 짜증나게 하다 75
isolate 격리시키다 18

isolation 고립 18
issuance 발행 220
issue 발행(물) 220

J

jam 쑤셔넣다 284
jar 단지 446
jargon 은어 366
jealous 질투심이 많은 292
jealousy 질투 212
journal 정기간행물 139
journalism 신문 잡지 139
Journalist 언론인 139
journalize 신문업에 종사하다 139
journey 여행 285
journeyer 여행자 285
joy 기쁨 278
jubilee 50년제 523
judge 판사 116
jump 뛰어오르다 77
jurisdiction 관할권 69
jury 배심원 116
juvenile book 아동도서 485

K

keen 날카로운 298
keep 유지하다 393
kill 살해하다 272
kind 친절한 311
kingship 왕권 331

L

lab 연구실 86
labor 노동 48
laboratorial 실험실의 86
laboratory 연구실 86
laborious 힘드는 48
lack 결핍 82
ladder 사다리 442
lamb 새끼양 454
lament 한탄하다 27
land 땅 138
landed 토지의 138
landing 착륙 138
lap 접다 307
last 끝의 522
lately 근래에 522
latest 최신의 513
latter 후자의 522
laugh 웃다 280
launch 착수하다 327
lavish 아끼지 않는 503
lawn 잔디밭 353
lawny 잔디의 353
lawyer 변호사 116
lay 쌓다 434
lazy 게으른 375
lead 인도하다 389
leader 지도자 389
leading 선도적인 93
leak 새다 236
lean 기대다 409
leaning 기울기 523
leap 뛰어오르다 77
learned 학식이 있는 94
learner 배우는 사람 45
lease 임대하다 415
leather 가죽 430
leave 떠나다 419
leave-taking 고별 295
lecture 강론하다 479
left 왼쪽의 377
legend 전설 485
legendary 믿기 어려운 485
lend 빌려주다 415
lender 빌려주는 사람 415
lending 대출 118
length 길이 376
lessen 줄이다 30
lest ~하지 않도록 315
lethal 치명적인 482
letter 편지 395
lettered 학식이 있는 395
letter of credit 신용장 395
level 수준 167
leveler 평등주의자 167
leveling 평준화 167
levy 부과하다 20
liability 부채 288
liable 영향을 받기 쉬운 411
liar 거짓말쟁이 380
liberate 해방하다 293
librarian 도서관의 사서 118
library 도서관 118
lid 뚜껑 446
lie 거짓말 380
lifeless 활기없는 124
lift 올리다 403
light 가벼운 205
lighten 밝게 하다 437
lighthouse 등대 437
lightning 번개 437
likewise 또한 499
limestone 석회암 452
list 리스트 501
literal 문자의 40
literate 글자를 아는 40

literature 문학 40
little 작은 231
live 생생한 124
lively 활기찬 124
loaf 빈둥거리다 378
loan 대출 362
loathe 몹시 싫어하다 41
location 위치 116
log 통나무 434
logic 논리 211
logical 논리적인 211
logistics 물류 315
loiter 빈둥거리다 378
loiterer 게으름뱅이 378
long 긴 376
longing 갈망 507
look forward to 고대하다 376
look like 닮다 276
loose 놓아주다 293
loosen 풀다 256
lord 왕 348
lordly 군주다운 348
lose 잃어버리다 35
loss 손해 500
lot 많음 392
lottery 복권 403
lower 내리다 316
loyalist 충성스런 사람 227
luck 행운 502
lumber 재목 442
lunar 달의 82
luxurious 사치스러운 503
luxury 사치 503
lyric 서정시 510

M

machinist 기계운전자 48
macro 대형의 343
mail 우편 152
main dish 주요리 141
maintain 유지하다 263
majestic 위엄 있는 346
majesty 위엄 346
major 중요한 380
majority 대다수 380
male 남성 104
malice 악의 202
mammal 포유동물 454
mammoth 거대한 것 454
manage 관리하다 100
manifest 명백한 107
manly 남자다운 104
manner 태도 385
mannerism 매너리즘 385
mannerless 버릇 없는 385
manners 풍습 385
manufacture 제조하다 33
manufacturer 제조회사 33
marble 대리석 452
marital 결혼의 515
maritally 부부로서 515
marvel 놀라운 일 365
marvelous 놀라운 365
masculine 남성적인 104
masculinity 남자다움 104
mass 덩어리 178
massive 부피가 큰 178
masterpiece 명작 518
masterwork 걸작 518
match 어울리다 130
mate 짝 49
material 재료 168
materialism 유물론 168
materialist 유물론자 168
materialize 물질화하다 168
mature 성숙한 72
maturity 성숙 72
maxim 격언 498
mayor 시장 524
mayorship 시장의 직 524
meadow 초원 448
meagerness 부족 503
mean 의도하다 106
measure 측정하다 145
mechanic 수리공 48
mechanize 기계적으로 하다 48
mechinist 기계운전자 48
medicine 약 305
meek 유순한 458
meet 만나다 387
megalopolis 거대도시 516
melancholy 우울 152
melt 녹이다 144
memorandum 메모 133
menace 협박 13
mental 정신의 83
mentality 사고방식 83
mention 언급하다 326
mercy 자비 264
mere 단순한 81
merely 단지 81
merit 받을 만하다 23
message 메시지 133
messenger 배달부 133
metaphor 은유 522
metaphorical 은유적인 522
meteor 유성 443
metropolis 대도시 516
metropolitan 수도의 516

micro 100만분의 1 343
microscope 현미경 128
microscopic 극히 미세한 471
mid-term 중간학기 496
might 힘 384
mighty 강력한 384
migrate 이주하다 223
migrating 이주하는 223
migration 이주 223
militarize 군국화하다 226
military 군대 226
militia 시민군 226
Milky Way 은하수 443
millennium 천년기 513
millionaire 백만장자 183
mind 주의하다 304
mindful 염두에 두는 74
mine 광산 397
miner 광부 397
mineral 광물 430
minimal 극소의 343
minister 장관 29
minor 소수의 380
mirror 반사하다 24
misbehave 못되게 굴다 27
miserable 불쌍한 275
misery 비참 275
miss 놓치다 382
mission 사절 366
missionary 선교사 366
mist 안개 451
mistrust 믿지 않다 102
misty 안개 짙은 122
moderate 온화한 237
moderation 중용 237
modern 현대의 97
modest 겸손한 25
modify 변경하다 250
moist 습기가 있는 246
moisten 축축하게 하다 246
moisture 습기 246
molecular 분자의 256
monarchy 군주국 331
monopolistic 독점적인 524
monopolize 독점하다 524
monopoly 독점 524
mood 기분 171
moody 우울한 171
moral 도덕적인 261
morale 사기 261
morality 도덕 279
moreover 게다가 499
mortal 죽어야 할 운명의 482
moss 이끼 471
mossy 이끼 낀 471
motif 테마 496
motivate 동기를 주다 263
motivation 동기부여 263
motive 동기 263
mount 올라가다 233
mountain 산 233
move 움직이다 387
movement 동작 387
mover 이삿짐 센터 직원 387
movie 영화 387
municipal 시립의 80
murder 살인 272
murderous 흉악한 272
muscle 근육 286
muscular 근육의 286
muscularity 강건 286
museum 박물관 349
mushroom 버섯 457
mustache 콧수염 129
mutual 상호간의 232
mutualism 공생 232
mysterious 신비한 151
mystery 신비 150
myth 신화 485
mythic 신화의 485

N

nano 1억분의 1 343
national assembly 국회 517
native 원어민 101
natural 자연의 222
natural resources 천연자원 391
naturally 당연하게 391
nature 자연 391
need 필요하다 50
negate 부인하다 28
negation 부정 28
negative 부정적인 28
neighbor 이웃사람 42
neighborhood 이웃 42
nerve 신경 456
nervous 신경과민의 456
neutral 중립의 37
neutralize 중립시키다 37
nevertheless 그럼에도 불구하고 17
nicely 좋게 407
nobility 귀족 189
noble 귀족의 189
nobody 아무도 416
noise 소음 418
nonprofit 비영리적인 212
nonstudious 공부하기 싫어하는 222

norm 표준 194
normal 보통의 108
nostalgia 향수 507
nostalgic 고향을 그리워하는 507
note 기록 223
notice 주목하다 382
notice 통지 504
notion 관념 345
notwithstanding 불구하고 17
nourish 기르다 191
nourishing 영양분이 많은 191
nourishment 영양 191
novel 소설 495
novelist 소설가 495
nowadays 오늘날 306
nuclear 핵의 264
nucleus 핵 264
nuisance 성가심 472
number 숫자 411
nutrition 영양분 87
nutritionist 영양사 87

O

oasis 오아시스 449
oath 맹세 508
obey 복종하다 38
object 대상 379
objection 반대 379
objective 객관적인 379
obligation 의무 172
oblige 강요하다 335
obliterate 흔적을 없애다 487
oblivious 잘 잊어버리는 339
obscure 불분명한 99
observer 관찰자 56
obstacle 장애(물) 254
obstruction 방해 238
obtain 획득하다 53
obtainable 손에 넣을 수 있는 51
obtainment 획득 53
obvious 명백한 367
occasion 경우 55
occasional 가끔의 55
occupation 직업 13
occupy 점유하다 13
occur 생기다 105
occurrence (사건의) 발생 105
odd 이상한 324
oddity 괴상함 324
ode 송시 510
odor 냄새 (주로 악취) 21
offence 위법행위 78
offend 감정을 상하게 하다 78
offensive 무례한 78
offer 제공하다 96
offering 봉헌 202
office 임무 481
officer 공무원 517
official 공무원 481
often 종종 521
omen 전조 428
omission 생략 262
omit 생략하다 262
on board 배 위에 138
one-way 편도의 120
open 열다 390
opening 트인 구멍 238
operate 작동하다 133
operation 운영 133
operator 기사 133
opponent 대립하는 157
opportune 시기가 좋은 106
opportunism 기회주의 106
opportunity 기회 106
oppose 반대하다 68
opposite 맞은편의 157
optimism 낙천주의 242
optimistic 긍정적인 242
optimize 낙관하다 242
orb 구 427
orbit 궤도 356
orbital 궤도의 356
ordain 운명짓다 447
order 주문하다 389
orderly 질서정연한 389
ordinariness 평상상태 304
ordinary 보통의 108
ore 광석 430
organic 유기체의 471
organism 유기체 471
organize 조직하다 186
origin 기원 333
originate 시작하다 327
ornament 장식하다 180
otherwise 그렇지 않으면 209
outer 외부의 184
outline 개요 31
outlive 오래 살다 446
outstanding 두드러진 93
overcome 이기다 194
overflow 범람하다 284
overlook 간과하다 360
overlord 지배자 481
overseas 해외로 413
oversee 감시하다 100
overstate 과대평가하다 325
owe 빚지다 189
owed 빚지고 있는 219
own 소유하다 40

P

package 꾸러미 151
paid 지불이 끝난 219
pain 고통 142
painting 채색 그림 353
pale 창백한 440
panic 공포 337
paragraph 문단 313
paragraphic 절의 313
paragraphist 단평 집필자 313
parcel 꾸러미 151
parliament 의회 517
parody 패러디 494
part 부분 387
partake 참여하다 15
partial 공정치 못한 387
partiality 편파 36
participate 참여하다 15
participation 참가 15
participator 참가자 15
particular 특정한 53
partisan 당파심이 강한 37
partner 동료, 배우자 358
party 파티 405
partygoer 파티꾼 405
passage 통행 382
passenger 승객 158
passerby 통행인 158
passion 열정 233
passional 격정에 사로잡힌 233
passionate 정열적인 103
past 과거의 306
pastor 사제 234
pastoral 목가적인 98
path 경로 299
patient 참을성 있는 394
patriot 애국자 227
patriotic 애국의 227
patriotism 애국심 227
patron 단골 손님 159
pause 잠시 멈추다 365
pay 임금 136
payment 지불금 302
peace 평화 337
peak 최고점 449
peculiar 독특한 470
peculiarity 특성 470
peer 동료 348
penalty 벌금 412
peninsular 반도의 448
people 사람 377
perfect 완성하다 141
perform 실행하다 21
performance 공연 483
period 기간 365
periodical 시대적으로 512
perish 죽다 209
permanence 영구 34
permanent 영원한 34
permission 허가 106
permit 허락하다 106
perplex 난처하게 하다 47
persevering 인내하는 394
persistent 지속적인 34
person (1명의) 사람 377
personal 개인의 505
persuade 설득하다 272
persuasion 설득 272
pessimism 염세주의 242
pessimist 염세주의자 242
pessimistic 비관적인 242
petition 탄원하다 84
petroleum 석유 45
pharmacist 약사 463
pharmacy 약국 463
phase 국면 39
phenomena 복수형 304
phenomenon 현상 304
philosophy 철학 323
photo 사진 405
phrasal 구의 498
phrase 숙어 498
physical 물질의 83
physician 내과의사 135
physicist 물리학자 135
physics 물리학 135
picture 그림 404
picture goer 영화팬 404
picture hall 영화관 404
picturedom 영화계 404
pictures 영화 404
picturesque 그림 같은 404
pigeon 비둘기 458
pile 무더기 178
pillar 기둥 469
pitfall 함정 348
pity 동정 273
plague 역병 472
plain 평범한 55
planet 행성 443
plank 두꺼운 판자 442
planned 계획된 490
plant 식물 390
plantation 거대 농장 390
plate 접시 445
plaza 광장 439
plea 탄원 84
plead 변호하다 17
please 기쁘게 하다 156
pledge 맹세하다 92
plight 곤경 117

plow 쟁기 352
plowman 농부 352
poet 시인 493
poetic 시적인 493
poetry 시 493
poison 독 305
poisonous 유독한 457
policy 정책 159
polish 윤내다 438
polite 예의바른 106
political 정치(학)의 159
politician 정치가 517
politics 정치 159
ponder 숙고하다 24
poor work 졸작 518
porcelain 자기 511
portion 몫 30
portrait 초상화 353
portray 묘사하다 46
posit 설치하다 116
position 위치 116
positive 명백한 173
positivism 적극성 173
possess 소유하다 40
possessed 홀린 40
possession 소유물 40
possible 가능성 있는 93
post 우편 315
postcard 우편엽서 152
postpone 연기하다 32
posture 자세 11
pot 단지 446
potent 유력한 93
potential 잠재력 있는 93
potentiality 잠재력 93
poverty 가난 503
power 힘 283
practice 연습 420
prairie 평원 448
praise 칭찬하다 330
preach 설교하다 479
precedence 우위 88
precise 정밀한 49
precision 정밀 49
predicament 곤경 441
predict 예상하다 123
prediction 예언 203
predictor 예언자 203
preference 더 좋아함 88
pregnancy 임신 519
pregnant 임신한 519
prejudice 편견 36
premium 장려금 509
prescribe 처방하다 465
prescription 처방 305
present 현재 398
presentation 발표 398
preservation 보존 239
preserve 보존하다 308
president 회장 480
press 누르다 410
press release 보도자료 410
pressing 긴급한 123
pressure 압력 410
prestige 명성 279
presume 추정하다 90
pretend ~인 체하다 90
pretty 예쁜 405
pretty-pretty 지나치게 꾸민 405
prevent 방지하다 95
previous 이전의 105
prey 먹이 43
price 가격 153
priest 신부 234
priestess 여성 사제 234
primitive 원시의 222
primitivism 원시주의 222
principal 주요한 255
principle 원리 255
print 출판물 300
printing 인쇄 220
prior 이전의 88
priority 우선권 88
private 개인의 511
privilege 특권 283
prize 상 283
proceed 속행하다 91
process 과정 289
procure 획득하다 53
prodigy 천재 227
produce 생산하다 42
profession 직업 219
professional 직업상의 219
professor 교수 497
proficient 익숙한 79
profit 이익 26
profound 심오한 263
profundity 심오 263
progress 진보 28
progressive 적극적인 173
prohibit 금지하다 20
prohibition 금지 20
project 계획 사업 516
prolific 다산의 519
prolong 늘이다 88
prominent 눈에 띄는 93
prominent figure 거물 416
promise 약속하다 508
prompt 즉석의 12
proof 증거 410
proofread 교정을 보다 410

proper 적당한 106
property 재산 41
prophecy 예언 203
proportion 비율 466
proportional 비례하는 466
proposal 제안 310
propose 제안하다 310
proposition 제안 310
propriety 적절 106
prose 산문시 493
prosperous 번성하는 126
prosy 산문체의 493
protection 방어 345
protein 단백질 429
proud 자랑하는 262
prove 증명하다 410
proverb 격언 498
provide 제공하다 51
provident 신중한 51
province 지역 354
provision 준비 51
psychologist 심리학자 172
psychology 심리학 172
public 공공의 80
publication 출판 247
publish 출판하다 173
publisher 출판사 173
puff 입김을 불다 397
pull 잡아당기다 359
pulse 맥박 462
punctual 시간을 지키는 506
punctuality 시간엄수 506
pupil 학생 45
pupillary 학생의 45
purchase 구입하다 77
pure 순수한 66
purify 정화하다 66
purity 맑음 66
purpose 목적 54
pursue 추구하다 297
pursuit 추적 297
push 밀다 410
puzzle 퍼즐 486
puzzling 영문 모를 151

Q

quake 덜덜 떨다 452
quakeproof 내진의 452
qualify 자격을 주다 182
quality 품질 182
quantify 분량을 정하다 182
quantity 분량 182
quarrel 말다툼 69
quarter 1/4 402
quarterly 계간지 402
question 묻다 339
quit 그만두다 365
quiver 흔들리다 462
quiz 간단한 시험 347
quota 몫 30
quotation 인용 357
quote 인용하다 357

R

race 경주 407
racer 경주자 407
racial 인종의 37
racialism 인종주의 407
radiant 눈부신 469
radiate 발산하다 230
radiation 발광 230
radical 급진적인 259
radically 근본적으로 259
rage 격노 127
rainstorm 폭풍우 150
raise 높이 들다 403
random 임의로 490
randomize 임의 추출하다 491
rank 지위 261
rare 드문 521
rarely 드물게 521
rate 속도 462
rational 이성적인 264
rationale 이론적 근거 264
rationalize 합리화하다 264
raw 날것의 249
reach 도달하다 137
ready-made 기성품의 399
real 실제의 361
real estate 부동산 41
realization 실현 141
realize 깨닫다 141
reason 이유 54
reasoning 추론 211
rebellion 반란 32
recess 휴식 365
reckless 무모한 124
recognition 인지 56
recognize 알아보다 56
recollect 생각해내다 56
recommence 재개하다 136
record 기록하다 97
recover 회복하다 193
recovery 회복 193
recreate 기분전환하다 157
recreation 오락 157
recruit 징집하다 176
rectangular 직사각형의 439
redden 얼굴이 빨개지다 440

reduce 줄이다 81
reduction 축소 81
refer 언급하다 326
reference 언급 118
refine 정제하다 367
refinement 정제 367
reflect 반사하다 24
reflection 반사 24
reform 개선하다 281
reformation 개선 281
refresh 회복시키다 293
refrigerant 해열제 331
refrigerate 냉각시키다 331
refrigerator 냉장고 331
refuge 피난 343
refund 환불 117
refundable 상환할 수 있는 117
refuse 거절하다 53
regain 되찾다 193
regard 간주하다 420
regarding ~에 관해서 420
regardless 관심 없는 420
regardless of 불구하고 74
regime 정권 331
region 지역 12
regional 지역의 12
register 등록하다 97
registration 등록 97
regret 후회 27
regretful 뉘우치는 27
regular 정기적인 506
regulation 규율 495
reject 거절하다 53
rejection 거부 53
relaxed 긴장이 풀어진 197
release 풀어주다 293
reliance 신뢰 177
relics 유물 419
relief 경감 29
relieve 경감하다 29
reluctance 싫음 366
reluctant 저항하는 366
rely 의지하다 177
remain 남다 419
remainder 나머지 419
remains 유적 419
remark 의견 223
remarkable 주목할 만한 223
remedy 치료하다 305
remorse 후회 27
remove 제거하다 192
renew 재개하다 341
renovate 혁신하다 293
renown 명성 488
rent 임대하다 415
repairman 수리공 48
repay 갚다 189
replace 대체하다 313
replacement 제자리에 되돌림 313
reply 응답하다 52
report 보고 134
reportage 보고문학 134
represent 나타내다 492
representative 하원의원 521
reproachful 비난하는 54
reputation 평판 279
repute 평하다 279
request 요청 324
requiem 위령곡 367
require 요구하다 50
requirement 요구 50
requisite 필수품 85
rescue 구조하다 228
rescuer 구조자 228
research 조사하다 103
resemblance 닮음 276
resemble 닮다 276
reservation 예약 140
reserve 예약하다 140
reside 거주하다 277
residence 주거 277
resident 거주하는 277
resign 사임하다 210
resist 저항하다 303
resistance 저항 303
resolution 결심 316
resolve 결심하다 316
resolved 결심한 316
resort 휴양지 343
resources 자원 430
respect 존경하다 381
respective 각각의 381
respond 대답하다 52
response 반응 52
responsibility 책임 172
restart 다시 시작하다 136
restoration 회복 293
restore 회복하다 293
restrain 억제하다 78
restrict 금지하다 78
restriction 제한 78
result 결과 210
resume 이력서 136
resumption 되찾음 136
retail 소매 210
retailer 소매상인 210
retire 은퇴하다 210
retirement 퇴직 210
retreat 철수 241
reveal 드러내다 85
revelation 폭로 85

revenue 세입 501
revere 숭배하다 255
reversal 반전 226
reverse 반대 226
review 재검토하다 313
revise 개정하다 250
revision 개정 250
revival 소생 341
revive 되살리다 341
revoke 취소하다 158
revolt 반란 32
revolution 혁명 32
revolve 회전하다 32
reward 보상 228
rewarding 보람있는 228
rewardless 보람없는 228
rhyme 운문 510
rib 갈비뼈 460
riches 부 502
rid 제거하다 192
riddle 수수께끼 486
ridicule 비웃음 276
ridiculous 우스꽝스런 276
right 올바른 377
right angle 직각 439
righteous 정의로운 377
rigid 단단한 55
rim 가장자리 261
ripe 익은 72
rise 서다 376
risk 위험 230
riskless 위험이 없는 398
risky 위험한 230
rite (종교적인) 의식 202
ritual 종교 의식의 202
rival 경쟁자 358
rivalry 경쟁 358
road 길 299
roar 포효 229
rob 강탈하다 329
robbery 강도 329
rodent 설치동물 143
role 역할 387
rotten 부패한 413
rough 대략의 419
roughly 대략 419
round-trip 왕복의 121
route 노선 299
routine 일상의 282
row 열 91
royal 왕의 283
royalty 왕족 283
rubbish 쓰레기 436
rude 무례한 119
rugged 거친 419
ruin 파멸시키다 316
ruinous 파괴된 316
ruins 유적 419
rule 지배하다 332
ruler 통치자 348
rumor 소문 188
run 달리다 384
runaway 도망자 384
runner 달리는 사람 384
rural 시골의 98
rustic 시골 풍의 98

S

sacred 신성한 356
sacredness 신성불가침 356
sacrifice 희생 118
sacrificial 희생의 118
safe 안전한 398
safety 안전 398
sake 이유 54
salaried man 봉급 생활자 139
salary 월급 302
salesman 판매원 139
salon 살롱 349
sanction 인가하다 69
sanitary 위생적인 436
sanitation 공중위생 436
sarcastic 빈정대는 432
satire 풍자 494
satirize 풍자하다 494
satisfy 만족하다 14
saucer 받침접시 445
savage 난폭한 487
savanna 대초원 448
save 아끼다 309
savor 맛을 내다 355
sawmill 제재소 442
saying 속담 498
scale 저울 470
scan 대충 훑어보다 342
scandal 물의 188
scandalous 수치스러운 188
scapegoat 희생양 118
scarcely 거의 ~이 아닌 521
scarcity 부족 521
scatter 흩뿌리다 344
scent 냄새 21
scholar 학자 497
scholarly 학구적인 497
scholarship 장학금 497
school 학파 396
school year 학기 396
scoop 특종기사 157
scream 비명을 지르다 38
screech 소리지르다 38

script 필기 문자 300
scriptwriter 대본작가 300
scrutiny 정밀조사 103
sculptor 조각가 329
sculpture 조각하다 329
seal 도장 256
sealed 봉인한 256
season 계절 468
seasonal 계절의 468
seasoning 조미료 468
secret 비밀의 151
secretarial 비서의 29
secretary 비서 29
secretly 비밀리에 413
sect 분파 396
section 구역 354
secure 안전한 67
security 안전 67
segregate 분리하다 18
seize 붙잡다 13
seldom 거의 하지 않다 178
selection 선출 288
self-confidence 자신감 489
self-control 자제 489
self-restraint 절제 489
seller 파는 사람 139
semester 학기 496
seminar 세미나 238
senator 상원의원 521
senatorial 상원의 521
senatorship 상원의 직 521
sentence 문장 382
separate 분리하다 196
serene 고요한 127
serious 심각한 128
sermon 설교 479
sermonize 설교하다 479
servant 봉사자 281
serve 봉사하다 64
service 봉사 64
session 회기중 496
set aside 챙겨놓다 309
severe 맹렬한 453
shallow 얕은 263
shape 모양 439
share 몫 30
sharp 날카로운 298
sheer 얇은 209
sheerness 순수 209
shelter 보금자리 343
shift 이동하다 274
shiftable 옮길 수 있는 274
shifty 교활한 506
shine 빛나다 438
shining 빛나는 225
shiny 빛나는 438
ship 배 364
shock 충격 365
shore 물가 447
short 짧은 376
shortage 부족 82
shortcut 지름길 442
shower 소나기 148
showery 소나기가 잦은 148
shriek 비명을 지르다 38
shrivel 오그라들다 457
shy 수줍은 340
sight 경치 147
sightseeing 관광 147
sign 자국 312
signal 신호를 보내다 129
signature 서명 251
significance 중요 16
significant 중요한 16
signify 나타내다 84
similar 비슷한 107
simile 직유 522
simple 단순한 418
simplicity 간소함 418
simplify 단순하게 하다 368
simply 단지 418
simultaneous 동시에 일어나는 97
sin 죄(악) 488
sinful 죄 많은 294
single 단 하나의 63
site 대지 116
situation 상황 291
skeleton 골격 433
skill 솜씨 486
skilled 숙련된 219
skillful 솜씨 좋은 486
skip 건너뛰다 301
skipable 생략할 수 있는 301
slang 속어 507
slangy 속어적인 507
slave 노예 481
slay 죽이다 272
slender 호리호리한 282
slight 약간의, 가벼운 205
slim 가느다란 282
slope 비탈 450
sly 교활한 506
smart 영리한 406
smell 냄새 21
snare 올가미 348
snatch 움켜쥐다 307
snowstorm 눈보라 453
snowy 눈이 오는 150
sober 술 취하지 않은 208
sociable 사교적인 243
socialism 사회주의 483

soft 부드러운 96
sole 하나의 63
solemn 엄숙한 208
solemnity 장엄 208
solid 단단한 294
solitary 고독한 243
solitary cell 독방 428
solitude 고독 243
solution 해결책 523
somebody 어떤 사람 416
someone 어떤 사람 416
soothe 달래주다 29
sorrow 슬픔 174
sort 종류 420
sound 소리 418
sound proof 방음의 418
sour 신 432
source 원천 333
sovereign 군주의 283
spacecraft 우주선 187
spare 예비의 309
sparkle 불꽃을 튀기다 438
sparse 드문드문한 131
specialist 전문가 76
specialize 전공하다 380
species (생물학의) 종 86
specific 구체적인 53
specification 명세 86
specify 상술하다 53
spectacle 광경 128
spectator 구경꾼 56
speech 연설하다 375
spell 철자를 쓰다 409
spellbind 주문을 걸다 409
spelling 철자 409
spend 소비하다 309
sphere 구 466
spice 양념 355
spicy 향긋한 355
spine 등뼈 460
spinster 독신녀 520
spirit 정신 172
spiritual 내면의 184
spite 악의 202
spiteful 원한을 품은 202
split 쪼개다 349
spoil 망쳐놓다 316
spousal 결혼 515
spouse 배우자 515
spousehood 배우자 515
spring 봄 388
spring board 도약대 388
spring fever 봄바람 388
sprout 싹이 나다 457
square 정사각형 439
squeeze 짜내다 284
stability 안정 314
stable 안정된 314
stale 부패한 413
staleness 부패 413
stammer 말더듬다 55
stammering 말을 더듬는 55
stand 서다 376
standard 표준 194
standardize 표준에 맞추다 194
standing 신분 185
stare 응시하다 303
starlight 별빛의 438
start 시작하다 327
starting 출발 137
starve 굶주리다 191
state 상태 417
statement 진술 417
statesman 정치가 517
stationary 움직이지 않는 484
stationery 문방구 484
statistical 통계에 근거한 155
statistician 통계학자 155
statistics 통계 155
statue 조각상 329
status 지위 185
stay 머무르다 419
stead 대리 14
steadfast 확고한 14
steady 지속적인 14
steal 훔치다 235
steam 증기 470
step 등급 391
sterile 불모의 295
sterilize 살균하다 463
stern 배 뒷편 91
steward 승무원 281
stick 막대기 412
sticker 스티커 412
stiff 뻣뻣한 469
stiffen 경직시키다 469
stimulate 자극하다 108
stimulation 자극 108
stingy 인색한 18
stock 재고 108
stockbroker 증권 중개인 184
stockholder 주주 184
stockpile 재고 184
stomach 위, 배 143
stomach upset 복통 143
stomachache 복통 143
storage 컴퓨터 저장장치 393
store 가게 393
store keeper 상점 주인 393
storehouse 창고 248
storm 폭풍 148

stormy 폭풍이 치는 148
storybook 소설 495
stout 뚱뚱한 130
straight 곧은 160
strange 이상한 324
stranger 낯선 사람 316
strangle 질식시키다 432
strap 가죽끈 430
stress 강조하다 33
strife 투쟁 312
strike 충돌하다 337
striking 타격 107
strive 노력하다 312
stroke 타격 397
strong 강인한 419
strongbox 금고 398
structure 구조 427
struggle 싸우다 69
stubborn 완고한 419
student 학생 45
student teacher 교생 508
stuff 재료 368
stutter 말더듬다 55
subject 주제 411
subjection 종속 411
submerge 침몰하다 313
submit 복종하다 361
subordinate 하급자 480
subscribe 기부하다 39
subsequent 다음의 105
substance 물체 200
substantial 실질적인 200
substitute 대신하다 232
subway 지하철 388
succeed 상속하다 310
succeeding 계속되는 401
success 성공 401
successful 성공적인 401
succession 계승 401
succession duty 상속세 401
succumb 굴복하다 446
sudden 갑작스러운 221
suffering 고통 275
suffice 충족시키다 70
sufficient 충분한 70
suffocate 질식시키다 432
suggest 제안하다 310
suit 한 벌 130
suitable 적절한 314
sultry 무더운 150
sum 총액 179
summarize 요약하다 70
summit 꼭대기 449
sunbathe 일광욕하다 149
sunny 맑은 149
sunrise 일출 333
superficial 표면상의 259
superior 상급의 290
superiority 우월 489
supervise 감독하다 100
supervision 감독 100
supervisor 관리자 290
supply 공급하다 108
suppose 생각하다 411
sure 확실한 173
surfeit 너무 먹다 456
surgeon 외과의사 464
surgery 외과 464
surgical 수술의 464
surpass 능가하다 260
surprise 놀라게 하다 350
surrender 항복하다 361
surround 둘러싸다 206
surrounded by ~에 싸여 472
surrounding 주변의 206
survey 조사하다 245
surveying 측량술 245
survival 생존 446
survive 생존하다 446
suspect 의심하다 102
suspend 매달다 224
suspended 매달린 224
suspension 매달기 224
suspicion 혐의 102
sustenance 생계 87
swallow 삼키다 273
swamp 늪 471
swear 맹세하다 508
sweep 청소하다 436
swell 부풀리다 465
swindle 속이다 357
syllable 음절 409
symbol 상징 492
symbolize 상징하다 492
sympathize 동정하다 273
sympathy 동정 273
symphonic 교향악의 237
symphony 교향곡 237
symptom 증상 428
synthesis 종합 471
synthesize 합성하다 471
system 계(界) 443

T

tag 붙이다 190
take after 닮다 276
take off 이륙하다 138
tame 온순한 487
task 업무 502
tear 찢다 403

INDEX

tear gas 최루 가스 403
teardrop 눈물 방울 403
technical 기술적인 26
technique 기교 26
technologic 기술의 26
technology 기술 26
teenager 10대 청소년 519
telegraph 전보 315
telegraphy 전신 315
telescope 망원경 128
temper 기질 94
temperament 기질 94
temperance 절제 489
temperate 절제하는 94
temperature 온도 470
tempest 대소동 148
temporal 일시적인 262
temporary 임시의 262
tenant 차용자, 소작인 524
tend 경향이 있다 73
tendency 경향 73
tendentious 편향적인 73
tender 부드러운 96
tense 팽팽한 197
tension 긴장 197
term 용어 169
termination 종료 401
terrible 끔찍한 365
territorial 영토의 354
territory 영역 354
terror 공포 170
test 점검하다 347
text 본문 291
textile 직물 427
the disable 신체장애자 429
theme 주제 496
theoretical 이론의 328
theory 이론 328
therefore 그러므로 209
thermometer 온도계 470
thick 두꺼운 131
thicken 두껍게 하다 131
thieve 훔치다 329
thin 얇은 130
thorough 철저한 347
thought 생각 345
threat 위협 13
threaten 협박하다 13
thrift 절약 231
thrive 번성하다 231
thriving 번성하는 231
throne 왕위 480
thunder 천둥 229
thunderous 우레같이 울리는 229
thus 이렇게 209
tidal 조수의 82
tide 조수 82
tighten 죄다 432
timber 목재 442
timid 수줍어하는 340
timidity 수줍음 340
tired 지친 352
tissue 조직 460
title 표제 157
today 오늘날 306
toddler 아장아장 걷는 아기 100
toil 힘써 일하다 48
tolerance 인내 19
tolerant 관대한 19
tolerate 참다 19
tone 음색 211
tone-deaf 음치의 211
toneless 단조로운 211
tool 도구 95
toothache 치통 142
topic 주제 134
topical 화제의 134
torment 괴롭히다 199
total 합계 179
touch 만지다 386
touching 접촉 11
touch-me-not 봉선화 386
touchstone 시금석 386
tough 강인한 419
trace 흔적 312
traceless 흔적 없는 312
track 뒤쫓다 297
train 훈련시키다 388
trainer 훈련 지도자 388
training 훈련 420
trait 특징 179
tranquil 고요한 103
transfer 나르다 132
transform 바꾸다 98
transformation 변형 98
transit 통과 121
translate 번역하다 262
transparent 비쳐보이는 209
trap 덫 348
trash 무가치한 물건 436
travel 여행하다 285
traverse 건너다 144
tray 접시 445
treat 치료하다 464
tremble 떨다 452
tremendous 거대한 101
trial 재판 484
triangular 삼각형의 439
tribal 종족의 37
tribe 부족 323
trifle 사소한 일 31

trip 여행 285
triumph 승리 201
triumphant 승리한 201
trivial 사소한 16
troop 군대 338
tropical 열대의 183
tropics 열대지방 183
trunk 간선 461
trust 신뢰 198
truth 진실 380
try 시도하다 47
tube 관 461
tuition 수업료 524
tuitional 수업료의 524
tutor 가정교사 508
tutorial 가정교사의 508
twig 작은 가지 434
twilight 황혼 451
twin 쌍둥이 355
twinkle 반짝이다 438
twinkling 반짝임 435
twist 꼬다 155
tycoon 실업계 거물 183
type 정형 479
typhoon 태풍 453
typical 전형적인 479
tyranny 전제군주 481
tyrant 전제군주 481

u

ultimate 궁극의 53
ultimatum 최후통첩 53
ultrasonography 초음파검사 251
ultraviolet 자외선(의) 251
unavoidable 불가피한 368
unbalance 불안정 46
uncertain 불확실한 187
uncertainly 불분명하게 54
unconscious 모르는 74
uncountable 셀 수 없는 414
undersecretary 차관 29
understate 과소평가하다 325
undertaking 사업 516
undignified 품위없는 296
unenthusiastic 열렬하지 않은 258
unfair 불공평한 406
unfold 펴다 307
unimportant 중요하지 않은 210
uninvolved 관여하지 않는 37
unite 결합하다 211
unskilled 미숙한 326
unstable 불안정한 314
untainted 때묻지 않은 66
untrained 훈련되지 않은 219
unusual 보통 아닌 282
update 새롭게 하다 513
upgrade 개량하다 102
uphold 유지하다 226
upright 똑바로 선 160
upset 뒤집힌 156
upstart 벼락부자 183
up-to-date 최신의 513
urban 도시의 98
urge 재촉하다 108
urgency 절박 123
urgent 긴급한 123
usefulness 유용함 302
utensil 용구 95
utilitarian 실리의 302
utility 효용 302
utilize 이용하다 302
utter 순전한 209

V

vacancy 공허 115
vacant 빈 115
vaccinate 예방접종하다 472
vacuum 진공 상태 204
vague 모호한 99
vaguely 모호하게 99
vain 헛된 461
valid 타당한 72
validity 타당성 72
valley 계곡 450
vanish 없어지다 468
vantage 우세 80
vapor 증기 470
variety 다양성 86
VAT 부가가치세 399
vault 도약하다 77
vegetable 식물 456
vegetarian 채식주의자 456
vehicle 탈것 332
vehicular 탈것의 332
vein 정맥 461
venture 모험적 사업 516
verify 증명하다 99
vernacular 방언 366
verse 운문 510
vertical 수직의 154
very 매우 420
vessel 그릇 364
vestige 흔적 312
vex 성가시게 굴다 78
vexation 속상함 472
vibration 진동 365
vice 악 279
vice-agent 부지배인 279
vicinity 근처 42
victim 희생자 43

victimize 희생하다 43
victory 승리 201
viewpoint 관점 39
vigorous 원기왕성한 459
vinegar 식초 432
violate 위반하다 31
violence 격렬함 31
violent 격렬한 31
virtue 미덕 280
virtuous 덕이 있는 280
virus 바이러스 472
visible 눈에 보이는 367
vision 시력 367
vital 살아있는 96
vitality 활력 96
vitalize 생명을 주다 459
vivid 선명한 292
vividly 발랄하게 292
vocation 직업 328
volume 책 247
voluminous 권수가 많은 247
voluntary 자발적인 199
volunteer 지원자 199
vomit 구토하다 273
vote 투표 288
vow 맹세 508
voyage 항해 120
vulgar 속물적인 356

W

wage 임금 302
wageless 무급의 302
wages 임금 136
walk 걷다 384
wander 떠돌아다니다 244
want 필요 82
ware 도자기류 248
warehouse 창고 248
warn 경고하다 129
warning 경고 291
warrant 보증하다 174
warrantable 보증할 수 있는 174
warranty 보증 174
waste 낭비하다 140
watch 바라보다 303
watchful 주의 깊은 339
waterway 수로 447
wavy 물결 모양의 155
way 방식 385
weak 연약한 274
weakness 약함 384
wealth 부 502
weapon 무기 345
weaponed 무장한 345
weariness 피로 352
weary 지친 352
weep 눈물을 흘리다 280
weepy 눈물 어린 280
weigh 무게를 재다 145
weight 무게 146
weighty 무거운 146
welfare 복지 225
welfare annuity 후생 연금 225
well 아주 407
wheat 밀 186
whisker 구레나룻 129
whisper 속삭이다 250
wholesale 도매 210
wicked 사악한 294
wickedness 사악 280
widely 넓게 413
widow 미망인 520
widower 홀아비 520
wilderness 황무지 467
will 의지 417
willful 고집이 센 417
willing 기꺼이 ~하는 417
wind 바람 147
windy 바람부는 147
wisdom 지혜 518
wit 기지 490
withdraw 물러나다 210
withdrawal 철수 137
wither 시들다 457
withhold 억제하다 117
withstand 저항하다 303
witness 증언 56
witty 재치가 있는 490
womanly 여성다운 104
wonderful 훌륭한 365
worldly 현세의 204
worship 숭배 255
worshipful 경건한 255
writer 작가 494

Y

yearly 매년의 338
yell 소리치다 38
yet 아직 ~않다 178
yield 산출하다 264
yielding 수확이 많은 264
youth 청춘 519

Z

zenith 정점 449
zip code 우편번호 375